HISTOIRE

DU LUXE

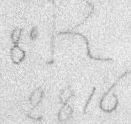

1713. -- PARIS, IMPRIMERIE A. LAHURE

Rue de Fleurus, 9

HISTOIRE

DU LUXE

PRIVÉ ET PUBLIC

DEPUIS L'ANTIQUITÉ JUSQU'A NOS JOURS

PAR

H. BAUDRILLART

Membre de l'Institut

TOME DEUXIÈME

LE LUXE ROMAIN

Le Luxe à Rome sous la République et l'empire
Le Luxe Byzantin
La Censure du Luxe par les écrivains romains
et les Pères de l'Église
Le Luxe funéraire dans l'antiquité

DEUXIÈME ÉDITION

PARIS

LIBRAIRIE HACHETTE ET Cⁱᵉ

79, BOULEVARD SAINT-GERMAIN, 79

—

1881

Droits de propriété et de traduction réservés

HISTOIRE DU LUXE

PRIVÉ ET PUBLIC

DEPUIS L'ANTIQUITÉ JUSQU'A NOS JOURS

LIVRE I

LE LUXE A ROME SOUS LA RÉPUBLIQUE

CHAPITRE Ier

LE LUXE A ROME JUSQU'AUX GRACQUES

Les aspects multiples du luxe ne se manifestent nulle part sur un théâtre plus vaste et plus complet qu'à Rome. Il y prend des développements qui laissent bien loin la Grèce et qui dépassent l'Asie elle-même par je ne sais quoi d'emporté que l'apathique Orient a rarement connu.

Athènes avait montré au monde ce qu'est le luxe dans une démocratie commerçante et riche, chez une race fine, apte à tout sentir, les charmes suprêmes de la beauté comme les jouissances de la vie matérielle. Avec Rome, maîtresse du monde par la force, on étudie à loisir ce que le luxe peut devenir dans une aristocratie conquérante, sous l'empire d'inégalités excessives, dans

des natures fortes, fougueuses, moins délicates. Tandis
que l'Athénien garde en général une certaine mesure, et
mêle à tout son esprit raffiné, le Romain se jette avec
une ardeur sans frein dans la jouissance et le faste, et
traite la vie comme une proie d'un moment. Excessif
comme la toute-puissance, orgueilleux, voluptueux,
cruel, ennuyé, il se joue de tout et avec tout; il porte
un défi insultant à la nature extérieure, s'amuse à
vaincre l'obstacle, parce qu'il est l'obstacle, prodigue
l'or, et souvent, de guerre lasse, aboutit à se tuer.

Ne serait pas qui voudrait, dans nos générations
affaiblies, mêlées, refroidies par le sang des races
septentrionales et par nos climats tempérés, ce que nous
nommons avec un juste mépris d'ailleurs un Romain de
la décadence. Tout nous dit : « Soyez modérés. »

Jamais on ne vit mieux que l'importance des formes
spéciales de gouvernement est limitée. Il s'agit peu de
vertu dans la république de Sylla. Il s'agit peu d'*égalité*
dans la république gouvernée par une oligarchie de
familles opulentes. Le luxe change de caractère avec
chacune des grandes phases de l'état social. A Rome, le
luxe de l'aristocratie ne se confond pas avec celui de
la période impériale, et dans la période impériale, on
trouve bien des diversités. A quelles erreurs ou à quelles
assertions vagues ne se sont pas exposés, par cet oubli
de la chronologie, les érudits qui se sont occupés du
luxe romain, souvent pour en tirer des allusions à
notre propre luxe !

Un écrivain qui, il y a soixante ans environ, a
consacré des recherches au luxe romain, M. le marquis

de Pastoret, reproche avec raison à Meursius, à
Kobiergick, à Nadal, qui touchent au même sujet, d'être
tombés dans ces confusions et de n'avoir pas pris soin
de distinguer entre des périodes fort diverses. Les traits
qu'ils appliquent à Rome en général ne sont justes en
réalité que pour un certain temps. Le savant auteur des
*Recherches et observations sur le commerce et le luxe des
Romains, et sur leurs lois commerciales et somptuaires*[1],
a évité sans doute l'écueil qu'il a signalé. Il a distingué
des époques; mais on ne voit pas quel parti il a tiré
de ces divisions, ni sur quels principes il les fonde. En
reconnaissant la valeur de ses études au point de vue
de l'érudition, on cherche en vain le lien qui les rattache
à l'histoire générale. C'est la monographie en quelque
sorte abstraite du luxe, beaucoup trop courte d'ailleurs,
et mêlée à des recherches sur le commerce trop différentes de cette question. Or, la monographie du luxe, si
intéressante qu'elle puisse être pour la curiosité,
manque trop par elle-même de vraie lumière. Le luxe
en bien ou en mal, et les problèmes qu'il soulève,
ne sauraient s'isoler ainsi de l'histoire politique de Rome.
On ne peut séparer le luxe romain de l'inégalité des
fortunes au dedans, des progrès de la conquête au
dehors, non plus que des influences philosophiques. Son
développement paraît tenir intimement à la constitution
de la propriété. A Rome, l'état même moral de la société
résulte à beaucoup d'égards de l'état économique; on
en verra les preuves développées.

[1] Mémoires insérés dans le *Recueil des Mémoires des Inscriptions et
Belles-Lettres*, 2ᵉ série, t. III, 1818.

I

ORIGINE DU LUXE A ROME, SON DÉVELOPPEMENT

Sous la Royauté et les premiers temps de la République, ce qu'on sait des commencements de Rome donne l'idée d'une domination exercée par des pasteurs qui ressemblent assez à des brigands; ils ne se font faute d'enlever des femmes en même temps que des esclaves, des gerbes et des bestiaux. Une foule de mots de la langue de cette époque primitive, destinés à nommer des objets de luxe ou de richesse, sont empruntés à la vie pastorale et agricole. On fait dériver *palatium* de *Pales*, déesse du foin; *pecunia* (argent) de *pecus*, troupeau; épargne se dit *peculium*. C'est de la même façon que les hommes s'appellent *Porcius, Verres, Vitulus, Taurus, Ovidius*, etc.

Un peu de luxe se trouve déjà dans cette société. On se rappelle la fille de Tarpéius, gouverneur du Capitole, enviant aux Sabins, dont elle favorise la trahison, les bracelets qu'ils portaient. Un collier et un bracelet d'or, des armures et des flèches dorées, sont un luxe qu'ont souvent eu les peuples guerriers. A Rome, comme en d'autres sociétés, les premiers objets ayant eu le caractère de luxe se trouvèrent dans les temples. On se faisait honneur d'attribuer aux dieux ce qu'on n'eût osé s'accorder à soi-même.

Plutarque place les *orfèvres* parmi les professions dénombrées par Numa. Denys d'Halicarnasse et Tite-Live n'en disent rien, et même gardent le silence sur cette

profession à propos de la classification des métiers faite
par Servius Tullius. Peut-être ces orfévres n'étaient-ils
que des ouvriers employés à faire des plaques, des cercles
épais sans ciselure, des objets grossiers par l'art, quoique
précieux par la matière.

On verra que l'or, aux débuts de la République, était
fort rare. Il est difficile d'admettre du luxe à
Rome avant l'époque désignée par le règne de Tarquin
l'Ancien; c'est le moment où les Pélasges Étrusques
apportent à Rome les richesses et les arts d'un peuple
industrieux. Cette modification du vieux fonds latin,
albain, sabin, formant la race aborigène, mêlée d'un
élément asiatique (troyen selon la tradition), eut vrai-
semblablement des conséquences importantes sur le
développement du luxe.

Guerrier ou sacerdotal, le patriarcat romain offre
primitivement un caractère d'austérité qui paraît refléter
la sombre sévérité des croyances religieuses. Les idées
d'éclat que nous attribuons à la royauté ne viennent que
plus tard. Elles s'appliquent seulement, et dans une
certaine mesure, à la période des Tarquins qui succédèrent
aux rois d'origine sabine. On a supposé que la population
latine, dans son antipathie contre la domination des
Sabins, avait librement appelé, après bien des discussions
et des luttes intérieures, un autre dominateur étranger,
comme dans les républiques italiennes du moyen
âge, quand les partis ne pouvaient s'entendre, ils appelaient du dehors un *podestà*. Toujours est-il qu'il y a,
à partir de cette époque des Tarquins, non-seulement
révolution politique, changement de dynastie, mais

modification dans l'état des mœurs et de la société par
l'invasion de l'élément étrusque.

Parmi les érudits modernes, M. Ottfried Muller et
M. Ampère ont tenu grand compte de cette influence,
que M. Mommsen prétend réduire de beaucoup. On lui
oppose, tout près de l'ancienne Étrurie, à une distance
de cinq minutes en chemin de fer, le mur de la Rome
du Palatin, construit à la manière étrusque, et dont une
partie est encore là pour nous montrer les Étrusques
donnant à Rome son plus ancien rempart ; on lui oppose
les restes de l'enceinte de Servius Tullius, également
étrusque, et qui avait trois lieues de tour ; la *Cloaca
maxima*, ce prodigieux travail d'utilité publique, qui est
visiblement étrusque ; puis le grand Cirque établi entre
les deux collines, et sur l'une des cimes du Capitole, le
temple de Jupiter avec ses trois Cella, selon le rite
étrusque, et les statues en terre cuite dont son faîte était
orné, œuvres d'artistes étrusques ; enfin, un peu plus
loin, à Cervetri et à Corneto, les nécropoles considérables
de deux villes étrusques voisines de Rome et Tarquinii.

Si l'on consulte de même, sur la réalité de ces origines, des arts auxquels nous allons voir le luxe se
rattacher, le témoignage des anciens et l'autorité de la
plupart des savants modernes, on est peu tenté de contester l'origine étrusque de ces arts et aussi de coutumes,
d'inventions, dont plusieurs offrent un rapport direct
avec l'histoire du luxe.

La monnaie, les poids et mesures avec le système
duodécimal, vinrent de la Grèce à Rome, en partie par
l'intermédiaire de l'Étrurie. On attribue à des emprunts

faits aux Étrusques l'usage des cloches, celui des moulins à bras, des becs de vaisseaux, les jeux publics. On rencontre des jeux, il est vrai, sous les rois sabins; mais déjà l'origine étrusque s'y remarque (ainsi on retrouve les mêmes courses figurées sur les tombeaux étrusques), et quand l'influence de l'Étrurie domine avec Tarquin, ces jeux se développent. Tarquin construit le Cirque : les combats et les courses se multiplient

Dans cette période des Tarquins apparaissent aussi les premiers histrions (ce mot même est étrusque), qui exécutent des danses au son de la flûte. Aux combats de gladiateurs, combats venus aussi de l'Étrurie, et qui originairement faisaient partie du culte des morts, Rome ajoutera un raffinement nouveau. Elle livrera l'homme aux bêtes féroces !

Ainsi, le luxe primitif fut surtout d'origine étrusque; en second lieu, c'est un luxe ayant une certaine couleur monarchique; la pompe et les ornements précieux, décoration du pouvoir, pénètrent à Rome avec la royauté étrusque. Par exemple, vous voyez apparaître, splendeur inconnue à la royauté sabine, le sceptre d'ivoire avec l'aigle qui le surmonte, la chaise curule, la robe bordée d'or et de pourpre, la toge à palmettes, les licteurs portant des faisceaux. Le luxe du costume descend de la royauté au patriciat, qui emprunte au pouvoir royal quelques-uns de ses insignes. Les patriciens portent le bâton d'ivoire et revêtent le laticlave étrusque. Ils mettent sur leurs têtes le galerus des Lucumons. La *bulla*, petite boule d'or, devient le signe distinctif des jeunes patriciens. La pourpre commence à orner le triomphe. Le

triomphateur, debout sur son char, est traîné par quatre
chevaux, tandis que, derrière lui, on soutient au-dessus
de sa tête la couronne étrusque, c'est-à-dire une couronne de feuilles de chêne en or, entremêlées de pierres
précieuses. Autour de lui sont les licteurs vêtus de
rouge.

Un certain luxe, dont les mœurs n'ont pas encore à
s'alarmer, pénètre peu à peu dans les usages. La matière
même, mise en œuvre par le statuaire, devient plus précieuse. Les premières statues furent de terre cuite.
Jupiter et Hercule se contentaient eux-mêmes de cette
vile matière, travaillée d'ailleurs avec art. Le temple
s'enrichit ensuite de statues de bronze. La statue de
Vertumne, la louve du Capitole, farouche comme le
génie de Rome primitive, étaient en bronze. Avant les
Tarquins, la poterie étrusque avait passé à Rome par les
Sabins.

Après les dieux, ce qu'il y a de plus grand c'est l'État.
Le luxe public à Rome précède le luxe privé.

Le luxe des grandes constructions date surtout de
Tarquin le Superbe.

Tarquin y mit l'empreinte d'un despotisme tout personnel. Nul n'eut plus d'énergie entreprenante et d'audacieuse initiative. Ce prince, qui brisa les associations
indépendantes, interdit les assemblées, abrogea la constitution de Servius Tullius, chassa l'ancien sénat de la
curie pour en composer un nouveau de ses créatures,
s'entoura de sicaires, remplit Rome d'espions, écrasa le
patriciat et dépouilla le peuple, ce prince fut un grand
et puissant promoteur du luxe public. Il donna le plus

grand éclat aux *féries* latines, qu'il fit célébrer sur le mont Albano. Il fit élever le temple de Jupiter Latial, sur le mont Albain. Le Capitole, ce symbole de la grandeur romaine, fut son œuvre en partie. Il l'acheva, comme il acheva le grand Cirque et le grand temple de Jupiter. Il compléta le mur de Servius Tullius et termina le célèbre égout, la *cloaca maxima*, œuvre immense, avec ses canaux souterrains où on circulait en bateau, qui nous étonne aujourd'hui encore dans sa partie conservée. Parlant du Cirque et des égouts construits par les Tarquins, Tite-Live dit : «C'est à peine si notre magnificence moderne a pu égaler de tels travaux.»

Ces excès de travaux publics entrepris par le despotisme retombaient sur le peuple en travail forcé, et s'exécutaient par la corvée. Tarquin s'en était fait un système. Il voulait occuper le peuple, conjurer les mouvements séditieux. On se révolta contre l'abus du travail, contre ce qu'avait d'humide, de malsain, le creusement des égouts. Plusieurs même voulurent y échapper par le suicide. Le prince fit crucifier leurs cadavres, livrés aux oiseaux de proie.

Brutus dit aux Romains délivrés, dans Denys d'Halicarnasse : « Ils vous forçaient, comme des esclaves achetés, à mener une vie misérable, taillant la pierre, coupant le bois, portant d'énormes fardeaux et passant vos jours dans de sombres abîmes[1].»

Le luxe privé apparaît déjà dans cette jeunesse brillante et dissolue qu'a si bien décrite Tite-Live, et

----

[1] Den. d'Hal., IV.

dont le jeune Sextus est un des représentants. Nous ne
confondons pas le luxe avec l'immoralité. L'une peut
aller sans l'autre. Mais l'élégance du costume, le goût
pour les beaux chevaux, les équipages, les courses de
char, la possession d'esclaves habiles musiciens, tout
cela s'allie à la volupté sous ce dernier Tarquin qui a
sa cour et ses favoris. Valerius Publicola, plus irréprochable, encourut la haine et le soupçon par ce qu'il a
plu à Plutarque d'appeler la magnificence de sa demeure,
qui semblait imiter Tarquin, disait-on[1]. Probablement
cette maison, située sur la Velia, ressemblait plus à un
château-fort qu'à un palais. La pompe du cortége de
Valerius déplaisait à ces fiers républicains. Il eut la
sagesse d'en faire le sacrifice à l'opinion qu'elle irritait.

L'avénement de la République ne pouvait arrêter les
développements du luxe à Rome. On a fait justice des
singulières illusions qui faisaient confondre à certains
adeptes de l'antiquité Sparte et Rome dans un même
idéal d'austérité, de renoncement aux jouissances de la
propriété et de la fortune. Rome connut sans doute le
désintéressement, la sévérité des mœurs, mais non pas
ce renoncement farouche qui aboutit à un communisme
imposé. L'austérité du patriciat, comme celle de la vie
rurale pour les hommes adonnés à la culture de la
petite propriété, reste un fait libre, tandis que l'austérité
à Sparte était toute de contrainte ; c'était un fait de
l'ordre politique ; les institutions et les lois com-
mandaient les mœurs. A Sparte, le régime de la cité est

---

[1] Plut., *Vie de Publicola.*

l'égalité absolue ; à Rome, c'est l'inégalité croissante dans les conditions et les fortunes, inégalité à laquelle ne remédiera pas la conquête des droits politiques par les plébéiens. Jamais le plébéien n'eut plus à souffrir que quand il eut en main tous les droits. Voilà pourquoi on est fondé à dire que la constitution économique à Rome est l'élément prépondérant, la cause mère des révolutions, comme elle est l'explication de la misère et du luxe. Les mœurs mêmes en dépendent. La grande propriété, l'esclavage, voilà les sources de la corruption romaine. Les influences philosophiques et religieuses y ont leur part incontestable, mais, sans essayer d'en restreindre la portée, il ne faut ni les isoler ni les exagérer sans mesure. Au reste on ne doit pas l'oublier : avec un idéal de justice et de charité supérieure l'organisation économique elle-même eût été plus satisfaisante ou se serait peu à peu modifiée : ce sera l'œuvre encore bien éloignée et bien lente dans son action progressive qu'accomplira le christianisme.

Le problème historique qui se pose ici est de savoir à quelle époque il faut placer l'invasion du luxe à Rome. Jusqu'aux premières guerres puniques, à peine en remarque-t-on quelques vestiges. Les historiens ont maintes fois tracé le tableau de cet âge héroïque de la simplicité romaine, âge de la vertu qui ne laisse place ni au faste, ni à l'oisiveté. Le maître laboure avec ses serviteurs ; la maîtresse file au milieu de ses femmes, la reine Tanaquil aussi bien que la vertueuse Lucrèce. L'autorité du père de famille se maintient toute puissante. Prêtre, il accomplit seul les *sacra privata*. Juge

et arbitre absolu, il dispose de la vie comme des forces
de ses esclaves; il condamne sa femme à mort si elle
fabrique de fausses clefs ou viole la foi promise. La dot
de la femme devient, comme sa personne, la propriété
(*res*) de l'époux. Il tue l'enfant né difforme, et vend,
s'il veut, ses fils comme esclaves. Mais ces fils peuvent
devenir sénateurs, consuls. Il n'importe : le père garde
son droit sur son fils majeur, riche, élevé aux dignités.
Il peut prêter à tel taux qu'il veut, maître de la liberté
et même de la vie du débiteur insolvable. La femme
et l'enfant n'ont aucun droit sur l'héritage. *Pater*
familias uti legassit ita jus esto. Seulement, si le père
meurt intestat, la loi partage également entre les
enfants. La femme ne peut ni aliéner ni léguer sans le
consentement de ses tuteurs, c'est-à-dire de son mari et
de ses frères, ou de ses plus proches parents mâles, du
côté paternel, tous intéressés, comme ses héritiers, à
empêcher une vente ou un legs.

Tel était le vieux droit, *jus quiritium;* il interdisait
le mariage entre un plébéien et une patricienne.

Dans cette constitution l'homme appartient plus à
l'État qu'à la famille. Brutus sacrifie ses fils, sans laisser
paraître aucune émotion, à la patrie qu'ils ont trahie.
La religion est de même un instrument politique. Dans
la vie publique comme dans la vie privée, elle décide
de tout, sous la surveillance des pontifes et des augures
patriciens[1].

Les écrivains anciens appelleront *mollesse* toute modi-

---

[1] La *Cité antique* de M. Fustel de Coulanges. V. l'*Hist. des Romains*, de
M. V. Duruy.

fication dans les mœurs qui tend à adoucir cette dure et
souvent atroce organisation, ils nommeront *luxe* tout
progrès de civilisation, même inévitable dans une grande
société. Il faut, sans accepter ce rigorisme, savoir le
comprendre. Il n'est que trop vrai que la philosophie,
les sciences, les arts, le luxe, les vices sont venus
ensemble, s'aidant les uns les autres. La morale n'est
pas devenue plus large et plus humaine, sans devenir en
même temps plus relâchée. Ce qu'il y a de plus vil a
conspiré avec ce qu'il y a de plus noble dans la nature
humaine pour altérer les anciennes mœurs et détruire
les antiques croyances. A ce point de vue rigoureux, la
plus belle philosophie pourra paraître délétère comme
les honteux excès de la sensualité ; les plus douces, les
plus sympathiques vertus, les goûts les plus distingués
et les plus épurés ne sembleront pas moins coupables que
le faste extravagant et l'infâme débauche. La morale
glorifie ces vertus plus sociables. Mais l'État, le vieil
État n'a pas de balances si équitables. Il y a des perfectionnements qui l'ébranlent, une morale qui le mine
et prépare sa chute par sa supériorité même.

Le luxe était rare, mais l'usure régnait. La richesse
n'était pas cause d'amollissement, mais de dureté et de
tyrannie. Adore qui voudra cet âge d'or des mœurs romaines, en pleine vigueur encore à l'époque d'Appius
Claudius, l'impitoyable consul. « Un homme parut tout
à coup sur le Forum, pâle, effrayant de maigreur. C'était
un des plus braves centurions de l'armée romaine ; il
avait assisté à vingt-huit batailles. Il raconta que dans
l'armée sabine l'ennemi avait brûlé sa maison, sa récolte,

et pris son troupeau. Pour vivre il avait emprunté ; et l'usure, comme une plaie honteuse, dévorant son patrimoine, avait atteint jusqu'à son corps ; son créancier l'avait emmené lui et son fils, chargé de fers, déchiré de coups ; et il montrait son corps tout saignant encore. » Voilà les scènes que retrace l'histoire.

Tout ce que peut faire ici l'historien, c'est de recueillir les faits qui attestent le lent avénement de certains usages. Pline cite l'or comme premier signe de l'invasion du luxe. Ce n'est pas là une règle générale infaillible. Les circonstances qui font apparaître l'or tantôt suivent, tantôt précèdent les recherches de la parure et la richesse des ornements. Pourtant son emploi, soit dans les arts, soit dans la toilette, atteste cette recherche de l'effet, du besoin de paraître. A l'heureuse issue de ces scènes si dramatiques de Coriolan désarmé par Véturie et Volumnie, les dames, en signe de joie, commencèrent, selon Valère Maxime, à porter, avec la pourpre, des colliers d'or et des étoffes tissues d'or. En tout cas, à cette époque une petite quantité d'or était employée en bijoux. Environ un siècle après Coriolan, quand il fallut porter à Delphes l'offrande que Camille avait promise à Apollon, pendant le siége de Véies, une coupe est tout ce que produisit la fusion des bijoux que portaient les Romaines, et qu'elles avaient, d'un accord unanime, sacrifiés à la patrie.

Tenons compte, dans ces origines du luxe, du voisinage des peuples plus avancés avec qui Rome est en guerre. Les Samnites avaient déjà du luxe. A la guerre ils portaient des boucliers, les uns incrustés en or, les autres en argent, et dans le temps que les Romains ne connaissaient pas

encore l'usage des habits de toile, on voyait l'élite des
soldats samnites porter des robes de lin, même à l'armée.
Dans la guerre des Romains sous le consulat de L. Papi-
rius Cursor, tout le camp des Samnites qui formait un
carré de deux cents pas sur toutes ses faces, fut entouré
d'étoffes de lin. Capoue, bâtie par les Étrusques et suivant
Tite-Live habitée par les Samnites qui s'en étaient em-
parés, était déjà connue par la mollesse de ses habitants.

Même remarque pour les Volsques. Ce peuple, ainsi
que les Étrusques et les autres peuples voisins, avait un
gouvernement aristocratique. Il n'élisait un roi ou plutôt
un général d'armée que lorsqu'il lui survenait une
guerre, tandis que les Samnites avaient une constitution politique qui semble rappeler celles de Sparte et
de Crète. Les ruines accumulées des villes détruites
situées sur des coteaux voisins constatent l'extrême
population de ces peuples ; et tant de guerres sanglantes avec les Romains, qui ne purent les subjuguer
qu'après vingt-quatre triomphes, attestent la puissance
des mêmes nations. Les Romains se servent des artistes
des Samnites et des Volsques. Tarquin l'Ancien fit venir
de Fregella, ville du pays de Volsques, un artiste nommé
Turianus, qui exécuta en terre cuite une statue de Jupiter. Par la grande ressemblance d'une médaille de la famille de Servilius à Rome avec une médaille samnite on
a conjecturé que la première a été frappée par des artistes
de cette nation [1]. Une très-ancienne médaille d'Anxur,
ville des Volsques, aujourd'hui Terracine, porte une fort-
belle tête de Pallas.

[1] V. Strabon, liv. V, et Denys d'Halicarnasse.

Ce qui peut s'appeler luxe alors garde en général un
caractère sévère, s'applique aux cérémonies, aux obsèques. Les pontifes, les augures déploient un grand faste
dans les sacrifices publics et privés, dans les fêtes, dans
les pompes funéraires. On trouve les dispositions suivantes
dans la loi des Douze-Tables : — Aux funérailles, trois
robes de deuil, trois bandelettes de pourpre, dix joueurs
de flûte. Point de couronne au mort, à moins qu'elle n'ait
été gagnée par sa vertu ou son argent. — Ne faites point
plusieurs funérailles pour un mort. — Point d'or sur un
cadavre; toutefois, s'il a les dents liées par un fil d'or,
vous ne l'arracherez point. — Tout cela mêlé à des prescriptions déjà émancipatrices en faveur des plébéiens.
Si le patron machine pour nuire au client, que sa tête
soit dévouée, *patronus si clienti fraudem fecerit, sacer
esto*. S'il brise un membre à un plébéien, il payera *vingt-
cinq livres d'airain*. Et s'il ne compose avec le blessé, il
y aura lieu à talion. L'usurier est condamné à restituer au
quadruple. Celui qui brise la mâchoire à l'esclave payera
cinquante as. De même un certain progrès s'accomplit
dans la condition de la femme et de l'enfant. On n'y voit
plus la fiancée livrée par une vente, *coemptio*. Le fils
échappe au joug absolu du père. Trois ventes simulées
l'émancipent : c'est-à-dire que l'affranchissement ne s'obtient qu'en constatant l'esclavage.

La dame romaine, au moment où nous en sommes,
n'est encore à peine qu'au début de la carrière. Elle déter-
minera au temps d'Annibal, lorsqu'on portera au trésor
public tout l'or et tout l'argent, le sénateur son père
ou son mari, à garder la part, la petite part du luxe, une

once d'or, pour la parure de la jeune femme et de la
jeune fille. Déjà la toge de laine blanche avait paru
arriérée. La Romaine l'abandonne à l'esclave, et prend
pour elle la *stole* de pourpre, enrichie d'une bande
d'étoffe d'or qui l'entourait tout entière. La chaussure
devient plus élégante. La riche, la noble *solea* remplace,
pour la femme mise avec soin, le *calceus* vulgaire. Jusqu'au sixième siècle, on signale la frugalité des repas;
le pain fabriqué à demeure est accompagné dans les repas
d'un peu de poisson, de viande, de quelques légumes
servis dans l'argile; il y a très-peu d'esclaves pour
le service personnel. Les lits sont encore d'une simplicité primitive. Rome, conquérante d'une partie
de l'Italie à la suite des plus rudes guerres, est
déjà conquise à moitié par les modes des peuples soumis. Ici comme ailleurs elle s'assimile tout.

A partir de la guerre avec Pyrrhus (280-272 av. J. C.),
on suit d'un peu plus près ce lent progrès. C'est peu de
temps après qu'on vit un sénateur dégradé, parce qu'il
avait une vaisselle d'argent qui pesait dix livres. C'était
un ancêtre de Sylla, Cornelius Rufinus, guerrier qui
avait été dictateur et deux fois consul; la censure, cette
institution destinée à la police des mœurs, le raya du
nombre des sénateurs.

Dans les triomphes qui suivirent les victoires sur
Pyrrhus, on porta des vases d'or, des tapis de pourpre,
des statues, des tableaux, monuments du goût et de
l'opulence des successeurs d'Alexandre. Le triomphateur
lui-même, Manius Curius, fut celui de tous qui s'y laissa
le moins séduire. Un petit vase de bois de hêtre, qu'il

réserva pour les libations des sacrifices, fut la seule chose
que s'appropria parmi les dépouilles de l'ennemi celui
qui déjà avait refusé l'or des Samnites, et qui, de ses mains
triomphales, comme Fabricius, préparait dans des vases
de bois de grossiers aliments. Cinéas, dont l'éloquence
avait, disait-on, gagné plus de villes à Pyrrhus que la
force des armes, fut chargé de porter à Rome des propositions. Il avait des présents pour les sénateurs et pour
les femmes; mais il ne trouva personne qui se laissât
gagner. Qui ne connaît son mot, « qu'il avait cru voir
dans le sénat une assemblée de rois » ?

Dans l'Étrurie, à Vulsinii, les Romains enlevèrent deux
mille statues. Après la soumission de Tarente et de Rhe-
gium, ils prennent le port de Brindes, le meilleur passage d'Italie en Grèce, qui établit des relations commerciales. En même temps Rome commençait à s'ouvrir aux
vaincus. Les populations voisines de Rome furent égalées
aux citoyens romains. C'était une population de douze
cent mille âmes. Peu de luxe néanmoins, et, comme dit
Valère Maxime, « peu ou point d'argent, sept jugères de
terre médiocre, l'indigence dans les familles, les obsèques payées par l'État, et les filles sans dot, mais d'illustres
consulats, d'admirables dictatures, d'innombrables triomphes, tel est le tableau que présentent ces vieux âges. »
C'est le beau moment de Rome, en effet. La gravité des
mœurs, la grandeur de la République, l'équilibre dans
les pouvoirs, l'union des ordres, pour un temps réconci-
liés, la vigueur des exercices physiques au Champ de
Mars, l'existence d'une classe moyenne, tout s'y trouve.
Les guerres avec Annibal maintiennent en partie cet heu-

reux état, que les progrès de l'inégalité des fortunes et la conquête du monde altéreront rapidement.

Notons pourtant ici l'influence d'un homme que le goût des arts et une certaine humanité semblent désigner comme le précurseur de Scipion. On a lu le beau portrait de Marcellus dans Plutarque. Il emporta de Syracuse, qu'il venait de disputer au génie d'Archimède, presque tout ce qu'elle avait de plus beau en statues et en tableaux pour en faire l'ornement de Rome. Jusqu'alors Rome ne possédait rien de ces somptuosités et de ces élégances. On dit déjà qu'il avait corrompu le peuple, en se piquant de parler des arts avec goût. Marcellus s'en vantait comme d'un service. « Rome, disait-il, ne connaissait pas les merveilleux chefs-d'œuvre de la Grèce; c'est moi qui ai accoutumé les Romains à les estimer et à les admirer. »

La loi *Oppia*, au milieu des troubles de la seconde guerre punique, prouve aussi que le luxe avait agrandi cette part que tout progrès de la richesse amène.

À qui s'en prend le tribun Oppius? aux femmes. Défense d'avoir sur elles plus d'une demi-once d'or, et de porter des vêtements de différentes couleurs. La variété, l'éclat des couleurs, la pourpre *rica* brillant sur l'écharpe à franges, étaient déjà un goût déclaré. Les dames romaines, dès le temps de Coriolan, quand le Sénat voulut témoigner sa reconnaissance publique à sa mère et à son épouse, avaient sollicité et obtenu la permission d'ajouter un nouvel ornement à leur coiffure. Aucun sénatus-consulte ne fut mieux observé. Les ornements de la coiffure étaient bientôt allés plus loin, et les

hommes prirent l'habitude de se raser et de s'arranger
les cheveux avec un art auquel contribua Licinius Mena,
en amenant de Sicile les premiers barbiers que Rome
ait eus (vers l'an 454 de la République). La loi *Oppia*
indique d'autres raffinements. Elle défendait encore aux
femmes de se faire traîner dans des chars, soit à la
ville, soit à la campagne, si ce n'est pour aller à plus
de mille pas de distance, ou bien dans les fêtes et dans
les cérémonies publiques.

II

DES CAUSES INTÉRIEURES ET EXTÉRIEURES QUI ONT CONTRIBUÉ A
EXAGÉRER LE LUXE A ROME. — SUITE DE SES DÉVELOPPEMENTS
JUSQU'AU TEMPS DE CATON.

Plus explicitement qu'aucun autre historien, Appien
touche à la cause intérieure, à la cause économique, si
décisive comme explication des développements excessifs
du luxe. Il rappelle qu'une partie des terres enlevées aux Italiens étaient restées indivises et aban-
données en jouissance à ceux qui voulaient les défri-
cher, à condition seulement de payer la dîme et le
quint des fruits perçus, et pour les pâturages une redevance en argent, et il ajoute en des termes d'une admirable précision : « On croyait avoir ainsi pourvu aux
besoins de la vieille race italique, race patiente et
laborieuse, et aux besoins du peuple vainqueur. Mais le

contraire arriva : les riches s'emparèrent peu à peu de
ces terres du domaine public, et dans l'espérance qu'une
longue possession deviendrait un titre inattaquable de
propriété, ils achetèrent ou prirent de force les terres
situées à leur convenance et les petits héritages de tous
les pauvres gens leurs voisins.... Pour la culture des
terres et la garde des troupeaux, ils employaient des
esclaves, lesquels étaient une propriété des plus fruc-
tueuses, à cause de leur rapide multiplication que favo-
risait l'exemption du service militaire. De là il arriva
que les hommes puissants s'enrichirent outre mesure,
et que l'on ne vit plus que des esclaves dans les campagnes. La race italienne, usée et appauvrie, périssait
sous le poids de la misère, des impôts et de la guerre.
Si parfois l'homme libre échappait à ces maux, il se
perdait dans un territoire tout entier envahi par les
riches, et il n'y avait point de travail pour lui sur la
terre d'autrui, au milieu d'un si grand nombre d'esclaves. »

Les sources productives et saines du travail agricole
taries, le travail industriel lui-même envahi par l'esclavage, le riche n'ayant plus qu'à rêver l'impossible
en fait de raffinement, voilà ce qu'on lit dans ces
lignes accusatrices. Esclave ou mendiante, la masse
n'aura guère d'autre alternative. Ainsi se forma la
plèbe romaine. Les affranchis du monde entier vinrent se mêler à cette foule impure.

In Romam sicut in sentinam confluxerunt, dit
Salluste.

De 241 à 210, il entra peut-être 100 000 affranchis

dans la société romaine. Des esclaves grecs, espagnols,
thraces ou gaulois y apportèrent leurs vices divers.
Tout lien disparaissait entre la noblesse et le peuple ;
plus de classe moyenne ; plus d'équilibre dès lors dans
la société et dans l'État ; un nombre restreint de familles, illustrées par la guerre, enrichies par la
conquête, l'absorption des terres spoliées, le pillage des
provinces ; enfin, dominant tout, et formant au-dessus
de l'aristocratie elle-même, une oligarchie puissante !

Ajoutez, pour la plupart des honneurs, la nécessité
de passer par la charge ruineuse de l'édilité. Un jour
d'élection et de jeux publics eût suffi à dévorer toute
fortune qui n'eût pas été très-considérable. Aussi les
mêmes noms reviennent sans cesse, et le caractère
annuel des charges devient une précaution insignifiante. Où est, en fait, cette égalité conquise en droit
au prix de tant de luttes, quand de 219 à 133, en
quatre-vingt-six ans, neuf familles obtinrent quatre-
vingt-trois consulats ? La Sicile, la Grèce, l'Espagne
sont livrées aux exactions des préteurs et des
proconsuls, et les villes alliées sont traitées comme
les pays conquis dont les habitants étaient vendus à
l'encan. L'habitude prévalut à la même époque d'exiger des alliés des couronnes d'or. Les consuls qui com-
mandèrent en Grèce et en Asie (de 200 à 188), se firent
donner 633 couronnes d'or, ordinairement du poids de
12 livres. S'ils vouaient, durant les combats, des jeux
et des temples, ils n'oubliaient pas de prélever dans
leurs provinces les fonds nécessaires. Avec l'argent
fourni par les alliés, Fulvius et Scipion célébrèrent des

jeux qui durèrent dix jours. Les édiles mêmes s'habituèrent à faire payer aux provinciaux les frais des spectacles qu'ils devaient donner au peuple.

L'argent affluait avec une rapidité dangereuse pour les mœurs. Scipion, vainqueur à Zama, apportait au trésor 125 000 livres d'argent, et chaque soldat avait reçu 400 as. De 201 à 189, les contributions frappées sur les vaincus s'élevèrent à près de 150 millions, et les sommes versées par les généraux dans le trésor après leurs triomphes, à une somme égale. En une fois, Paul Émile rapporta 45 millions. Si on ajoute le butin et les gratifications des officiers et des soldats, on arrive à un chiffre énorme, et l'on comprend la perturbation causée par tant d'or jeté tout d'un coup au milieu d'une société sans industrie ni commerce, on s'explique l'accroissement du luxe qui en fut la conséquence.

La classe des hommes d'argent, recrutée parmi les chevaliers, naît et se développe rapidement. Les *argentarii, mensarii, negotiatores*, les publicains, les agents financiers de toute espèce, puissamment organisés, compenseront bientôt par leur importance la vieille aristocratie foncière. Sans doute l'industrie et le commerce devaient avoir leur représentation, et on s'explique qu'à Rome ils l'aient trouvée dans l'ordre équestre. Mais le même génie dur et tyrannique qu'on rencontre partout s'y fit sentir cruellement aux particuliers et aux provinces.

Cette importance de l'argent se manifeste à Rome, même par la place qu'occupaient matériellement les professions qui se rapportent à ce commerce. Un peu

avant l'époque de Caton, les boutiques de bou-
chers, situées dans le Forum, du côté de la Curie,
avaient été remplacées par les bureaux des chan-
geurs et des prêteurs, qu'on appelait *argentariæ novæ* [1].
Les *argentarii* étaient de véritables banquiers, recevant
des dépôts dont ils payaient l'intérêt, prélevant un droit
d'agio pour l'échange des monnaies, tirant des lettres
de crédit sur l'étranger, ayant, dit-on, des écritures en
partie double. Des *basiliques*, lieux consacrés aux affaires, furent établies derrière ces boutiques. Il y avait
la basilique Fulvia. La basilica Porcia fut construite
par Caton lui-même tout près de la Curie. Il fit même,
pour élever ce bâtiment, au milieu de la plus vive
opposition de ses ennemis, usage de ce que nous avons
nommé l'expropriation pour cause d'utilité publique.
Il acheta pour l'État deux *atria* et quatre boutiques.
Puis viendra la basilica Sempronia, bâtie par le père
des Gracques : évident témoignage du développement
des *affaires*. *Res* avait signifié presque exclusivement la
propriété de la terre; ce mot devient synonyme de fortune, et s'applique à la possession des écus, *nummi*.
L'aristocratie d'argent se consolide, l'ascendant de la
richesse se fait accepter à côté de l'illustration de la
naissance : développement conforme au mouvement
naturel des sociétés, mais dissolvant pour la vieille
cité romaine; on en verra sortir de graves abus.

Marquons maintenant l'autre cause des développements excessifs du luxe : le contact avec l'étranger, la
conquête, la spoliation.

[1] Tite-Live, XXVI, 27.

Valère Maxime a indiqué cette cause dans les lignes suivantes [1] : « La fin de la guerre punique, dit-il, et la défaite de Philippe, roi de Macédoine, répandirent dans Rome le goût orgueilleux d'une vie plus large. »

Il faut distinguer l'influence de la Grèce et celle de l'Orient qui s'y ajouta.

La Grèce des Thémistocle et des Sophocle n'était plus. Le dernier reflet que jetaient sur cette patrie de la civilisation les Aratus et les Philopœmen ne faisait qu'illustrer une décadence inévitable. Athènes ne vivait plus que sur sa vieille gloire ; Thèbes passait tout son temps dans l'orgie des festins ; Corinthe s'affaissait dans une volupté indifférente, Sparte dans une sanglante anarchie ou sous des tyrannies éphémères. Les Grecs ne combattaient plus guère que par des mercenaires. Tandis qu'ils empruntaient leurs soldats, ils prêtaient leurs poëtes et leurs savants aux écoles d'Alexandrie et de Pergame. C'est à une telle école que les Romains enverront leurs fils. Ce sont les Grecs déchus qui iront porter à Rome leur corruption et leur subtilité. Les artistes, les médecins grecs affluent à Rome. Un soldat brutal, Mummius, saccage Corinthe : il ose même s'en vanter dans cette inscription, qui devait survivre pour sa honte : « *Deletâ Corintho*. Il pille les chefs-d'œuvre antiques. L'histoire, la comédie grecque arrivent sur les pas des vainqueurs.

Polybe est envoyé comme otage à Rome, mêlé à d'autres Achéens suspects de connivence avec le roi de

[1] Val. Max., liv. IX.

Macédoine ; Rome garde l'hôte et conquiert l'historien.
Avec le sceptique Carnéade, qui enseigne publiquement, la sophistique et l'incrédulité entrent à Rome
ainsi que la philosophie matérialiste. Cet esprit va
remplir les chaires publiques et l'enseignement privé.

Les précepteurs grecs infectent l'esprit de la jeunesse
d'impiété en l'ornant d'une couche superficielle d'art et
de philosophie. Les bouffons, les mimes, les chanteurs
sont admis à demeure chez les riches. Le peuple prend
de nouvelles superstitions. Il adopte des dieux nouveaux
plus indulgents que les vieilles divinités étrusques, austères et peu accommodantes.

Le contact avec l'Orient devait achever d'empoisonner
les âmes. Avec la Grèce, l'esprit humain, personnifié
alors par la civilisation romaine, réalisait des conquêtes
précieuses. Avec l'Orient, l'âme humaine avait tout à
perdre. Il ne devait venir de là que le luxe grossier ou
raffiné qui parle au corps, avec je ne sais quel souffle de
doctrines empestées.

La société romaine, au temps de Caton l'Ancien, offre
donc les traces d'une corruption qui, en moins de cinquante ans, s'est manifestée et développée avec une
énergie qu'explique seul le concours de causes puissantes et simultanées. En 207 avant J.-C., sept membres
du Sénat étaient dégradés ; sept allaient encore l'être
par Caton. En 181, on voit le censeur Lepidus, prince
du Sénat et grand pontife, employer l'argent du trésor
à construire une digue à Terracine pour préserver ses
terres de l'inondation. C'est alors qu'il commence à être
question des malversations des généraux, et que se ma-

nifestent des actes étranges de brutalité et de corruption
qui semblent annoncer de loin les temps de la plus honteuse décadence. Tite-Live[1] raconte qu'un général romain, dans un festin, se vantait à sa maîtresse d'avoir
prononcé beaucoup de sentences capitales, et d'avoir
dans les fers un grand nombre de prisonniers que la
hache attendait. Cette femme dit qu'elle n'avait jamais
vu couper une tête et qu'elle le verrait avec plaisir.
Alors, l'amant complaisant ordonna qu'on lui amenât
un prisonnier, et, de sa main, le décapita devant elle.
Tite-Live dit encore : « Les infamies que l'on disait s'être
passées dans les provinces éloignées, n'étaient pas les
seules ; d'autres se voyaient tous les jours de plus près.
La corruption étrangère avait été importée à Rome par
l'armée d'Asie. » Il ajoute : « Mais ce n'était que le
germe de la corruption qui devait venir. »

Avec une meilleure constitution de la société, les
mœurs romaines auraient pu admettre, sans cette altération profonde, ces perfectionnements de bien-être et
ces développements mêmes d'un certain faste qui résul-
taient de l'augmentation de la cité et du contact avec
les riches nations conquises. Tout n'était pas perdu,
parce que Paul-Émile, vainqueur de Persée, avait de
riches étoffes, d'éclatants tapis de pourpre, parce qu'il
y avait affluence d'objets d'art de la Grèce, et même
parce que l'Orient déjà envoyait aussi ses précieux produits.

C'est s'indigner sans raison que de signaler avec colère

_____

[1] Tite-Live, XXXIX, 45.

les progrès de l'emploi de l'or dans l'ornementation
des demeures. On commença par dorer les murs du
Capitole; on dora bientôt les autres temples, et insensiblement les maisons des particuliers. Les premiers
portiques furent aussi pour le Capitole. Scipion Nasica
l'en fit environner après la seconde guerre punique, et
bientôt, tous les citoyens riches voulurent en faire
construire pour eux-mêmes. Dès que l'airain de Syracuse
est connu, un sénatus-consulte ordonne d'en revêtir le
temple de Vesta; l'airain de Corinthe servit aux chapiteaux des colonnes du Cirque de Flaminius. Depuis
longtemps, le bronze décorait les maisons privées. Mais
il avait paru un luxe au début, et Spurius Carvilius,
questeur, avait placé, parmi les griefs de son accusation
contre Camille, les portes de bronze qui décoraient la
demeure du vainqueur des Gaulois. Les statues furent
de bronze jusqu'aux guerres puniques; d'abord en-
duites de bitume, elles se recouvrirent d'or, et les maisons des particuliers commencèrent ici encore à rivaliser, pour les statues, avec les édifices publics. Tout cela
n'est qu'un trait commun aux capitales qui se développent, mais déjà l'excès est visible. On voyait dès lors,
en effet, des statues équestres dans les demeures privées,
et quelques-unes étaient d'une hauteur gigantesque. Le
poëte Lucius Accius, très-petit de taille, se donna la
satisfaction de contempler sa personne reproduite dans
des proportions colossales[1].

Le théâtre, au surplus, retrace ces mœurs et ces

---

[1] Sur ces faits voir Valère-Maxime, Tite-Live, Pline surtout.

usages nouveaux. On y trouve la preuve que des
bouffons couraient les maisons et les tables comme parasites. Un d'eux se plaint[1] du tort que peut faire à son
métier, *parasiticæ arti*, l'indifférence des jeunes gens.
« J'ai fait, dit-il, un de ces contes qui me valaient autrefois trente repas; personne n'en a ri. » Un peu plus
tard, Térence, dans le même sens que Plaute, fera dire
à un compatriote de Gnaton, que, ne pouvant être bouffon, il ne peut être parasite; et Gnaton l'invite à y suppléer par un moyen qui n'aura pas moins de succès, la
flatterie. Il y avait des parasites tragiques, comme des
parasites bouffons. Thrason se vante, dans le troisième
acte de l'*Eunuque*, d'avoir fait présent à Thaïs d'une
chanteuse, ou plutôt d'une joueuse d'instruments,
fidicinæ. Les acteurs faisaient désormais partie des cérémonies publiques. On en eut qui suivaient le char du
triomphateur, la tête couronnée, et portant un collier
d'or, quelquefois vêtus de riches étoffes. Appien en
fournit un exemple dans le détail des honneurs que
reçut Scipion l'Africain après la seconde guerre punique.

Le luxe des femmes est dès lors, de la part des poëtes,
l'objet de critiques piquantes. La femme est devenue
plus libre, plus indépendante par sa dot; on s'en aperçoit. Dans la troisième scène du premier acte des
Spectres, il est question de l'habitude qu'elles avaient
de se farder et de se parfumer; de se farder pour tromper les yeux sur leur fraîcheur; de se parfumer, non-

---

[1] Plaute, IIIᵉ acte des *Captifs*.

seulement pour flatter, mais pour tromper l'odorat.
L'entrée des parfums d'Orient était sévèrement interdite
depuis que la guerre avec Antiochus les avait répandus à
Rome. C'est ce qui fait dire au poëte comique

Non omnes possunt olere unguenta exotica.

Plaute a mis aussi la courtisane en scène sous les
noms de *meretrix* et de *puella*. Celle-ci n'apporte pas
seulement le luxe matériel dans une société corrompue,
mais certains goûts d'élégance. La *meretrix* est basse,
cupide, effrontée; mais la malheureuse jeune fille
(*puella*), enlevée à son pays, élevée pour le plaisir, ornée
de divers arts, connaît d'autres sentiments : elle est
capable de regretter la pureté qu'elle a perdue, elle veut
être aimée et elle aime.

Ainsi, dans le *Carthaginois* de Plaute, Adelphasie dit
à sa sœur, qui craint toujours de n'être pas assez parée :
« J'aime mieux, quant à moi, être ornée de bonnes
qualités que des plus riches bijoux. Les bijoux sont donnés par la fortune; un bon caractère est un présent de
la nature. J'aime mieux qu'on me dise bonne que riche ;
une courtisane doit se parer de modestie plutôt que de
bijoux. Les mauvaises mœurs souillent plus que la boue
les plus brillantes parures ; une bonne conduite fait
trouver charmante la plus simple toilette. » De ces traits
et de beaucoup d'autres on ne saurait certainement con-
clure que ces jeunes courtisanes, de plus en plus corrompues par le vice, ne furent pas des fléaux pour la morale
et pour la fortune des Romains, jeunes et vieux. Leur

mère ou celle qui leur en tenait lieu avait toute l'âpreté
au gain qui parfois manquait à leurs filles. Il faut donc
placer la courtisane, *puella* ou *meretrix*, au nombre
des causes du luxe. Mais à l'époque où nous sommes, la
femme dotée, malgré la supériorité morale de sa position,
y apporte un contingent plus grand encore. La femme
dotée, avec sa dignité hautaine et sa fierté ou sa ruse,
introduisit et consacra le luxe au foyer domestique.

La femme dotée abuse de son indépendance, qu'elle
fait dégénérer en tyrannie. Le vieux libertin Déménète,
dans l'*Asinaire*, s'accuse d'avoir vendu son autorité
pour une dot. Il a dans sa maison l'esclave dotal, qui
est plus maître que lui. Le pauvre Déménète en est
réduit à comploter avec l'esclave Liban, afin de tromper
sa femme et d'avoir de l'argent pour acheter une jeune
maîtresse, la belle Philénie. Ainsi le luxe entrait à la
fois par tous les accès, — par la femme dont le métier
est la séduction, — par celle dont le devoir est la vie
de famille.

Les Romains ne se faisaient pas eux-mêmes illusion
sur la cause principale de ces dépenses des femmes, et
ils accusaient très-nettement la dot. On le voit par une
scène de l'*Aulularia* dans Plaute. Cette scène est double-
ment précieuse. Elle marque cette cause du luxe, et elle
fait passer sous nos yeux le budget des dépenses féminines. Écoutez ces paroles de Mégadore : « Si tous les
riches en usaient comme moi, et prenaient sans dot les
filles des citoyens pauvres, il y aurait dans l'État plus
d'accord, nous exciterions moins de haine ; les femmes
seraient plus contenues par la crainte du châtiment, et

nous mettraient moins en dépense. Il en résulterait un
grand bien pour la majeure partie du peuple. Il n'y
aurait qu'un petit nombre d'opposants : ce seraient les
avares, dont l'insatiable cupidité brave toutes les puis-
sances et ne connaît ni loi ni mesure.... Une femme ne
viendrait pas nous dire : « Ma dot a plus que doublé
ton bien ! il faut que tu me donnes de la pourpre et des
bijoux, des femmes, des mulets, des cochers, des laquais
pour me suivre, des valets pour mes commissions, des
chars pour mes courses. »

Suit l'énumération plaisante des professions qui s'emploient alors à pourvoir aux exigences de la toilette :
« Vous avez le foulon, le brodeur, le bijoutier, le
lainier, toutes sortes de marchands, le fabricant de
bordures pailletées, le faiseur de tuniques intérieures,
les teinturiers en couleurs de feu, en violet, en jaune
de cire, les tailleurs de robes à manches, les parfumeurs de chaussures, les revendeurs, les lingers, les
cordonniers de toute espèce pour les souliers de ville,
pour les souliers de table, pour les souliers fleurs de
mauve. Il faut donner aux dégraisseurs, il faut donner
aux raccommodeurs, il faut donner aux faiseurs de gorgerettes, aux couturiers. Vous croyez en être quitte ;
d'autres leur succèdent. Nouvelle légion de demandeurs
assiégeant notre porte : ce sont des tisserands, des bordeurs de robes, des tabletiers : vous les payez. Pour le
coup, vous êtes délivré. Viennent les teinturiers en
safran, ou quelque autre engeance maudite, qui ne
cesse de demander [1]. »

[1] *Aulularia*, traduction de Naudet.

Il semble que l'énumération est assez complète, et que les raffinements ne manquent pas à ces contemporains de Caton. On aura remarqué les *parfumeurs de chaussures*. Compte-t-on chez nous plus d'espèces de souliers à l'usage des femmes élégantes? Ces bordures de robes, ces tuniques, ces couleurs variées et riches des étoffes, tout cela, au premier abord, n'étonne-t-il pas un peu dans une époque et dans une ville encore loin d'être célèbres par les élégances de la vie?

La chose était plus sérieuse qu'on ne serait tenté de le croire. Il y avait là plus qu'un simple déploiement de toilette et que la mauvaise humeur d'un mari. Tant de recherches coûteuses, nécessaires au luxe des femmes, déterminaient déjà chez les hommes un penchant marqué vers le célibat. Ils y étaient poussés moins encore par l'économie que par le calcul égoïste du bien-être. Ils gardaient pour leurs vices l'argent qu'il eût fallu dépenser pour leurs enfants. Le concubinage semblait même à beaucoup une trop lourde chaîne. Ces amis du plaisir facile aimaient mieux vivre sur le commun dans leurs amours éphémères comme dans leurs repas mendiés. Souvent le vieux célibataire, à défaut des voluptés qui lui échappaient, s'attachant à la dernière passion vivace, l'avarice, cherchait le gain en favorisant les désordres du jeune homme. Sans doute il faut user avec réserve du théâtre latin comme signe des mœurs romaines; on s'expose à trouver dans cette imitation toute grecque le tableau de la Grèce au lieu de celui de Rome. Mais, sous la condition d'un peu de discernement, on y rencontre aussi nombre de traits qui visiblement s'appliquent à la vie romaine.

II.   5

Voyez dans le *Miles gloriosus*, du même Plaute, le
vieux Périplectomène. Le jeune Pleuside se sert de son
entremise, mais non sans se le reprocher un peu, tant
la jeunesse, même libertine, garde parfois d'honnêtes
scrupules. « Que dites-vous? réplique celui-ci; suis-je,
à votre avis, réclamé par l'Achéron et bon à porter en
terre? Je n'ai pas plus de cinquante-quatre ans; j'ai bon
pied, bon œil, la main alerte. Je suis un rieur de bon
goût, un convive agréable; je ne tousse pas, je n'étour-
dis pas les gens de mes criailleries sur les affaires publiques et sur les lois. » Et ici encore reparaît le thème
éternel du luxe des femmes : « Ma fortune me permettait, grâce aux dieux, d'épouser une femme richement
dotée, de grande famille; mais je n'ai pas voulu introduire chez moi une criarde. Car enfin, une bonne femme,
s'il en fut jamais, où pourrais-je la déterrer? Où en
trouver une qui me dira : «Mon ami, achète de la laine
pour te faire un bon manteau? » Une femme ne me
dira jamais cela; mais, avant le chant du coq, elle me
réveillera pour me dire : « Mon mari, donnez-moi un
bon maître d'hôtel, un bon cuisinier. » Quand j'ai tant
de parents, qu'ai-je besoin d'enfants? Maintenant, je vis
bien, je suis heureux et maître absolu. Mes héritiers
me caressent, ils m'envoient des cadeaux, ils me prient
à dîner et à souper. Cela vaut mieux que d'avoir deux
ou trois fils. »

La fameuse affaire des Bacchanales est un trait de lumière sinistre, qui perce à jour jusqu'au cœur cette société
malade. C'est la tragédie de la corruption, dont Plaute
et Térence nous donnent en riant l'agréable comédie.

Qu'on se figure, en notre Paris, quelque habituéqu'il soit aux scandales individuels, cette nouvelle éclatant soudainement : Sept mille personnes des deux sexes, la plus élégante aristocratie mêlée à la plus vile populace, forment une vaste affiliation, vouée au meurtre et à d'infernales débauches. On parle d'empoisonnements mystérieux, de rites étranges se mêlant à ces horreurs pour les consacrer.... On en parle, et c'est ce qui se passe journellement, sans que rien ait transpiré, sinon par la fréquence des assassinats, des empoisonnements domestiques.

L'affiliation avait son foyer dans un des quartiers les plus populeux, non loin du grand Cirque et de l'Aventin. Là se célébraient, la nuit, les mystères de Bacchus, remplis d'obscènes et sanguinaires violences. Des prêtresses vêtues en Ménades, les cheveux épars, couraient vers le Tibre, une torche à la main. L'ardente torche flambait encore en sortant des eaux : symbole de la vie universelle, feu inextinguible contre lequel la mort ne peut rien.

On sait les suites de cette terrible révélation des bacchanales : Rome, pendant plus d'un mois en proie à la terreur, des patrouilles parcourant la ville pour empêcher qu'on y mît le feu, des gardes veillant aux portes pour arrêter les fuyards, les tribunaux fermés, toutes les affaires interrompues. La moitié des coupables passèrent sous la hache, les femmes furent livrées au tribunal domestique, étranglées au foyer même. L'enquête s'étendit au reste de l'Italie, et, quoique bien des crimes restassent impunis, deux mille empoisonneurs furent

condamnés à mort. L'on trouva en une seule année que
cent soixante-dix femmes avaient empoisonné leur
mari pour faire place à d'autres époux.

Débauches gigantesques comme ses édifices et ses jeux,
colossale corruption, telle sera Rome, la Rome de la décadence. Une forte part de bien se mêle encore au mal.
C'est le jeune Néron, le Néron de Racine, hésitant entre
ses deux conseillers, Burrhus et Narcisse.

Voyez après cela si Voltaire ne s'est pas beaucoup
trompé, trompé au delà de ce qu'il était permis de se
tromper à un esprit si sensé, lorsqu'il a écrit dans l'article
Luxe : « Gardez-vous du luxe, disait Caton aux Romains,
vous avez subjugué la province du Phase, mais ne mangez
jamais de faisans. Vous avez conquis le pays où croît le
coton : couchez sur la dure. Vous avez volé à main armée
l'or, l'argent et les pierreries de vingt nations : ne soyez
jamais assez sots pour vous en servir. Manquez de tout
après avoir tout pris. » Non, Caton ne donna pas de
tels conseils, et, si exagéré que nous le trouvions, ses
pensées étaient moins courtes et ses sévérités mieux
motivées. Voltaire se trompe encore dans ce qui suit :
« Lucullus répondit : Je souhaite plutôt que Crassus,
Pompée, César et moi, nous dépensions tout en luxe.
Il faut bien que les grands voleurs se battent pour le
partage des dépouilles. Rome doit être asservie, mais
elle le sera bien plus tôt et bien plus sûrement par l'un
de nous, si nous faisons valoir comme toi notre argent,
que si nous le dépensons en superfluités et en plaisirs.
Souhaite que Pompée et César s'appauvrissent assez pour
n'avoir pas de quoi soudoyer des armées.

Y a-t-il une seule de ces lignes qui ne renferme une erreur? Comment croire que le goût du luxe préserve de l'ambition qui menace les Etats? Le luxe, la prodigalité, les dettes, les pays à conquérir, les provinces à piller, la puissance en vue de la jouissance, forment comme les anneaux de la même chaîne. Ce n'est pas Rome seulement qui en témoigne, c'est l'histoire tout entière.

Caton vit le mal, non les remèdes. C'est ici, selon nous, que fut son erreur. Disons un mot de la réaction mémorable de ce personnage dont la figure est demeurée un type, le type même de l'*ennemi du luxe* dans tous les pays et dans tous les temps.

III

RÉACTION DE CATON CONTRE LE LUXE

C'était un vieux Sabin, de Tusculanum, d'une noblesse rurale, son nom même l'indique : Marcus *Porcius*, éleveur de porcs. *Caton* était un surnom : *Catus* signifie l'*avisé*. Sa famille avait rang équestre, ce qui exigeait en biens au moins 400 000 sesterses, environ 86 000 francs. Toute sa jeunesse se passa dans les travaux de sa métairie, non loin de la cabane de Curius Dentatus, cette incorruptible image du vieux romain. A en croire Plutarque, le rigide jeune homme y faisait de pieux pélerinages; il se remettait en mémoire le jour mémorable où les ambassadeurs samnites trouvaient ce vainqueur faisant cuire des raves à son foyer et ne recevaient pour l'offre de leur or qu'un refus dédaigneux. Il travaillait nu l'été avec ses esclaves, mangeait à la même table, et buvait comme eux l'eau arrosée de vinaigre. Lui-même avait la mine dure, les façons rudes, les cheveux roux, les yeux pers, la raillerie narquoise du paysan, très-retors d'ailleurs comme les paysans de ce temps-là et de tous les temps ; il plaidait pour ses voisins, allait souvent à Rome, appelé par les affaires, jusqu'à ce qu'il se décidât à y venir courir la carrière des honneurs. S'il fallait chercher des analogues modernes à Caton, peut-être les trouverait-on dans cette race de gentilshommes *farmers* de l'Angleterre du temps de Cromwel, aux mœurs rudes, aux croyances fortes, obstinées, race rigide, puritaine à Londres, stoïcienne à Rome, et là, comme ici, ayant horreur de la noblesse urbaine riche, fastueuse, corrompue et corruptrice. Là d'ailleurs s'arrêtent les analogies. Cromwell et les siens voulaient une révolution dans l'Etat ; Caton, dans une république, s'attachait aux anciens souvenirs et embrassait le passé comme un immuable idéal. Maintenir sans mélange le vieux génie romain ayant pour expression l'agriculture et la guerre devint la passion de sa vie. Son courage et ses grands services dans la guerre d'Espagne, le désintéressement de plusieurs de ses actes, son exemplaire rigidité, enfin l'éclatante réunion des plus solides mérites de l'homme de guerre et des plus vigoureuses qualités de l'orateur, donnent à son rôle un relief particulier. Il nous reste des fragments de l'éloquence de Caton. Ce sont des chefs-d'œuvre de force entraînante et d'éloquente habileté, tels que pouvait

seule les produire la nature la plus énergiquement
trempée, rompue aux secrets de l'art, quoiqu'il feignît
de les ignorer Ce contempteur des lettres grecques qui,
devant les Athéniens, recourait à un interprète comme
s'il ne comprenait rien à leur langue, avait reçu les
leçons du Pythagoricien Néarque, il se nourrissait de
Thucydide et de Démosthènes. Ne soyons pas dupes.
Il y a dans ce représentant peu naïf de la tradition une
part assez grande à faire au rôle joué. Il ne dédaignait
pas l'effet et la mise en scène. Même avec sa femme,
simple et digne matrone qu'il aimait à sa manière, il
faisait le terrible. Il se plaisait, dans sa maison des
champs, pendant les longues veillées, à lui conter des
histoires qui la remplissaient d'épouvante. Il disait en
riant qu'elle ne l'embrassait jamais que les jours d'orage,
parce qu'elle avait plus peur des éclairs que de lui. Ce
redoutable censeur du luxe fit de sa mise, de son allure,
de toute sa personne la critique vivante des mœurs de
son temps. Il opposa au faste du vice le faste de la vertu.
Il rudoya les mœurs nouvelles, n'appelant les jeunes
gens à la mode que chanteurs, danseurs, baladins, etc.

Nul doute d'ailleurs qu'il ne fût avec une passion sincère l'homme du passé. Son ouvrage, intitulé les *Origines*, atteste que chez lui ce culte était aussi érudit que
passionné. Combien est à regretter la perte de cet écrit
considérable ! Composé de sept livres, il n'était autre
qu'une histoire romaine depuis les temps les plus
anciens jusqu'à son époque. Le trait caractéristique de
cette histoire est curieux : les institutions civiles, politiques, militaires, y étaient étudiées de telle façon que

les hommes n'en semblaient que les personnifications.
Il étudiait le type du dictateur, du chef de cavalerie,
etc. Avec tout cela, dit-on, beaucoup d'anecdotes ayant
leur piquant ou leur grandeur.

L'historien des *Origines* devait appliquer au présent
cette politique des regrets. Elle avait ses raisons d'être
en l'état de la république.

On a présente à la mémoire la circonstance qui
permit à Caton, arrivé au consulat, de se prononcer sur
cette *question du luxe*, qui se posait avec éclat sous la
forme d'une loi à abroger. Il s'agit de l'émeute des
femmes romaines. Elles sont répandues dans les rues,
elles assiégent le forum, arrêtent les sénateurs au
passage, réclament leurs bijoux, leurs riches toilettes,
la liberté d'être traînées dans des chars, en un mot, tout
ce que la loi Oppia leur avait retiré vingt années avant.
La harangue prononcée par Caton a été magnifiquement
arrangée par Tite-Live. Mais le fond, le tour, l'accent sont
bien du terrible orateur; c'est bien là son autorité senten-
cieuse, sa vigueur satirique, sa véhémence mêlée d'ironie. Le seul début de cette diatribe expliquerait l'impo-
pularité auprès des femmes dont le nom de Caton ne s'est
pas relevé depuis vingt siècles. « Si chacun de nous,
Romains, avait su conserver à l'égard de sa femme ses
droits et sa dignité, nous serions moins importunés par
toutes ces femmes qui nous entourent. Aujourd'hui que
ce sexe impérieux a subjugué notre liberté dans l'intérieur de nos maisons, il ose encore ici, jusque dans la
place publique, la terrasser, la fouler aux pieds : et,
parce que nous n'avons pas su résister à chacune en

particulier (*quia singulas substinere non potuimus*),
nous les avons en ce moment à redouter toutes ensemble
(*universas horremus.*) »

Céder aux femmes sur ce point ouvrirait une voie
funeste aux concessions. Où s'arrèterait-on désormais?...
Ce serait à croire que Caton pressent les futurs programmes d'émancipation politique de la femme. « Parcourez toutes les lois qui concernent les femmes, par
lesquelles nos ancêtres ont mis un frein à leur licence,
et les ont soumises à l'autorité des hommes ; avec ces
lois, toutes nombreuses qu'elles sont, vous pouvez à peine
les tenir sous le joug. Que sera-ce si vous souffrez qu'elles
les blâment, qu'elles les enfreignent l'une après l'autre,
et enfin qu'*elles s'égalent aux hommes?* Croyez-vous que
leurs prétentions resteront tolérables? A peine auront-
elles commencé à être nos égales, qu'elles prendront sur
nous la supériorité. *Extemplo simul pares esse cœperunt,
superiores erunt.* »

C'est bien le même Caton qui disait à son intendant:
« Veille à ce que ta ménagère remplisse ses devoirs. Si
le maître te l'a donnée pour femme, n'en cherche point
d'autre. *Qu'elle te craigne. Qu'elle n'aime pas trop le
luxe. Qu'elle voie le moins possible ses voisines ou d'autres femmes.* Qu'elle soit propre, et que tous les jours
elle nettoye et balaye le foyer avant d'aller au lit. Aux
jours de fête, qu'elle suspende une guirlande de fleurs
au foyer et prie le génie protecteur de la maison. »

Le sévère consul n'exceptait pas les hommes de cette
sortie contre le luxe : « Je me suis souvent plaint devant
vous, Romains, de la dépense excessive des femmes et

des *hommes*. » Et ensuite retentit son grand cri d'alarme
sur le luxe qui perd les empires, sur les trésors de la
Grèce et de l'Asie, sur ces provinces remplies de tout ce
qui peut flatter les passions (*omnibus libidinum illecebris
repletas*). Il prédit dans quel esclavage de ces richesses
et de ces jouissances tomberont un jour les Romains ;
mais il ne se borne pas à flétrir les honteuses ou frivoles satisfactions du luxe et de la mollesse. Comme
Platon l'avait fait en Grèce, comme Rousseau devait le
faire chez nous au dernier siècle, Caton maudit jusqu'aux
arts et repousse avec une dédaigneuse colère tous les
brillants chefs-d'œuvre d'Athènes et de Corinthe.

Je ne relèverai plus qu'un trait de la harangue de Caton, qui n'a point peut-être perdu toute opportunité, et
qui se justifie à chaque pas dans l'histoire du luxe. Avant
Montaigne, avant Montesquieu, le vieux romain signale
la fatale émulation que le besoin de se distinguer par le
luxe des vêtements engendre entre les classes. Les femmes
riches ne veulent point être réduites par la loi à s'habiller comme les femmes de médiocre condition ; elles
rivalisent entre elles d'opulente recherche dans leur
parure ; cette émulation descend bientôt jusqu'aux
femmes pauvres ; on voit celles-ci faire des efforts au-
dessus de leur fortune pour éviter une infériorité qui les
exposerait au mépris. « *Vultis hoc certamen uxoribus
vestris injicere, quirites, ut divites id habere velint, quod
nulla alia possit; pauperes, ne ab hoc ipsum contem-
nantur, supra vires se extendant.* »

Traduisez cette pensée en style moins noble, ajoutez-y
quelques métaphores familièrement expressives, vous

aurez la harangue qu'un célèbre magistrat français prononçait au Sénat, il y a quelques années à peine, contre le *luxe effréné des femmes*.

Les effets moraux de ce besoin de luxe n'échappent pas non plus à Caton. Il en indique les suites : « *Ayant commencé à rougir de ce qui n'est point déshonorant, les femmes ne rougissent plus de ce qui est un vrai déshonneur*. Celle qui en aura le moyen fera les frais de sa parure ; celle qui ne le pourra demandera de l'argent à son mari, et malheur à lui, soit qu'il se laisse gagner, soit qu'il demeure inflexible : ce qu'il n'aura pas donné lui-même, elle saura bien l'obtenir d'un autre homme. »

Je me suis étendu sur cette harangue. Elle résume dans une forme pleine de relief des arguments que chaque siècle a vus reparaître. La lignée de Caton n'est pas épuisée encore ; elle vivra sans doute aussi longtemps que les abus et que le besoin de critiquer les mœurs du temps. Nos églises et quelquefois nos journaux retentissent de paroles semblables. Tout ce qui peut-être allégué contre l'immoralité qu'engendre l'amour immodéré du luxe est mis en avant par l'orateur romain. Est-il possible pourtant de le suivre jusqu'au bout ? Je n'ignore pas tout ce qu'on perd pour l'effet à suivre la ligne intermédiaire du bon sens. Le rôle de la raison est ingrat ; elle ne rallie que les sages. La foule répond par la gloire à d'éloquents anathèmes. Voulez-vous faire école et enlever la renommée ? Soyez l'homme des retentissants paradoxes, soyez Rousseau, soyez Proudhon. Mais préférez-vous la vérité à tout, renoncez au bruit et contentez-vous d'ajouter modestement quelques rayons au faisceau des

vérités démontrées. La civilisation a ses droits comme
la morale. Supprimer, comme Caton et son école, un
des termes du problème, ce n'est pas le résoudre. Pro-
scrire l'art parce que les dames font trop de toilette, réduire l'esprit humain à l'immobilité parce que tel enrichi étale un faste de mauvais goût ou ruineux, en thèse
générale c'est tout simplement absurde. La politique
fait comprendre l'attitude de Caton; la marche de la civilisation condamne ce que sa thèse a d'excessif.

Voilà ce que ne pouvait répondre avec une pleine intelligence des conditions qui font avancer les sociétés le
tribun Valerius. Le mot de *civilisation* manquait abso-
lument de la précision qu'il a même aujourd'hui quelque peine à acquérir. Pourtant on sent un souffle plus
nouveau, plus amollissant, si l'on veut, mais enfin plus
humain dans cette harangue de Valerius, sans doute un
peu enjolivée par Tite-Live. C'est déjà la morale indulgente qui se pose en face de l'absolu rigorisme. Valerius
trouve Caton trop Romain. Il veut plus de liberté laissée
au luxe et aux femmes. Sa galante harangue a eu aussi
une postérité. Comme tous ceux qui, depuis lors, ont
pris la défense des femmes, l'habile tribun s'applique à
montrer les priviléges dont jouissent les hommes et dont
elles sont privées; il cherche habilement à exciter leur
jalousie; il s'indigne à la pensée seule qu'à tant de priviléges les hommes puissent ajouter encore ce luxe élégant, cette recherche de la toilette qui semble être pour
les femmes la trop juste compensation de tous les droits
qu'on leur refuse. Il lui paraît absurde, injuste, que les
hommes aient le droit de se montrer vêtus de pourpre

dans les magistratures et les sacerdoces, et de riches habits même dans la vie privée, tandis que les dames romaines seraient réduites au plus simple équipage et se verraient, elles, les épouses des maîtres du monde, moins parées que les femmes des provinces et des pays alliés ou vaincus! « Quel traitement cruel ne serait-ce point infliger à ce sexe, s'écrie Valerius, qui n'a d'autre joie et d'autre gloire que la toilette et le soin de se parer? » *Mundus muliebris*, disait-on dès lors.

Qu'importe que Caton, battu sur la loi Oppia, ait pris sa revanche durant sa censure? Que pouvait-on sauver en dégradant avec une sévérité excessive le sénateur Manilius pour avoir embrassé sa femme devant sa fille, en ôtant son cheval à Lucius, frère de Scipion l'Asiatique? Par ce dernier trait, Caton ne faisait que montrer la haine qui l'animait contre ces Scipions, personnification brillante des idées grecques. Les traits de désintéressement personnel de Caton pendant la guerre d'Espagne, sa sévérité, la répression des abus commis par les administrateurs des deniers publics, plusieurs actes qui honorent à jamais sa censure, furent sans doute une protestation dont l'histoire doit lui savoir gré, et Rome le sentit bien elle-même. — Elle avait appelé en lui un rude médecin; elle lui décerna, sa censure terminée, une statue dans le temple de la Santé, avec cette inscription : « A Caton, restaurateur des mœurs. » Mais ces actes dirigés contre le luxe n'atteignaient pas la source du mal. L'excès d'inégalité, qui allait sans cesse enrichissant les uns et appauvrissant les autres, n'y était même pas effleuré. Le résultat le plus net de cette haine contre le

luxe se trouve dans la loi *Orchia* et dans la loi *Fannia*,
qui, bien que promulguée seulement 20 ans après, la
complète, enfin dans la fameuse loi *Voconia*. Les deux
premières, avouons-le, étaient de bien faibles digues.
C'étaient des *lois somptuaires*, vexatoires, sans efficacité.
La loi *Orchia*, qu'avait fait porter le tribun Orchius,
durant la censure de Caton, était une protestation contre
la gourmandise, ce vice des Romains, comme la coquetterie était le vice des femmes romaines. Elle prescrivait
de dîner les portes ouvertes et de limiter le nombre des
convives. La loi *Fannia* fixait les dépenses de table à
51 c. de notre monnaie, par tête, pour les jours ordinaires ; à 1 fr. 55 c. pour dix jours par mois, et à
5 fr. 10 c. pour les jours de fêtes et de jeux. Défense
était faite d'admettre à sa table plus de trois convives
étrangers, exceptés trois fois par mois, les jours de foires
et marchés ; défense de servir aux repas aucun oiseau, si
ce n'est une seule poule non engraissée ; défense de con-
sommer par an plus dé quinze livres de viande fumée,
etc. La minutie de ces prescriptions fait sourire aujour-
d'hui. C'était opposer la plus fragile des barrières à un
torrent qui entraînait jusqu'aux promulgateurs de ces
lois. Il y avait plus de portée dans la loi *Voconia*, loi de
succession, qui atteignait directement les femmes, et
coupait court à leur *insolence*, pour parler comme Caton
qui imagina cette loi de concert avec Voconius. En principe, la femme romaine était mineure ; en fait, la libre
disposition de sa dot l'avait émancipée. Songez à cette
situation nouvelle, étrange, d'un mari qui empruntait à
sa femme et pouvait être par elle poursuivi en justice s'il

ne payait pas. Dans Plaute, le pauvre Déménète se plaint de n'avoir pas vingt mines à donner à son fils, et d'avoir vendu sa liberté en recevant sa dot. Que faire donc? déclarer que la femme pouvait être *légataire*[1] non *héritière*.

C'est ce tour de jurisconsulte que joua Caton aux femmes romaines, en soutenant son opinion d'un des plus beaux discours qu'il ait jamais prononcés. Les Romains le faisaient apprendre par cœur à leurs enfants, et, au rapport d'Aulu Gelle, on l'expliquait encore dans les écoles au temps d'Adrien. Caton espérait remédier au mal en limitant le legs à la moitié de la fortune pour la fille unique, en défendant à la femme, s'il y avait plusieurs enfants, de recevoir au delà de 250 000 as, soit un peu plus de 21 000 fr. (qu'il faudrait presque tripler en monnaie actuelle). Cela ne suffisait plus à constituer une fortune à une époque où chacune des filles de Scipion apportait en dot 290 000 francs, qui en vaudraient aujourd'hui selon certaines évaluations 725 000. Cicéron, qui parle au nom des idées d'équité, trouva plus tard[2] cette loi injuste. Caton, au nom de la tradition menacée et du vieux droit, devait tenir un autre langage; mais il se faisait illusion sur les conséquences de cette loi préventive, qui devait, elle aussi, tromper la main du législateur et se tourner contre ses vues. Non-seulement on l'éluda par l'emploi d'un fidéicommis; on fit plus, on évita le mariage, et dans le mariage les enfants. Cette

[1] V. le savant ouvrage de M. Paul Gide : Étude sur la condition privée de la femme. Chap. IV et chap. V.

[2] Cicéron, *De Republica*, III.

loi, contre son intention, devint un instrument de plus
de dépopulation, et Auguste dut la modifier en un sens
plus large.

Caton reprenait une autre revanche en substituant,
quant aux parures et aux équipages, l'*impôt* à la *loi*
somptuaire. Il permit le luxe qu'il ne pouvait empêcher.
Il inventa l'*impôt* des voitures et frappa d'une taxe de
3 p. 100 tout équipage et toute toilette dont la valeur
dépassait 1500 deniers ou 1300 francs.

Plutarque donne des détails plus précis. Il fit, dit-il,
estimer les habillements, les voitures, les ornements des
femmes avec tous leurs autres meubles ; et chacun de
ces objets qui valait plus de quinze cents drachmes (environ 1350 fr.) il le portait à une valeur décuple et il en
réglait la taxe sur cette estimation. C'était l'équivalent
d'un impôt démesurément progressif. Par là, les riches,
croyait-il, grevés par cette taxe, et voyant les citoyens
simples et modestes payer avec une fortune inférieure à la
leur beaucoup moins au trésor public seraient invités à la
simplicité. Il encourut la haine et de ceux qui se sou-
mettaient à la taxe pour ne pas renoncer au luxe et de
ceux qui renonçaient au luxe pour s'affranchir de l'impôt.

Barrière impuissante ! N'est-ce pas l'essence même du
luxe de s'attacher à ce qui coûte cher ? Ce qu'on peut
dire en faveur de Caton, c'est que peut-être il cherchait
par ce moyen à égaliser l'impôt si indulgent alors pour
le riche, si dur au pauvre. Avouons-le : cet impitoyable
ennemi du luxe n'avait à opposer au progrès des mœurs
et des idées nouvelles qu'un idéal fort étroit, en partie
même très-défectueux. Voyez son : *De re rustica*. Rien de

plus fondé que l'éloge de l'agriculture, dans laquelle il
se plaît à voir le vrai fond de l'existence romaine. Mais
de quelle agriculture parle-t-il? Précisément de celle qui
commence à être une des causes les plus énergiques de
la décadence, le pâturage substitué au labourage Le pâturage, c'était la grande propriété avec force esclaves. Le
labourage, c'était la petite propriété cultivée pour la
majeure partie par des mains libres. — « Que doit-être
le père de famille pour le plus grand intérêt de son bien,
écrit-il? Bon éleveur. — Et en second lieu, éleveur médiocre.— En troisième lieu, mauvais éleveur.— L'agri-
culteur proprement dit ne vient qu'au quatrième rang. »

Ainsi le *latifundisme* et l'*esclavage*, ces deux plaies romaines, ces deux causes solidairement unies du dévelop-
ment d'un luxe effréné, voilà ce que Caton préconisait[1].
Sans doute il ne prêchait pas directement l'extension in-
définie des domaines; mais la préférence constante *théo-
riquement* donnée au pacage avait le même résultat.
Tout cela s'explique trop bien dans les idées agricoles de
Caton l'Ancien, idées qu'il ne tiendrait qu'à nous d'appeler aussi des idées de décadence et même de luxe, du
moins d'enrichissement peu digne d'encouragement à
son point de vue politique. Quoi de plus décisif que ces
lignes? « Il n'y aurait rien de mieux que de s'enrichir
par le négoce, si cette voie était moins périlleuse, ou
que de prêter à usure, si le moyen était plus honnête. »

---

[1] On a pu dire que le latifundisme avait été quelquefois exagéré en lui-
même et dans ses conséquences. Exagéré, soit, non pas à un point qui in-
firme nos appréciations.

Ce même homme, qui disait : *quid est fœnerari? occi-dere hominem,* ne s'abstenait pas, après cette assimila-tion de l'usure à l'assassinat, de prêter à 36 p. 100. Ce politique énergique, mais inconséquent, prenait un mauvais chemin pour restaurer la vieille Rome. Lui aussi sacrifiait la forte classe des soldats laboureurs, et livrait à la fois la nourriture du peuple romain à la merci des contrées étrangères. La vertu morale, comme la pro-spérité des citoyens, devaient souffrir de l'esclavage qui allait dépeupler les campagnes et dépraver les maîtres.

L'esclavage! Caton le préfère au travail libre. Lui-même faisait le métier d'éleveur et de marchand d'esclaves. Il a d'étranges recettes sur la manière de les nourrir au meilleur marché possible, de leur composer je ne sais quelle affreuse piquette pour les abreuver, de les loger avec un minimum de place. Quelles rudes prescriptions disciplinaires, et pourquoi? Toujours pour gagner de l'argent. Il vous dira, avec un inexorable sang-froid dont s'indigne le bon Plutarque : « Que le père de fa-mille vende l'huile si elle a du prix et ce qui lui reste de vin et de blé; qu'il vende les vieux bœufs, les veaux, les petites brebis, la laine, les peaux, les vieux chariots, les vieux fers, *l'esclave vieux* (plaustrum vetus, ferra-menta vetera, *servum senem*), *l'esclave malade* et tout ce qui peut être vendu : il faut que le père de famille soit vendeur, non acheteur (*patremfamilias vendacem, non emacem esse oportet*). »

On trouve enfin bien des ignorances chez cet homme si versé dans les origines romaines et dans les secrets de l'éloquence. Quelle étrange médecine chez ce paysan systématique, plein d'aversion pour les médecins grecs, qui ne reconnaît presque comme médicament que le chou, qu'il administre sous différentes formes à sa femme et à son fils, comme à ses esclaves malades! Quelles superstitions que celles de ce *charmeur* qui emploie des formules magiques pour guérir les luxations, chantant sur la blessure : « *Huat hanat, huat ista pista sista, domiabo damnaustra*, etc. » Enfin, pour dire tout, dans ses dernières années, quels exemples! Le vin, des amours scandaleuses dans l'âge sénile, qui forcent son fils et sa bru à s'éloigner; son cuisinier condamné aux étrivières chaque fois qu'il manque un plat, est-ce là ce qu'on devait attendre du défenseur rigide de la loi Orchia? appartenait-il à ce soutien des vieilles mœurs, à cet inflexible ennemi du luxe, de passer toute sa vieillesse, qu'il prolongea jusqu'à quatre-vingt-cinq ans, dans la spéculation mercantile, et d'abandonner de plus en plus l'agriculture pour l'achat des terres à étangs, à eaux chaudes, ou propres à louer à l'industrie, pour l'usure maritime et l'agiotage sur le commerce des esclaves? Il contribua aussi à organiser en Espagne l'exploitation de ces mines d'argent qui, au vieux point de vue romain, ne pouvaient que multiplier le métal corrupteur. Qu'un autre l'eût fait, qu'un autre eût ajouté à la richesse nationale les fécondes mines d'Huesca et d'Urgel, lesquelles donnaient le fer à l'industrie et l'argent à la circulation, nous l'en louerions comme d'un bienfait. La rigidité de Caton réclame une autre règle de jugement. Mais quoi? n'est-ce pas le propre des époques dites de transition de produire de pareilles inconséquences chez les plus fermes

esprits et les plus vigoureux caractères? Rien ne remplace la foi naïve : le torrent qui coule entraîne jusqu'aux
défenseurs du passé.

Il serait peu philosophique de s'en indigner. Qu'un
peu d'inconséquence soit donc permise, même à Caton !
Ils sont hommes et de leur temps, quoi qu'ils fassent,
même ceux qui combattent leur siècle ! Mais l'histoire
doit leur demander compte de la portée de leurs vues
et de la nature des remèdes qu'ils ont cherché au mal
par eux signalé avec tant de violence. Sur ce point le
dur censeur se trompa. Il fallait être réformateur, en
s'attaquant à une vicieuse répartition de la propriété et
de la richesse. Caton ne sut même pas être complétement conservateur. Pousser à l'esclavage et au *latifundisme*, c'était pousser au luxe et à tous les abus de la
richesse concentrée entre quelques familles opulentes,
dominant la plèbe par des distributions de vivres et
d'argent. Qu'on excuse ce fier défenseur du passé romain
de ne l'avoir pas compris, on ne saurait du moins lui
accorder le coup d'œil et la hardiesse de l'homme d'État,
qui tente les grands moyens pour venir à bout des grands
obstacles, et laisser après lui quelque chose de solide.

Le luxe continue à se développer après Caton. Il arrive
à de monstrueuses folies. Il trouve des peintres éloquents
qui le flagellent, des législateurs qui le condamnent, et s'y
livrent. Curieux spectacle que nous allons suivre. Mais
disons un mot d'abord de cette partie du luxe public
qui se manifeste sous des formes moins blâmables et même
parfois dignes d'éloges. Telles sont les fêtes qui accompagnent les actes de la vie religieuse et civile. Ce luxe

prendra aussi une des formes les plus monstrueuses avec le cirque et l'amphithéâtre. — Avant d'arriver à ces excès, il a une période plus honorable ; elle tient dans l'histoire de la société romaine une place trop importante pour qu'on l'omette.

IV

LES FÊTES ROMAINES.

A l'époque qui nous occupe, cette partie du luxe public, qui a pour expression les fêtes religieuses et civiles, était à peu près complétement organisée. On peut dire que nulle part ailleurs, même en Grèce, les fêtes ne jouèrent un rôle plus grand qu'à Rome dans la vie du citoyen. La religion apparaît à Rome comme un fait dominant qui se mêle à toutes les pompes, même à celles qu'il n'inspire pas directement. Au début, les fêtes présentent un caractère presque exclusivement religieux ; il se manifeste dans les villes avec cette pompe et cet éclat dont la pensée religieuse aime toujours à s'environner. — Nulle commémoration solennelle qui ne se traduise par des spectacles ramenés périodiquement, et le plus souvent une fois chaque année. Cette régularité dans le retour des mêmes cérémonies, loin d'en refroidir l'impression, ne faisait, ce semble, qu'ajouter à l'impatience de l'attente. La science de la mise en scène dut en recevoir aussi plus d'un perfectionnement successif perpétué par la tradition.

On se propose moins ici d'énumérer toutes les fêtes

romaines en les caractérisant avec d'abondants détails
consignés dans de nombreux ouvrages, que d'en présenter l'image en quelques mots rapides.

C'étaient d'abord ces *jeux séculaires*, d'une durée de
trois jours et trois nuits et d'une magnificence d'autant
plus grandiose que la célébration en était plus rare. On
a décrit leurs illuminations au flambeau qui éclairent des
scènes d'un caractère religieux souvent sinistre et sanglant. La représentation des jeux scéniques, tardivement
ajoutée sous Auguste, devait se mêler aux autres divertissements. On trouve un grand caractère dans les processions
en pompe des dames romaines et les chœurs de jeunes gens
des deux sexes qui se rendent au Capitole ou au temple
d'Apollon, en chantant des hymnes en langue grecque et
en langue latine, pour attirer sur Rome la protection des
dieux. Fêtes d'un luxe grave, digne du génie romain !

Sans avoir un égal éclat, c'étaient aussi des fêtes
brillantes, fertiles en amusements, que les *Quinquatries*,
célébrées en l'honneur de Minerve comme les Panathénées
à Athènes, cinq jours de suite, pendant lesquels le peuple
jouissait de toutes sortes de spectacles et de jeux; elles
étaient consacrées plus particulièrement aux jeunes filles,
aux écoliers, aux apprentis de tous les arts, et aussi aux
pédagogues. Le même caractère de poésie et de noblesse
paraît dans les *Céréales*, imitation des Eleusinies et des
Tesmophories grecques. On y voyait les dames romaines,
vêtues de blanc, et portant des flambeaux, mettre en action les aventures de Cérès et de Proserpine[1]. A l'occa-

---

[1] Ovide *Fastes*, liv. III.

sion de ces fêtes qui duraient huit jours, à commencer de la veille des ides d'avril, on célébrait les jeux du cirque. Ils s'ouvraient par une pompe où l'on portait les statues de tous les dieux, et se continuaient par le spectacle singulier de renards lancés dans le cirque, qui portaient attachées sur leur dos des torches enflammées : expiation, selon Ovide, d'un incendie causé par ces animaux dans les champs de Carséole. Ces fêtes étaient terminées par un repas splendide, que le prêtre de Cérès donnait dans le fameux temple de Bacchus, de Cérès et de Proserpine.

On trouve aussi un souvenir légendaire, emprunté cette fois aux annales du patriotisme, dans ces *Matronales* célébrées par les dames romaines aux calendes de Mars, pour perpétuer le souvenir de la paix conclue entre Romulus et Tatius par la médiation des Sabines. Le matin, les dames montaient en pompe au temple de Junon sur le mont Esquilin, et déposaient devant la déesse les fleurs dont leurs fronts étaient ornés. Le soir elles restaient richement parées dans leurs maisons, et recevaient des présents de leurs maris et de leurs proches. Tout cela nous paraît d'une assez belle inspiration, et si un Chateaubriand a pu de notre temps célébrer d'une manière touchante et pompeuse les fêtes plus belles du christianisme, le paganisme expirant put inspirer des peintres de ces fêtes chères aux générations. On aime à rappeler ces cérémonies, elles reposent de ce qu'il y a de corruption dans le tableau d'autres fêtes et de jeux d'une infâme célébrité.

Je parlerai ailleurs spécialement du faste funéraire poussé si loin à Rome. Je rappellerai seulement ici

ces jeux funèbres (*ludi funebres*), donnés aux peuples
par la vanité des survivants, le jour des obsèques, ordinairement encore neuf jours après, et enfin de nouveau
célébrés à l'anniversaire de la mort. La douleur devait
avec le temps s'effacer de plus en plus devant les pompes
d'un spectacle à grand effet. Lorsque le peuple tout entier
fut invité *comme ami du mort*, et quand, par exemple, un
Jules César fit dresser, lors des jeux funèbres en l'honneur de sa fille morte, vingt-deux mille tables, et appelait à ces *parentalia* une multitude immense de convives,
ces cérémonies devinrent comme bien d'autres des moyens
de réjouissances. Il n'en était pas de même des *Larentales*
(célébrées en décembre) et des *Februales* (célébrées en
février), ces deux fêtes nationales consacrées aux morts.

Ces cérémonies empruntaient un caractère élevé aux
offrandes déposées pieusement sur les tombes, aux sacrifices accomplis à la lueur des torches, à la présence sup-
posée des *mânes* qui assistaient invisibles à ces fêtes en
leur honneur, et venaient se repaître de ces mets déposés
pour les morts. Ovide a su entrer dans la pensée véritable-
ment religieuse de ces cérémonies, où le luxe des offrandes
ne faisait que traduire, lorsqu'il se rencontrait, le sérieux
et la tendresse des souvenirs. « Les mânes, dit-il, se con-
tentent de peu ; ils estiment la piété toute seule à l'égal
des plus riches présents ; il n'y a point d'avidité cupide
chez les divinités du Styx. C'est assez que la pierre sépul-
crale soit cachée sous les couronnes, et qu'on y ait ajouté
un peu de blé, quelques grains de sel, un peu de pain
amolli dans du vin pur, quelques brins de violettes épars,
tout cela dans un vase abandonné au milieu des chemins.

Mettez, si vous le voulez, plus de pompe dans vos hommages ; mais ceux-là suffisent aux mânes [1]. »

Les *revenants* étaient moins exigeants encore, et leur
fête des *Lémuries*, au mois de mai, réclamait peu de luxe
et de dépenses. Chaque chef de famille conjurait les *lé-
mures*, en jetant par-dessus son épaules des fèves noires,
et frappait sur un vase d'airain. Mais combien de précautions minutieuses dans l'accomplissement de ces simples cérémonies [2] !

Tous les métiers trouvaient à Rome, à des époques régu-
lières, une occasion de particulières réjouissances. Les
esclaves eux-mêmes avaient leurs fêtes où ils s'étourdis-
saient pendant quelques jours sur les misères de leur
condition. Ce n'était pas seulement les fameuses *Saturnales*, quoiqu'ils y jouent le principal rôle. Aux
ides du mois d'avril, en mémoire de la naissance servile
de Servius Tullius, on accordait un jour de liberté aux
esclaves des deux sexes. Les servantes mêmes, *ancillæ*,
avaient à Rome une fête où elles figuraient avec éclat.
Elles se paraient, ce jour-là, des somptueux habits de leurs
maîtresses, et se présentaient au temple de Junon, revêtues
de la noble stole des matrones. Ce n'était point là une de
ces parodies indécentes comme en offraient les Saturnales,
mais une cérémonie sérieuse qui rappelait un souvenir
héroïque. Au temps des anciennes guerres, les Fidénates,
campés aux portes de Rome, demandaient qu'on leur
livrât les femmes les plus distinguées de la ville. Le Sénat

[1] Ovide, *Fastes*, liv. II.
[2] *Id.*, liv. V.

hésitait : alors une esclave, nommée Philotis ou Tutela,
offrit d'aller trouver les ennemis avec ses compagnes sous
les habits de leurs maîtresses. Cette offre fut acceptée.
Distribuées aux soldats, ces fausses matrones enivrèrent
leurs nouveaux amants ; puis quand ceux-ci furent en-
dormis, Tutela, du haut d'un figuier sauvage (*ex arbore
caprifica*), donna aux Romains le signal d'accourir. La
victoire fut facile. Le Sénat, pour reconnaître un si grand
service, accorda la liberté à ces filles courageuses, les
dota aux frais du trésor public et leur permit de porter,
une fois dans l'année, le costume dont elles s'étaient si
heureusement servies.

Chaque métier avait un dieu pour protéger ses fêtes,
comme au moyen âge chaque corporation devait avoir
son saint. Telle était la fête des marchands ou plutôt de
Mercure, protecteur du négoce. Les honnêtes marchands
de la ville allaient faire le matin leurs ablutions à la fon-
taine de la porte Capène, et adressaient à ce dieu quelque
peu suspect une prière, elle-même peu édifiante, si l'on
en croit Ovide :

« Vient le marchand à la tunique ceinte, dit-il [1], il
s'est purifié, il a parfumé son crâne, et il emporte l'eau
qu'il a puisée. Dans cette eau il plonge une branche de
laurier, et avec cette branche il asperge tous les objets
qui attendent de nouveaux maîtres. Lui-même il humecte
ses cheveux des gouttes de cette rosée, et d'une voix ac-
coutumée à tromper il prononce cette prière : « Efface
mes parjures de la veille, efface mes mensonges du temps

---

[1] Ovide, *Fastes*, liv. V.

passé. Soit que je t'aie pris à témoin, soit qu'à l'appui
d'une imposture j'aie invoqué le grand nom de Jupiter,
qui ne devait pas m'entendre, soit que j'aie rendu savamment complice de mes fraudes tel dieu ou telle déesse,
puissent les vents légers emporter mes paroles coupables !
Grâce aussi pour mes parjures à venir ; s'il en échappe
à ma bouche, puissent les dieux n'en avoir souci ! Fais
seulement que le gain m'arrive et la joie avec lui ; fais
que je m'applaudisse d'avoir dupé mon acheteur avec de
belles paroles ! » A cette prière, Mercure sourit du haut
des cieux ; il se souvient d'avoir volé les troupeaux
d'Apollon.

C'était une fête originale que celle que célébrait la
corporation des boulangers. Ils avaient pour patronne
Vesta, la déesse du feu. Lorsque venaient les *Vestalies*,
les roues des moulins étaient ornées de guirlandes, et les
ânesses qui tournaient les meules étaient promenées
dans la ville avec des cordons de pains en guise de colliers. Les fêtes *Fornacales* (fête de la déesse Fornax)
furent instituées sous Numa, lorsqu'à l'usage de rôtir
les grains en plein champ on eût substitué l'usage des
fours. Tous les citoyens devaient y prendre part.

Les mariniers du Tibre et les pêcheurs avaient aussi
leurs fêtes spéciales. Celle des musiciens du collége des
Tibicènes, appelée les petites quinquatries, était célé-
brée en l'honneur de Minerve qui, la première, per-
çant de quelques trous une branche de bois, en avait
fait une longue flûte d'où s'échappaient des sons divers.
Masqués, vêtus d'une longue robe, ils se réunissaient
dans le temple de la déesse, parcouraient la ville et se

rendaient au forum où ils amusaient le peuple par des
scènes et des concerts exécutés dans les modes antiques[1]. La corporation des courtisanes avait elle-même
ses fêtes honteuses, qui rappelaient par quelques détails
les obscénités du culte de *Liber* où elles jouaient un rôle.
La principale de ces fêtes était les *Florales*, ou fêtes en
l'honneur de Flore. Une partie des jeux se célébrait la
nuit et aux flambeaux. Les nudités, les attitudes et les
danses licencieuses, devant la foule, montrent, comme
dans le paganisme tout entier, les plus dégradantes
infamies unies à cette partie élevée, grave et poétique
qui subsiste dans d'autres fêtes. Ces solennités étaient
célébrées sous divers noms. C'étaient, outre les Florales,
les deux *Vinales*, les *Liberales*. Vraies orgies des *vulga-
res Veneris puellæ* comme les appelle Ovide. Il s'en
ajoutait une autre plus choquante parce que c'étaient
les jeunes filles de la ville qui figuraient dans ces jeux
qualifiés d'obscènes par le poète des *Fastes*. Le fond était
la légende de la vieille Anna qui se substitue sous un
voile à Minerve, et que Mars prend pour la déesse jusqu'au
moment où il s'aperçoit de son erreur avec colère. Cette
légende, qui a reparu sous des noms nouveaux au
moyen âge, prêtait aisément à une mise en scène et à
des plaisanteries indécentes. Ces orgies populaires, qui
déparaient le luxe public religieux, célébrées avec non

---

[1] *Fastes*, liv. VI. Ovide raconte toute une légende sur l'exil ancien et
le retour des joueurs de flûte. Cet art, qui tenait d'abord une grande place
dans les cérémonies, et particulièrement dans les funérailles, avait été
resserré dans d'étroites limites par les sévérités de l'édile. La plupart des
joueurs de flûte avaient émigré à Tibur.

moins de faste que d'impudeur, étaient réellement pour
les mœurs une école permanente de dégradation.

Nous nous bornerons à indiquer quelques solennités
civiles et militaires, ou plutôt à signaler la principale
de ces magnificences guerrières, le *Triomphe*, dont nous
avons remarqué déjà l'importance. D'abord simple et
austère, on l'a vu, cette pompe, qui accompagnait, à travers la ville, les généraux illustrés par de grandes victoires,
était devenue une représentation splendide qui durait
souvent plusieurs jours. Le cortége entrait dans la ville
par la porte appelée Triomphale et prenait le chemin du
Capitole. Le Sénat, précédé de licteurs couronnés de lauriers, ouvrait la marche ; les joueurs de flûte et de trom-
pette venaient ensuite. Après eux, les victimaires, armés
de haches, conduisaient les taureaux blancs, aux cornes
dorées, qu'on devait immoler et dont les débris fournissaient en partie le repas qui terminait la fête. Des
soldats, ou des esclaves publics, portaient sur des bran-
cards (fercula), soit les plans faits en bois, en cire, en
ivoire, ou même en argent, des villes prises ; soit des
tableaux représentant les combats gagnés et les siéges de
forteresses. On exposait aussi les images des fleuves, des
montagnes, des animaux, des plantes extraordinaires, et
même les simulacres de la nation vaincue. Mais le goût
que les Romains eurent toujours pour le réel leur fit le
plus ordinairement préférer la vue même des dépouilles
conquises et la présence des animaux étrangers. On vit
donc souvent mêlés à la pompe triomphale des pan-
thères, des lions, des éléphants. On étalait l'or et l'argent monnayés ainsi que les objets d'art enlevés des

contrées soumises. Quant aux armes prises sur l'ennemi,
on les rangeait dans des chariots, de manière qu'elles
pussent s'entrechoquer et rendre à chaque pas un son
belliqueux qui convenait bien à cette fête martiale. Au
lieu de l'effigie du général vaincu qu'on portait originairement devant le char du vainqueur, on vit défiler
les rois, les princes et les généraux eux-mêmes, les mains
chargées de chaînes et la tête rasée en signe d'esclavage.
Enfin, apparaissait le principal acteur de la solennité,
le triomphateur debout sur un char d'ivoire que traî-
naient quatre chevaux blancs. Vêtu de la trabée, ou toge
à palmes d'or sur un fond de pourpre, il avait à la main
une branche de laurier et sur la tête une couronne du
même feuillage. Son visage était peint avec du vermillon, comme l'était ordinairement celui des dieux.
Quelquefois un esclave, debout derrière lui, tenait une
couronne d'or élevée au-dessus de sa tête. Mais, par un
singulier contraste, qui se retrouve, d'ailleurs, dans
toutes les parties de ce bizarre cérémonial, le héros était
obligé de porter au doigt un anneau de fer, comme les
esclaves. Si même nous en croyons Tertullien, l'esclave
chargé de tenir la couronne au-dessus de sa tête mur-
murait à son oreille, comme s'il eût été la voix person-
nifiée de la conscience : « Regarde derrière toi, et sou-
viens-toi que tu es homme » [1].

On a rappelé d'autres circonstances frappantes de cette
pompe si essentiellement patriotique, ces *carmina in-
cendita*, dont l'air retentissait, le refrain de ces chan-

___
[1] Voir Valère-Maxime, Tite-Live, Denys d'Halicarn., etc.

sons, *Io Triumphe*, répété par un peuple entier, les railleries piquantes sur les défauts du triomphateur chantées
par des soldats placés derrière le char, souvent déguisés
en satyres, contre-partie des éloges enthousiastes que
d'autres soldats faisaient entendre de leurs chefs, et ces
divers personnages grotesques marchant à la suite ou
en tête, pour divertir la multitude, et qui lui jetaient
des sarcasmes ou de joyeuses interpellations.

Peu de luxe accompagnait les fêtes rurales, du moins
c'était un luxe agreste de fleurs, de fruits et de moissons.
Il s'y joignait des représentations scéniques restées célèbres, et où l'on a vu le berceau même de la comédie.
Les danses et les chants dialogués des villageois devaient
pénétrer peu à peu dans Rome.

Restent les spectacles et les jeux du cirque. Ce que
j'en ai dit déjà montre quelle place ils occupaient sous
la République. Mais ce genre de luxe public ayant pris
ultérieurement ses développements principaux, nous y
reviendrons en parlant de l'époque de l'Empire.

CHAPITRE II

LE LUXE AU TEMPS DE SYLLA

I

LE LUXE DEPUIS LES GRACQUES JUSQU'A SYLLA.— LES LOIS AGRAIRES
REMÈDE AU LUXE.

Plus on avance dans l'étude du luxe antique, plus on
s'aperçoit combien c'est chose vaine le plus souvent
que l'histoire employée comme moyen d'allusion aux
mœurs et à la société du temps présent. La France
ne ressemble guère au monde romain. La démocratie
française, cette démocratie de plus de vingt millions
de paysans propriétaires et d'une masse d'hommes de
toutes classes, vivant presque tous de leur travail, sous
le régime de l'égalité des droits, sans qu'il y ait trace
d'esclavage, sans qu'une famille doive ses richesses et
son rang à la conquête, n'offre aucun trait commun
avec ce qu'on nomme la démocratie romaine, plèbe
avilie vivant de secours.

Si l'on doit admirer l'énergie romaine aux beaux temps

de la République, tant de fier patriotisme, de désintéressement austère, la France, l'Europe moderne, présentent aussi de magnifiques exemples de dévouement, de
patriotisme et de force morale, alliés à la douceur des
mœurs, à la culture des lettres, à la bonté et à l'élévation
des sentiments. Pourquoi tant admirer la simplicité
unie à la barbarie, à l'absence d'or, d'argent, de tout
art, quand nous avons vu alliée à la civilisation, à la richesse, la simplicité, la vertu même ? Nous ne traitons
point nos généraux comme des héros de chasteté, parce
qu'ils s'abstiennent d'attenter à la pudeur d'une belle
captive, trait sur lequel Rollin ne tarit point d'éloges à
propos de Scipion. A toutes nos vertus nous imposons
comme conditions le bon sens, la mesure, l'humanité,
sans lesquels ces vertus mêmes risquent de tourner au
crime, de n'être que l'héroïsme du brigandage.

Quant au luxe, on a vu déjà combien il offre de différences avec le luxe romain, dans son degré comme dans
ses origines. Ajoutons qu'il ne diffère pas moins quant
aux remèdes. Nous avons essayé de montrer plus haut
qu'il n'était guère sensé de vouloir nous morigéner avec
Caton, personnage purement romain, qui, dans sa réaction
contre le luxe, a fait de la politique romaine bien plus
qu'il n'a songé à obéir aux lois de la morale éternelle.

Les lois agraires n'ont pas prêté à moins d'interprétations fausses et d'imitations peu sensées. Assurément
on eût fort étonné les Gracques, ces nobles jeunes gens,
aussi aristocrates par leurs manières que par leur naissance, très-lettrés, ayant les goûts d'art des Scipions, si
on leur eût prédit qu'un jour ils seraient, dans un pays

5

appelé la France, coiffés du bonnet de la démagogie par
les révolutionnaires de 1793, et qu'un conspirateur vulgaire se ferait nommer *Caïus Gracchus* Babeuf. Leur
nom servant d'enseigne au communisme est un des plus
grossiers mirages de l'imagination humaine abusant de
l'histoire. Il est très-vrai qu'ils combattirent les excès de
l'inégalité et voulurent arrêter par suite dans son cours,
en le tarissant dans ses sources, ce luxe extrême, bientôt
monstrueux, qui n'était que l'effet d'une opulence dispro-
portionnée. Les lois agraires furent en effet dirigées contre
le luxe, non plus combattu dans ses résultats seulement,
mais dans sa cause. Telles que les voulaient les
Gracques, ces lois ne portaient que sur les usurpations de
l'*ager publicus*; elles ramenaient une inégalité injuste à
de plus étroites limites, elles refaisaient des citoyens en
reconstituant la petite propriété. Le travail et les mœurs
qui l'accompagnent reprenaient faveur avec la propriété
divisée entre un plus grand nombre de mains, lesquelles
cessaient d'être réduites à mendier. Il n'y a point d'autre
communisme que celui-là dans les paroles célèbres, dont
on a tant abusé, de Tiberius s'adressant aux riches :
« Cédez quelque peu de votre richesse, si vous ne voulez
vous voir tout ravir un jour. — Eh quoi ! les bêtes
sauvages ont leurs tanières, et ceux qui versent leur sang
pour l'Italie ne possèdent rien que l'air qu'ils respirent.
Sans toit où s'abriter, sans demeure fixe, ils errent avec
leurs femmes et leurs enfants. — Les généraux les
trompent quand ils les exhortent à combattre pour les
temples des dieux, pour les tombeaux de leurs pères. De
tant de Romains en est-il un seul qui ait un tombeau,

un autel domestique? *Ils ne combattent, ils ne meurent que pour nourrir le luxe et l'opulence de quelques-uns.* On les appelle les maîtres du monde, et ils n'ont pas en propriété une motte de terre. »

Il faut y insister à propos des Gracques, et le dire de toutes les tentatives de lois agraires : à Rome elles n'ont jamais aucun rapport avec le communisme.

L'idée communiste est orientale dans son origine, et la Grèce n'a fait que l'emprunter à l'Orient. Encore puissante en Crète et à Sparte, elle est presque étouffée à Athènes sous les développements de la propriété et de l'activité individuelle. Platon réagit contre le génie athénien en la parant dans sa *République* de poétiques couleurs. Encore la République platonicienne, avec ses classes tranchées, hiérarchiquement organisées sur le modèle des facultés humaines (raison, cœur, sensibilité, auxquels répondent les magistrats, les guerriers et les artisans), n'offre que d'imparfaites analogies avec le communisme moderne. L'idée de la communauté chez les modernes est purement niveleuse; elle rejette les castes, elle tend à abaisser les supériorités, même intellectuelles, tandis que la conception platonicienne les exalte et leur attribue une sorte de droit divin.

Sans doute, à Rome comme ailleurs, la propriété individuelle s'est détachée de la communauté primitive; c'est par la main de l'État que s'est effectuée cette appropriation, sous la protection de la religion et de l'autorité publique. Cicéron, Plutarque, parmi d'autres, affirment que Numa fit le partage des terres, les borna par des limites et les rendit héréditaires : de là vient que l'État resta représenté dans tous les actes de mutation et d'investiture de la propriété, jusqu'à ce que peu à peu le caractère personnel de la famille et de la propriété même se marquât davantage. Les contrats par lesquels la propriété se déplace devinrent plus libres; alors la succession régla son cours sur des raisons de parenté, et se rattacha aux liens du sang et à la copossession de famille.

Ainsi écartons des réclamations contre le luxe et l'opulence ce qu'on appelle aujourd'hui les idées communistes. Le principe de propriété attaqué en Grèce, critiqué si vivement de nos jours même, en France et en Allemagne, n'a jamais à Rome été mis en cause. On n'y a jamais eu la pensée de signaler dans la propriété individuelle la cause de toutes les misères. Les violences de la plèbe, souvent provoquées par les abus d'un pouvoir peu scrupuleux, n'infirment en rien cette vérité. Il y eut des maisons pillées et brûlées, des terres confisquées, des dettes réduites ou abolies; il n'y eut point de négation théorique du droit de propriété, et le rôle de Lycurgue ne fut pas même rêvé par les plus audacieux des tribuns et les plus chimériques des novateurs.

La petite propriété était la vieille tradition romaine. A elle se rattachaient tous les souvenirs de force et de grandeur. Cela seul eût suffi à Rome, selon les données de l'État antique, pour que la loi fût employée à empêcher ce qui s'en écartait trop. Ce pouvoir accordé à l'État de réglementer, de limiter, de ramener les inégalités à une certaine modération, est regardé comme un droit chez les Anciens. La loi ne serait pas sortie de sa

sphère en imposant un certain maximum à la propriété
foncière, moyennant certaines indemnités que l'équité
commandait. On discute encore si c'est seulement aux
terres conquises ou à toute la propriété territoriale que la
loi Licinia (376 ans avant J.-C.) avait imposé le maximum de 500 plèthres, c'est-à-dire environ 126 hectares,
tandis que la petite propriété était réglée à 7 jugères. —
Sept jugères, c'est tout ce que voulut accepter Manius
Curius, après la défaite de Pyrrhus et les victoires qui
commencèrent la conquête de l'Italie. Cet austère triomphateur alla, dans sa harangue, jusqu'à blâmer tout
sénateur, même consulaire, qui possédait plus de 25
jugères, jusqu'à traiter de dangereux le citoyen auquel
les 7 jugères ne pouvaient suffire.

Jamais, au jour de leur plus grande audace, les
Gracques ne demandèrent et ne conçurent rien de
pareil. Leurs lois agraires ne devaient s'appliquer qu'aux
terres conquises formant l'*ager publicus*.

Le projet de Tiberius (133 ans avant J.-C.) fut
approuvé par ce que Rome avait de plus considérable et
de plus grave, par le grand pontife Licinius Crassus,
par le fameux juriconsulte Mucius Scœvola, consul de
cette année, par son propre beau-père Appius, ancien
consul et censeur, enfin par l'homme éminent que sa
haute naissance et ses victoires semblaient désigner alors
comme le chef de l'aristocratie, Scipion Emilien, qui
ne désavoua Tiberius que lorsque le jeune tribun se fut
laissé emporter par la vivacité de la lutte.

Si la jurisprudence approuvait le projet de la nouvelle loi agraire au point de vue de la légalité, la politique

le justifiait par la crainte de voir l'aristocratie se changer
en une oligarchie accompagnée de tous les excès propres à cette forme de gouvernement.

Que demandait Tiberius Gracchus? « Que personne
ne possédât plus de 500 arpents de *terres conquises*, et
n'envoyât aux pâturages publics plus de 100 têtes de gros
bétail ou plus de 500 moutons; que chacun eût sur ses
terres un certain nombre d'ouvriers de condition libre. »

C'était attaquer les excès du latifundisme au moins
dans une de ses sources, frapper à son origine ces
excessives inégalités dont les débordements du luxe, si
funestes aux mœurs privées et aux mœurs publiques,
étaient et surtout allaient être la conséquence dans des
proportions effroyables.

La prudence de l'homme d'État qui ménage les
transitions se montrait dans la clause suivante :
« Les détenteurs des terres publiques garderont 250 arpents pour chacun de leurs enfants mâles, et une indemnité leur sera allouée pour les dédommager des dépenses
utiles faites par eux dans le fonds qui leur sera ôté. »

Assurément on ne prétend pas ici restreindre la
question qui s'agitait en ce moment à la répression du
luxe. L'objet des lois agraires était beaucoup plus étendu.
Mais elles atteignaient le luxe, sans y viser exclusivement,
elles l'atteignaient beaucoup plus efficacement que les
lois somptuaires, lois superficielles qui ne saisissent que
l'effet et même échouent dans cette tâche, toute réduite
qu'elle est.

Les lois agraires opposaient à l'excès d'opulence et
de misère une classe rurale et une classe moyenne.

Ce contre-poids d'une population aisée et digne était ce qu'on pouvait trouver de mieux, parce que c'était moins une invention factice qu'une combinaison naturelle et normale.

Chose non moins digne de remarque ! l'auteur du projet stipulait en faveur du travail libre. Comment mieux que par de telles mesures pouvait-on modérer les progrès de l'esclavage, parallèles à ceux de la très-grande propriété? On eût par là évité peut-être et certainement atténué ces guerres serviles qui allaient créer pour Rome un danger si pressant. On enlevait aux profusions et au faste tout ce qu'on donnait à l'agriculture, à la petite propriété, au libre travail.

Qu'on ne prétende pas que cette réhabilitation des Gracques soit un paradoxe moderne. Ces côtés économiques, aussi bien que politiques de leur rôle, ont été vivement saisis par Appien, qui les juge en dehors de toute préoccupation de parti, ce qui n'est pas également vrai des historiens romains.

Appien réfute cet argument de la prescription, invoqué pour justifier le maintien des usurpations, argument sur lequel a tant insisté Cicéron contre les Gracques, dans des écrits et dans des discours qui se rapportent au moment où il professait avec le plus de vivacité des opinions pompéiennes. L'historien grec fait remarquer que la plupart des usurpations avaient eu lieu après la destruction de Carthage : c'était donc un terme bien court, et dans la plupart des cas on était mal venu à parler sérieusement de prescription au bout d'un espace de douze années.

Le second des Gracques, au milieu de ses vastes desseins, beaucoup plus compliqués que ceux de son frère aîné, s'attaqua directement au luxe et à la misère.

Il fit établir des impôts à l'entrée sur les produits de luxe venant des contrées étrangères.

La loi *frumentaire* fut une loi d'assistance publique, un peu trop semblable à ces taxes des pauvres dont le monde moderne a appris à connaître les dangers.

Que, dans les mêmes vues, il ait créé des colonies pour les citoyens pauvres, qu'il ait fait construire des greniers publics, et confié à ceux qui manquaient de travail l'exécution de ponts et de grands chemins sillonnant l'Italie, ce n'était dans sa pensée que les accessoires de la loi agraire et de quelques autres mesures d'une grande importance qu'il projetait. Quant à la loi agraire, il la fit non-seulement décréter, mais exécuter en partie ; cette œuvre lui survécut peu. Les moyens de l'éluder ne manquèrent pas aux patriciens, et quinze ans après la mort violente du tribun, il n'y avait plus de traces de cette autorité exercée d'une façon dictatoriale, qui pendant un moment avait déployé à Rome l'appareil d'un pouvoir presque royal.

A quoi servira-t-il, après l'échec de toutes les mesures qui s'adressaient à la source du mal, qu'un Appius Pulcher, censeur, ait fait passer plusieurs lois contre le luxe, et ait fait décréter la limitation du taux de l'intérêt ? Ce n'était point par ces concessions que le parti de l'oligarchie, dont le pinceau énergique de Salluste peint le triomphe à partir surtout de la ruine de Carthage, pouvait s'opposer au mal qui minait la société romaine.

On n'avait pas voulu écouter Scipion Émilien, proposant
de faire de Rome, au lieu d'une ville isolée dans ses priviléges, la capitale de cette vieille Italie, toujours
frémissante, et que le projet de Scipion mettait en possession des droits civils. Au lieu de cela, on eut les
guerres sociales, et rien ne s'opposa plus à ce que Rome
devint le centre unique d'une opulence et d'un luxe
effrénés, la *sentine* de l'univers, le rendez-vous d'une
plèbe sans nom, vivant aux dépens des grands et de
l'État.

II

UN PEINTRE DU LUXE AVANT LE TEMPS DE SYLLA.

Le luxe romain, à l'époque qui commence après les
Gracques et qui s'étend jusqu'à la dictature de Sylla, a
déjà son Juvénal : c'est Lucilius. Aidons-nous des fragments qui nous restent de ce poëte pour caractériser cette
époque du luxe à Rome.

Ce poëte satirique est, lui aussi, un élève des stoïciens.
On s'en aperçoit à ces pensées élevées d'un des passages
pleins de vigueur et de verve qu'il nous a laissés : « La
vertu est de savoir apprécier à leur vrai prix les affaires
auxquelles nous sommes mêlés, les choses au sein desquelles nous vivons; la vertu pour l'homme est de discer-
ner ce qui est droit, utile, ce qui est honnête, quelles
choses sont bien, quelles choses sont mal, ce qui est
inutile, honteux, déshonnête; la vertu est de mettre des

bornes et une fin au besoin d'acquérir; la vertu est de
peser à sa vraie mesure la valeur des richesses; la vertu
est de rendre l'honneur qui est dû à ce qui est honorable, d'être l'adversaire public et l'ennemi privé de ce
qui est méchant, hommes ou mœurs, de glorifier ceux-ci,
de leur vouloir du bien, d'être dans la vie leur ami;
enfin, de mettre au premier rang dans son cœur les
avantages de la patrie, au second ceux des parents, au
troisième et dernier les nôtres. »

C'est le Romain autant que le philosophe qui s'indigne dans cette exclamation douloureuse : « L'or et les
honneurs sont devenus pour chacun les signes de la
vertu. Autant tu as, autant tu vaux, autant on t'estime. »
C'est encore le Romain qui prédit le futur fléau de
l'empire, la vénalité militaire, *mercede merent legiones.*
C'est lui qui peint les fripons aux mains engluées, *visca-
tis manibus*, qui raflaient tout et ne lâchaient rien.
C'est lui qui passe tout en revue, et ceux qui se glissent
dans l'impudique rue des Toscans, et ceux qui quéman-
dent à prix d'or les suffrages populaires, et les raffinements de la débauche, et les infamies du Forum, et
l'effroyable luxe des tables.

Quel mépris fait ce monde riche et sensuel de la loi
Fannia avec ses prescriptions tempérantes! « Les cent
méchants as de la loi Fannia » (c'était le maximum des
frais de repas) sont un proverbe pour désigner les mauvais dîners. — La loi Fannia défend de manger des
poules grasses; on l'élude en ne faisant engraisser que
des coqs. *Legem vitemus Licini*, répétait-on en chœur
par allusion à une nouvelle tentative de loi somptuaire.

La somptuosité des festins trouve dans l'auteur des
satires un peintre qui la flagelle avec autant de sévérité que de verve.

« Plus de siéges de hêtre et de simples bancs de
bois comme au vieux temps, dit-il; l'édredon les
remplace avec les tapis soigneusement fourrés. Les
vainqueurs du monde sont attablés, c'est-à-dire volup-
tueusement étendus. Celui-ci avale un plat d'huîtres que
l'hôte a payé mille sesterces; celui-là se réserve pour le
pâté de volaille grasse; un troisième préfère les tétines
d'une truie qu'on a tuée aussitôt qu'elle avait mis bas;
en voici un qui demande du vin tiré tout frais du
tonneau et auquel le siphon et le sachet de lin du
sommelier n'aient rien fait perdre de sa première saveur;
en voilà un qui s'étouffe à en mourir avec les saperdes
et la sauce de silure. Écoutez ce gourmet; il vous
expliquera comment le poisson qu'on appelle Loup du
Tibre est bien plus friand et vaut le double, quand il
a été pêché entre les deux ponts, parce qu'alors il s'est
nourri le long du rivage des immondices que la ville
jette dans le fleuve. Mais quel ennui! Il faut le matin
quitter la table et le jeu de dés; il faut aller au Forum,
au tribunal; il faut écouter les témoins, entendre plaider,
et juger, la tête encore remplie des souvenirs de
cette nuit. »

Ailleurs, dans ses souvenirs austères de sobriété romaine, le même censeur chante l'oseille recherchée par
les aïeux et que les contemporains dédaignent : « Oseille,
que de louanges sont dues à celui qui te connaît
encore! C'est à ce sujet que Lælius, ce sage, avait

coutume de pousser les hauts cris et d'apostropher à leur tour chacun de nos goinfres : « O Publius Gallonius, s'écriait-il, ô gouffre, tu es un être bien misérable ! De ta vie tu n'as soupé une fois en honnête homme, quoique tu manges tout ton bien pour une squille ou pour un gros esturgeon. » Et Lucilius de s'écrier indigné : « Vivez, gloutons; vivez, ventres; *vivite, ventres.* »

Déjà, du temps de Lucilius, après s'être baigné, on se faisait non-seulement frotter et nettoyer, *distringere*, mais encore adoucir la peau avec des pierres ponces, puis arracher le poil des différentes parties du corps avec de petites pinces, enfin verser de précieuses essences, opérations que le poëte a toutes renfermées dans un vers de sa septième satire :

> ..... *Desquamor, pumicor, ornor,*
> « *Expilor, pingor.* »

C'était aussi une habitude qui se répandait que de se plonger dans le bain au moment où le repas venait de finir. On s'imaginait, en provoquant la sueur, faciliter la digestion. Cette coutume absurde devait être blâmée par Horace, et Juvénal y verra avec raison une des causes de ces morts subites si fréquentes qui frappaient les riches Romains.

Il est souvent difficile d'assigner une date précise à chacun des nouveaux usages de raffinement qui s'introduisirent à Rome vers cette époque. On peut, toutefois, à l'aide des indications fournies par les historiens, et notamment par Pline l'Ancien, rapporter à la fin du second siècle avant J.-C. un assez grand nombre de ces usages. On a déjà vu, et Salluste le dit expressément, que le luxe se développa extrêmement après la destruction de Carthage. Les lambris dorés, les plats et les lits d'argent deviennent beaucoup plus communs. Il y a même des lits d'or, non-seulement ceux sur lesquels on se couche la nuit, mais pour les convives. Nous lisons dans Pline qu'avant la guerre civile de Sylla on voit des plats d'argent du poids de cent livres. On en comptait alors de semblables au nombre de plus de cinq cents dans Rome.

Les riches étoffes, les belles statues, tous les raffinements qui arrivent de la Grèce, de la Sicile et de l'Orient, surtout après la défaite de Mithridate, pénétraient de jour en jour davantage à Rome. L'or et l'argent y affluaient de toutes parts, et, ne trouvant pas à se placer suffisamment dans l'industrie et le commerce des choses de grande utilité, ils recevaient un emploi somptuaire. Il n'y a pas jusqu'à la guerre contre les Cimbres et les Teutons qui n'ait été l'occasion de cet accroissement instantané de l'or par le pillage. L'or et l'argent rapportés jadis par les Gaulois Tectosages du pillage de Delphes, l'argent des mines des Pyrénées, celui que la piété déposait dans un temple de la ville ou jetait dans un lac voisin, avaient fait de Tolosa une des villes les plus riches. Le consul Servilius Cépion s'en empara, et en tira, dit-on, cent dix mille livres pesant d'or et quinze cent mille d'argent. Il dirigea ce trésor sur Marseille et le fit enlever sur la route par des gens à lui qui massacrèrent l'escorte. Jugurtha vaincu livrait à Métellus deux cent mille livres pesant d'argent. En outre,

le général romain mettait la main sur Thala, dépôt de
trésors du Numide. Cette affluence d'or brusque et sou-
daine ne s'arrêtera pas jusqu'à César.

III

La relation qui unit la question du luxe romain aux
proscriptions de Sylla (82-81) est pour ainsi dire écrite
en caractères de sang. On proscrit, on tue par cupidité ;
une tête de proscrit vaut jusqu'à deux talents. Le mobile
de quelques-uns de ces massacres est si bien le désir de
se procurer les jouissances du luxe, que l'un périt pour
son palais, l'autre pour ses jardins, celui-ci pour ses
bains dallés de marbre, celui-là pour ses vases de Corinthe et de Délos, pour son argenterie, ses étoffes précieuses, ses tableaux, ses statues.

On connaît l'histoire de ce citoyen paisible, étranger
à toute politique, qui, jetant les yeux sur la table de
proscription affichée publiquement, y voit son nom
figurer en tête : « Ah ! malheureux, s'écrie-t-il, c'est
ma maison d'Albe qui m'a tué. » Combien, sur les cinq
mille proscrits, purent en dire autant !

Les biens des proscrits étaient confisqués et vendus
à l'encan. En Italie, des populations furent proscrites en
masse. Les plus riches cités, Spolète, Préneste, Terni,
Florence, furent comme vendues à l'encan.

Cicéron, dans le plaidoyer *pro Roscio*, qui marque

glorieusement son début, et où il fait preuve d'un vrai
courage contre les proscripteurs encore puissants, peint le
luxe et l'arrogance de Chrysogonus, affranchi de Sylla ;
cette peinture donne l'idée de ce qu'était à cette époque le
luxe d'un riche romain. Ainsi Chrysogonus possède sur
le Palatin une belle maison, où il entasse tous les objets
précieux qu'il a arrachés à ses victimes. Ce sont de
bijoux, des meubles précieux, des objets d'art. Le bruit
de ses fêtes remplit le voisinage ; ce ne sont que chœurs
de musiciens et de chanteurs. Lui-même est un élégant,
un homme à la mode : il voltige, dit Cicéron, les cheveux
bien peignés et luisants de parfums. On peut y voir le
type de toute une catégorie de proscripteurs par cupidité, que Cicéron, par une alliance de mots expressive,
nomme « des coupeurs de têtes et de bourses ».

Sylla lui-même offre une image souvent repoussante
de ce *luxus romanus*, qui, outre ce que nous mettons
aujourd'hui sous le mot de luxe, y ajoute encore une
idée honteuse de vice.

Il pille beaucoup, non plus comme les généraux de la
vieille école, pour faire honneur des dépouilles au
Trésor public et aux temples des dieux, mais pour lui-
même et pour la satisfaction personnelle de sa cupidité
et de son faste. C'est dans ses coffres que va s'accu-
muler, pour une bonne partie, l'argent enlevé à
l'ennemi ; c'est dans ses appartements que s'étalent les
objets ravis aux villes prises. Il pille le temple de
Delphes, en raillant le dieu fort agréablement. Il passe
ses nuits en débauches et en festins avec les comédiennes
et les histrions de la plus basse espèce. Ses profusions

publiques sont célèbres. Nul, avant César, n'a donné une
plus vive impulsion à ce genre de dépenses destinées
à nourrir et à amuser les citoyens pauvres. Telle fut la
prodigalité d'un de ces repas publics, que, pendant
plusieurs jours, on jetait dans le Tibre une quantité
prodigieuse de viandes ; on but des vins très-recherchés
qui avaient plus de quarante ans. C'est de la même
façon que des sommes énormes furent distribuées au nom
de Sylla aux obsèques de sa première femme Métella.

Mais le luxe privé du dictateur ne perdait rien à ces
libéralités de son luxe public.

Sans sortir de sa demeure on pouvait se croire trans-
porté dans les plus riches temples de la Grèce, dans le
temple d'Esculape à Épidaure, de Jupiter à Élis, dans
le temple d'Apollon à Delphes ; c'est là qu'il avait pris
ce petit Apollon en or qu'il emportait toujours avec
lui, son *dieu de voyage*, selon l'expression de Winckelmann ; il le baisait fort dévotement dans les circonstances graves, car ce railleur des dieux avait, ainsi
que Marius, ses superstitions et ses moments de
crédulité.

On admirait sa statuette d'Hercule, par Lysippe, en
bronze ; Hercule y était représenté assis sur un rocher ;
il était recouvert de la peau du lion de Némée et tenait
d'une main une massue, de l'autre une coupe. A la
transmission de cette œuvre d'art s'attachait toute une
légende qui en rendait la possession inappréciable.
Lysippe l'avait donnée à Alexandre, qui adorait son
petit Hercule. Elle était tombée plus tard entre les
mains d'Annibal, grand amateur de bronzes, et dont la

collection, après sa mort, avait passé aux mains du
roi Prusias.

Sylla, en outre, aimait passionnément les beaux livres
et les raretés manuscrites. L'heureux bibliophile avait
mis la main sur une partie de la bibliothèque d'Aristote.
Il possédait même et montrait avec orgueil des manuscrits
originaux du grand philosophe, qu'il avait enlevés, lors
de la prise d'Athènes, à Apellicon de Téos.

Cet homme fastueux fit des lois destinées à ramener
la simplicité primitive; ce citoyen, dont les repas publics
n'avaient point encore été égalés, prit des mesures contre
le luxe des tables, et la loi *Cornelia* essaya de faire revivre la loi *Fannia*, tombée en désuétude; ce débauché
légiféra en faveur des mœurs et de la sainteté de la
famille.

Pourquoi l'en blâmer? quels que fussent les exemples
personnels du dictateur, de telles mesures étaient la
seule justification d'une politique qui visait, à travers
des flots de sang, à la restauration du passé.

Il n'est pas moins malheureux pour l'effet moral
de ces lois mêmes qu'elles aient eu pour auteur un
homme dont les vices avaient altéré le sang jusqu'à
changer son corps en vermine, et dont la vue, en dépit
de ses talents remarquables et de sa grande supériorité,
rappelait trop de cruautés et trop de désordres privés
pour inspirer le respect dont se passe difficilement un
réformateur de mœurs.

Qu'on discute pour savoir s'il retarda ou hâta par
sa dictature la chute de la république, il n'arrêta ni ne
modéra les progrès du luxe privé, non plus que de ce

triste luxe public, qui, à cette époque, consistait en
abusives distributions faites au peuple.

Les laideurs morales de Sylla, que ne fait pas oublier
son goût éclairé pour la statuaire et pour les livres,
profitent aux figures qui l'entourent, et ce n'est pas
sans une sorte de soulagement qu'on reporte ses regards
sur un amateur de tout luxe élégant, sur Lucullus.

Sa distinction d'esprit et sa passion pour les arts et les
lettres prêtent à ce personnage plus célèbre encore par
ses raffinements que par ses victoires quelques-uns des
traits qui recommandent les Scipions.

Pourtant les caractères qui marquent le luxe immodéré éclatent dans l'homme que le jurisconsulte Tubéron
appelait un « Xerxès en toge », *Xerxes togatus*.

C'était bien là le nom qui convenait à cette lutte contre
les obstacles, que rien n'arrêtait ; à ce goût du rare
et du difficile ; à ces ouvrages exécutés sur le rivage
de la mer, près de Naples ; à ces montagnes percées, à
ces canaux creusés autour des maisons de cet homme
riche pour y faire entrer l'eau de la mer et ouvrir aux
plus gros poissons de vastes réservoirs ; à ces palais bâtis
dans la mer, à cette variété de villas situées à toutes les
expositions pour toutes les saisons, à ces lits de pourpre,
à ce service de vaisselle ornée de pierreries, à ces mets
rares et exquis dont il composait même son ordinaire.
Le mot si connu de Lucullus à son cuisinier, qui s'était
un peu négligé parce qu'il n'y avait point d'invités :
« Eh ! ne savais-tu pas que Lucullus soupait ce soir chez
Lucullus ? » ce mot montre assez que cet opulent personnage aimait à jouir du luxe, même en dehors des regards

étrangers. Ce n'était pas qu'il dédaignât de les éblouir.
Lorsque le fastueux Romain disait ces mots : « Esclave,
on soupe demain dans l'*Apollon* » (c'était le nom de la
plus belle de ses galeries), cela signifiait : le souper
sera de cinquante mille drachmes (environ quarante-
cinq mille francs de notre monnaie).

Il donna un jour un de ces festins à Pompée et à
Cicéron, à peu près seuls invités. Il s'était engagé à ne
rien changer à son ordinaire ; mais c'est l'ordinaire de
la salle de l'Apollon qu'il entendait.

Un repas de 45 000 francs, n'est-ce pas fabuleux ? L'indication de quelques-uns des prix des denrées rares,
que nous donnerons tout à l'heure en les expliquant,
rend selon nous ce chiffre si élevé fort vraisemblable.
On incline à le trouver digne de foi, lorsqu'on songe
qu'un homme tel que Lucullus était en possession
de ce que l'Orient, la Grèce et l'Italie pouvaient offrir,
comme mets et comme vins, de plus rare et de plus précieux.

On doit toutefois parler de Lucullus sans mépris. Il
garda le goût très-vif des choses de l'esprit, et sa
bibliothèque fait excuser un peu sa salle à manger. Il
avait fait de cette bibliothèque fameuse « l'hostelière des
muses, » selon l'expression d'Amyot traduisant Plutarque.
Tous les Grecs présents à Rome venaient y travailler
et y converser, et ce général, qui avait vaincu Mithridate,
cet administrateur habile de plusieurs provinces, qui
avait fait rendre gorge aux publicains alliés de Marius,
souvent se mêlait pendant des heures à de savants
entretiens sur l'art et sur la philosophie.

Esprit ouvert, Lucullus aimait toutes les écoles, il se montrait curieux de tous les systèmes, et il en parlait en vrai connaisseur. Disciple lui-même de l'ancienne académie, il avait fait du chef de cette secte, Antiochus l'Ascalonite, son commensal et son ami. Dans ces temps sanglants et infâmes par tant de côtés, on se laisse aller à parler avec une sorte de sympathie de tout ce qui atteste encore, au sein de l'universelle et grossière décadence, des instincts intellectuels un peu relevés.

Pour ne pas faire en quelque sorte double emploi avec ce qui vient d'être dit, je ne parlerai de Crassus que pour marquer les éléments qu'il ajoute au luxe romain.

Il se distingua surtout par les nouveaux moyens de s'enrichir. Ce n'est point seulement un pillard de provinces, mais un spéculateur très-habile. Né de nos jours, il aurait imaginé et réalisé, sans aucun doute, toutes sortes de moyens ingénieux de faire fortune.

Frappé de la fréquence des incendies à Rome, il spéculait sur les maisons incendiées. Il avait tout un matériel et tout un personnel préparés pour éteindre le feu, et aussi pour réparer et construire les maisons endommagées ou détruites par la flamme. Par une spéculation non moins heureuse, il avait dressé ses esclaves à toutes sortes de métiers qu'il leur faisait exercer à son grand profit. Enfin, il excellait, dit-on, dans l'exploitation de mines. Quand il fit évaluer sa fortune, elle se trouva être de 40 000 000 de notre monnaie[1].

[1] Pline, liv. XXXVI, 24.

Ce qui ne le distingue pas moins, c'est la quantité
énorme d'argent qu'il dépensa en libéralités consacrées
non plus seulement aux plaisirs publics, mais à acheter
les consciences une à une, s'assurant par ce moyen les
plus grands personnages, cautionnant César pour une
somme égale à 5 000 000 de fr., prêtant sans intérêt à
beaucoup de gens. Puis c'est un banquet de dix mille tables, une distribution de blé à chaque citoyen pour trois
mois, l'entretien de troupes de gladiateurs. Cet usage,
qui se répandit alors, devait fournir une armée de sicaires
aux grands agitateurs, toujours prête pour les moments
critiques.

De ce moment datent aussi les vastes constructions
élevées par les particuliers en vue d'amuser la foule.

Le théâtre de Scaurus est resté célèbre.

Pline en parle avec indignation, ainsi que de l'homme
qui l'éleva, et qu'il accuse d'avoir porté aux mœurs publiques un coup plus funeste que Sylla. Scaurus était
le gendre de Sylla lui-même qui lui avait laissé une
immense fortune.

Ce colossal théâtre de Scaurus était à trois étages, soutenus par trois cent soixante colonnes. Le premier étage
était de marbre, le second de verre, genre de luxe dont
on n'a plus revu d'exemple, remarque Pline, et le dernier
était de bois doré. Les colonnes du rang inférieur avaient
trente-huit pieds. Les statues d'airain, placées dans les
entre-colonnements, étaient au nombre de trois mille.
Cet amphithéâtre, qui contenait quatre-vingt mille spectateurs, les étoffes attaliques les tableaux, et les autres
décorations du théâtre montaient à une somme énorme.

Ce même Scaurus trouvait à orner avec magnificence, d'une partie des objets de luxe qui encombraient son palais, sa maison de Tusculum bientôt livrée aux flammes par ses esclaves révoltés.

Il serait facile de multiplier les exemples du même genre de constructions. Un riche veut donner des jeux funèbres en l'honneur de son père. Il imagine de faire construire en bois deux théâtres très-vastes, à peu de distance l'un de l'autre, et suspendus sur un pivot tournant. Le matin, on jouait des pièces sur ces deux théâtres. Alors ils étaient adossés, pour que les acteurs ne pussent pas s'interrompre. L'après-midi, on les faisait tourner tout à coup, de manière qu'ils se trouvaient réunis; les quatre extrémités des galeries venaient se joindre et formaient un amphithéâtre où se donnaient des combats de gladiateurs.

Bien que tous les Romains riches ne fussent point les égaux en fortune de ces hommes opulents, ils les imitaient de leur mieux. Les mêmes mœurs prévalaient parmi les hommes de grande famille, dans la classe des chevaliers, qui représentait plus spécialement l'argent, et parmi ces enrichis sans naissance, tels que les affranchis, qui, par tous les moyens alors à la disposition de l'habileté, de l'intrigue et de la corruption, notamment par la captation des testaments, pouvaient arriver à la plus haute fortune.

Le prix de certaines maisons donne une idée de cette richesse extraordinaire d'un petit nombre de particuliers. Ainsi, la maison de Clodius, le même qui sera tué par Milon, avait été achetée 14 800 000

sesterces, environ 2 250 000 francs. Ce même Clodius
s'endettera de 70 000 000 de sesterces, environ
18 000 000 de francs. Combien ne faut-il pas être riche
pour pouvoir s'endetter de la sorte!

Tous ceux qui ont parlé de ce temps ont signalé au
sein de ces villas si élégantes, si somptueuses, dont la multiplication atteste le goût répandu des jouissances, le
développement pris par les viviers et les volières. On
distinguait la piscine plébéienne faite pour engraisser
le poisson, et la piscine patricienne faite pour la vue.
C'est dans celle-ci, la vraie piscine de luxe, que se
montrait l'art savant de placer des rochers transportés
et d'y ménager les retraites au poisson. Sans cette dernière condition, on n'était, quoi qu'on eût fait et dépensé, qu'un médiocre piscinaire. — Médiocre piscinaire,
c'est la dure épithète que donne l'orateur Hortensius,
sans égal comme piscinaire, et plus fier de ce titre que
de tout le reste, à Lucullus lui-même, si célèbre pourtant par cette superbe piscine dont on retrouve la trace
sur la terre ravagée de Baïes et de Misène.

On a beaucoup flétri ce genre de luxe. On a peint les
Romains comme se laissant aller au comble de la mollesse, parce qu'ils plaçaient la table, pendant les ardeurs
de l'été, au-dessus d'un bassin d'une eau limpide, parce
que tout faisait de ces demeures splendides des oiseaux
et des poissons des lieux pleins de fraîcheur et d'agrément. Si tout se bornait à ces jouissances, on pourrait
trouver peut-être que c'est abuser de l'indignation ; ceux
qui blâment ces coutumes s'y livrent presque tous. Tous
recherchent l'été la fraîcheur des ombrages, et dîner au

bord de l'eau n'est pas un crime à faire jeter les hauts cris. Je demanderais pour les Romains de cette époque, à l'égard des volières, la même indulgence que professait le sage Varron, quoique ce fût un juge suspect, car lui-même entretenait des volières admirables.

Mais l'excès auquel ce goût était poussé ne saurait être de tout point jugé avec une telle tolérance. Une pareille masse de travail et de capital soustraite aux emplois fructueux de l'agriculture représentait à l'égard des populations un réel dommage. Il est vrai que les opulents Romains n'eussent fait que rire de cette considération. Ils avaient peu de souci de nos théories économiques sur la consommation improductive.

Quant à nous, modernes, nous ne pouvons nous rappeler ces viviers sans avoir l'esprit assiégé par le souvenir des esclaves jetés aux murènes pour rendre plus délicat le goût de ce poisson si recherché.

Le fait fut rare, soit ; il est étrange qu'il ait pu se produire. Ces belles murènes, les Romains s'y attachaient tandis qu'elles vivaient, jusqu'à les couvrir de bijoux et de colliers. Crassus pleura publiquement une de ses murènes chéries, il en porta le deuil comme si elle eût été sa fille ; et répondant aux paroles de blâme qui se faisaient entendre dans le Sénat, il se vantait de sa douleur comme d'une preuve exquise de sensibilité[1]. Porter le deuil d'une murène ! Franchissez un degré de plus, serons-nous bien loin de Caligula faisant ou songeant à faire son cheval consul ?

[1] Cicéron. *Lettres à Atticus.*

Le mulet, le surmulet était en possession de la même faveur. « Vous auriez plutôt obtenu d'Hortensius, dit Pline, un carrosse attelé de mulets qu'il eût tirés de son écurie, qu'un mulet barbu de sa piscine. »

Combien de soucis, quelles sollicitudes ! « Hortensius, ajoute le même auteur, n'avait pas moins de soin de ses poissons que de ses esclaves quand ils étaient malades, et il soupirait moins, dans ce cas, de voir un de ses serviteurs boire de l'eau trop froide, que de voir un de ses poissons malades avaler une boisson si dangereuse... Il était épris d'une telle passion pour ses viviers de Baïes, qu'il permit à son architecte de dépenser sa fortune, pourvu qu'il lui construisît une galerie souterraine depuis ses viviers jusqu'à la mer, en la fermant d'une bonde qui permît à la marée d'y entrer et d'en sortir deux fois par jour, et de renouveler ainsi l'eau de ses piscines[1]. »

Excès de sensualité, folie des prix attribués aux choses recherchées, marchent de concert.

On s'était engoué pour les paons à un degré incroyable, on n'appréciait pas moins leur chair que la beauté de leur plumage.

C'est le même Hortensius qui, le premier, avait fait servir de ces oiseaux dans un festin donné au collége des augures. Le mets eut le plus grand succès, auprès du gourmand collège, et auprès des riches romains qui en crurent aisément les augures sur les mérites de cette espèce d'oiseaux. Un œuf de paon valut 5 fr. 60 c. ou cinq dena-

---

[1] Pline, lib. XXVI, 25.

rius; un paonneau, 50 denarius (56 fr.); ainsi un troupeau de cent paons pouvait rendre aisément 40 000 sesterces (11 200 fr.), et même 60 000 sesterces ou 16 800 fr., si l'on exigeait, comme Albutius, au rapport de Varron, six paonneaux par couvée.

Voulait-on engraisser les cailles, on leur crevait les yeux. Voulait-on faire grossir les pigeonneaux, on leur brisait les jambes, on les laissait dans le nid, et on donnait aux pères et aux mères, comme aux petits, une abondante nourriture. Les pères et les mères, s'ils étaient beaux, de bonne couleur, bien sains, de bonne race, se vendaient communément 200 sesterces. 56 fr. la paire. Les pigeons d'élite allaient jusqu'à 1000 sesterces, 280 fr. Le chevalier Lucius Axius refusa même de vendre une paire de pigeons de cette espèce pour moins de 400 deniers, ou 448 fr. Il y avait enfin des personnes qui avaient à Rome pour 100 000 sesterces (28,000 fr.) de pigeons, et qui en tiraient 50 p. 100 de bénéfice.

Quand de tels chiffres sont mis en avant par Varron, s'adressant à des témoins qui eussent pu le démentir; quand, à la distance qui sépare ce temps de l'époque de Trajan, Pline cite pour son époque des chiffres analogues, il semble difficile de les contester et de les taxer, comme on serait porté à le faire, d'une exagération fabuleuse.

D'un autre côté, je suis frappé de ce fait, que la cherté des choses usuelles n'est pas, tant s'en faut, en rapport avec de tels prix. Ainsi, à cette époque, c'est-à-dire au dernier siècle avant Jésus-Christ, et au

septième de Rome, le blé, quand on prend soin de ne
pas s'attacher soit à des prix au-dessous du cours résul-
tant des largesses de l'État, soit à des années d'exceptionnelle abondance, ce qui le ferait évaluer trop bas,
le blé n'offrait pas d'analogie, quant à son prix, avec
celui des objets cités plus haut. Les calculs de M. Dureau
de la Malle [1] établissent que dans les derniers temps de
la république romaine, le blé était à l'argent dans un
rapport qui n'est qu'une fois et demie plus fort que le
rapport actuel. Ces calculs, qui concordent avec ceux de
Bœck pour Athènes, tendent à prouver également qu'on
s'est trompé souvent en parlant des bas prix dans l'antiquité, et qu'on y a exagéré le pouvoir de l'argent, bien
que généralement plus fort que chez nous. Sans doute,
après ce que nous avons dit des arrivages soudains, à
cette époque, de métaux précieux enlevés aux villes
prises, aux palais et aux temples, nous ne compren-
drions pas bien que l'argent ne se fût pas, dans une
certaine mesure, avili, et par conséquent qu'il n'y ait
pas eu une certaine tendance à la hausse des prix, tendance, au reste, parfaitement attestée pour le blé depuis
les premiers siècles de la république.

Quoi qu'il en soit, je répète que cette hausse est sans
rapport avec les prix des denrées de luxe servies sur la
table des riches.

Le prix de la journée de travail de l'ouvrier
libre, de l'*operarius*, du *mercenarius*, qu'on trouve
indiqué quelquefois, quoique trop rarement, à cette

[1] *Écon. polit. des Romains.*

époque, est fixé par Cicéron[1] à 12 as, environ 80 c.
Si faibles que fussent les salaires, toujours fallait-il que
les ouvriers vécussent, et ce chiffre, rapproché des rares
indications qu'on possède sur le prix des objets courants,
atteste encore que, somme toute, le prix des consommations usuelles n'offrait pas la moindre relation avec celui
des denrées recherchées par le luxe des tables. L'écart
présenté était tel que rien chez nous ne peut en donner
une idée, à l'exception peut-être de quelques vins extrêmement rares, auxquels les gens riches peuvent seuls
prétendre par le prix énorme que coûtent ces vins.

A Rome, dès qu'un poisson, une volaille engraissée
devenait un objet estimé par les gourmets, l'offre étant
restreinte et la demande représentée par un petit nombre de consommateurs, décidés à satisfaire, coûte que
coûte, leur gourmandise et leur vanité, on conçoit qu'il
fallait de toute nécessité que cette valeur montât extrêmement. On peut dire à la lettre que la hausse de ces
prix exceptionnels tenait à la constitution oligarchique
de Rome, à ces fortunes énormes, tantôt héréditaires,
tantôt faites avec cette rapidité inouïe qui a toujours
poussé aux folles dépenses. Il faut donc, à ce que je crois,
accepter très-souvent du moins ces prix si élevés que les
écrivains nous présentent, sans en tirer de conséquences
pour l'universelle cherté des vivres.

Tout était-il, d'ailleurs, improductif dans ces viviers,
dans ces volières, dans ces parcs d'animaux dont nous
avons reconnu l'excès dispendieux?

[1] *Pro Roscio.*

Il semble du moins que le goût des Romains riches pour la volaille engraissée, le gibier et le poisson, justifiait les producteurs qui trouvaient un beau revenu dans ces produits.

Un de ces propriétaires tirait 3 500 000 francs des nombreux édifices qui bordaient ses viviers, et il dépensait cette somme tout entière en nourriture pour ses poissons. Sa villa se vendit environ 10 000 000 de francs, à cause de la multitude de poissons qu'elle renfermait.

S'il y avait de la manie dans le développement exagéré des volières et des viviers, ici encore la spéculation y trouvait fréquemment un bon placement.

Parmi les traits qui donnent l'idée de ce luxe de la gourmandise, il en est de particulièrement caractéristiques.

Pline[1] discute, avec le sérieux qu'il met à toutes ces choses, surtout quand il s'agit de ces raffinements qu'il déteste, pour savoir à qui revient l'honneur ou la honte d'avoir inventé le premier la méthode d'engraisser démesurément le foie des oies. La priorité reste indécise entre le consulaire Scipio Métellus et le chevalier romain Marcus Seius, ce qui paraît offrir peu d'importance; toujours est-il que ce genre de sensualité date de la période qui s'écoule entre la domination de Sylla et celle de César, période riche en progrès de cette nature.

On voit que les Romains savaient mener de front les agitations de la guerre civile et les recherches du bien-être.

[1] Pline, liv. X, 27.

En si beau chemin on ne s'arrêta plus, on fit de merveilleux tours de force, témoin ce vers de Martial [1] :

« Aspice quam tumeat magno jecur ansere majus... »

Ajoutez que le duvet de cet oiseau de basse-cour était
aussi fort recherché par la mollesse voluptueuse qui prévalait partout. La livre de duvet de l'oie de Germanie
se vendait 5 denarius, 4 francs 95 centimes. Il paraît
même que ce haut prix fut cause que les postes militaires, en Germanie, se trouvèrent dégarnis parfois, parce
que les préfets envoyaient souvent des colonies entières
à la chasse des oies [2].

Le luxe de nos tables ne connaît plus ni la perdrix
de mer, ni les grues domestiques, un des mets les plus
recherchés des Romains de ce temps, ni le grand fla-
mand qu'ils apprivoisaient. On voit aujourd'hui en
France les escargots prendre faveur, surtout dans la
classe populaire. Les Romains en étaient très-grands
amateurs. Ils distinguaient les escargots blancs de Rieti,
ceux d'Illyrie, remarquables par leur grandeur; ceux
d'Afrique, dont la fécondité était la plus renommée;
ceux du *promontorium solis*, les plus recherchés de
tous. On les engraissait dans des parcs avec des soins
infinis. C'est une invention dont nous savons la date précise, grâce à Pline l'Ancien. « Fulvius Hirpinus, dit-il,
créa les premiers parcs d'escargots à cette époque, un

[1] Épigr. xiii, 58.
[2] Pline, X, 27.

peu avant la guerre civile de César et de Pompée. » Une
bien grande date pour un bien petit fait !

Lucilius nous a montré d'une vue générale cette
somptuosité des repas même avant Sylla, mais il n'a
pu en mettre sous nos yeux ni les détails ni les accrois-
sements, qui se manifestent davantage à mesure qu'on
avance dans le dernier siècle de Rome avant Jésus-
Christ.

Assistons, en abrégeant bien des particularités,
à cette grande affaire, le souper du Romain riche, cérémonie qui a ses règles et en quelque sorte ses rites, qui
président aux plaisirs mêmes.

On prend place sur des lits; on quitte sa chaussure;
de jeunes esclaves versent de l'eau fraîche sur les mains
et sur les pieds; d'autres nettoient les ongles des orteils
d'un mouvement si rapide, que c'est à peine si ce détail
de toilette est remarqué.

La table servie, le *Père du festin* adresse une prière
aux dieux, et fait, au son de la flûte, quelques libations
de vin. C'est le moment pour les convives de se cou-
ronner de feuillage et de fleurs, d'orner leur tête et
leur cou, tantôt, si c'est l'hiver, de fleurs odorantes
artificielles, tantôt, si c'est la saison, d'ache, de lis, de
roses, de myrte, de violette, de safran.

On se parfume les cheveux; tantôt les essences sont
fournies par le maître de la maison, tantôt les convives
les apportent de chez eux.

Le souper, c'est l'heure du repos après les fatigues
de la journée; c'est l'heure du vif appétit, après la
frugalité des petits repas légers, y compris le prandium,

si modéré; toute l'abondance, tout le luxe de la table
aboutit au souper.

La *cœna recta*, le souper en règle, celui qu'offre à
ses hôtes un maître riche qui se respecte, compte trois
et quelquefois six services. On y trouve d'abord la *gus-
tatio*, les hors-d'œuvre, olives, figues, œufs, laitues;
puis arrivent ces nombreux ragoûts, ces rôtis, ces produits des volières et des viviers que nous avons vus
préparés si savamment, et ces produits que la mer, les
rivières, les forêts de l'Italie ou des provinces conspirent
pour envoyer à la gourmandise romaine.

On ne fera que mentionner les lièvres, les chevreuils,
les poulardes, tous ces animaux terrestres ou aquatiques
dont les noms sont les mêmes que chez nous, et dont
l'assaisonnement seul était différent.

N'insistons que sur ce qui caractérise le luxe des
tables romaines. Si, parmi ces mets, on aperçoit des
loirs, c'est, sachons-le, un grand luxe, et qui a l'attrait
du fruit défendu; le loir, cet animal auquel nous ne
faisons plus attention, est à cette époque le mets des
gourmands les plus raffinés; on l'engraisse dans des
parcs; mais la fureur d'avoir des loirs sur sa table,
coûte que coûte, est devenue telle que la loi somptuaire du consul Marcus Scaurus a défendu qu'on en
servît dans les repas.

Comment ne pas remarquer la présence presque inévitable des langues de phénicoptères, des gélinottes d'Ionie,
des foies d'oie blanche baignés dans du lait et du miel,
des vulves et des tétines de truies, des hures de porc et
de sanglier?

Un mets tout romain, c'est la citrouille, dont le goût est à peine reconnaissable, tant elle se présente sous des déguisements différents, tant elle prend les formes et imite les saveurs les plus diverses. Parmi cette profusion de mets, on distingue encore les huîtres de Tarente, de Circeii ou du lac Lucrin, les langoustes, les murènes du détroit de Sicile et de Tartesse, le turbot de Ravenne, l'esturgeon de Rhodes, et ce chef-d'œuvre où se surpassent le luxe des maîtres de maison et le raffinement des hôtes, le surmulet. Il est présenté vivant dans des vases transparents, et sa mort est un spectacle pour les convives, tant les couleurs par lesquelles passe son agonie ont de variété et de beauté! Comme on aime à le voir tressaillir, bondir, lutter contre la mort! Puis il devient raide et pâlit, il n'est plus bon qu'à assaisonner dans la saumure.

Le *garum*, cette sauce composée d'intestins de poissons et d'autres parties macérées dans le sel, et dont le prix égale presque celui des poissons les plus exquis, sert d'assaisonnement à la plupart de ces mets; on le fait avec le poisson nommé *garon*, ou de préférence avec le scombre; il est surtout fabriqué dans les poissonneries de Carthago Nova.

Au dessert, voyez parmi les *bellaria* de diverses sortes les confitures et le miel, les pâtisseries et les fruits, les dattes d'Égypte, les noix de Thasos, les avelines d'Ibérie, et ces graines de pavot rôties que le miel assaisonne.

Quant aux vins, les Romains conservent l'habitude, si chère aux Grecs et à nos yeux si étrange, de les parfumer, de mêler aux plus exquis le nard, les roses, le

miel, le lentisque. On remarque, entre tous les autres
vins, le vin de Sorrente et les vins grecs, servis plusieurs
fois. Ce détail atteste un nouveau développement du
luxe des tables; car Lucullus disait qu'étant enfant
il n'avait jamais vu servir plus d'une fois du vin
grec, même dans les plus splendides repas. Le falerne,
de tout temps recherché, a-t-il vieilli beaucoup d'années,
son amertume qui va croissant le trahira, et on le boira
par petites doses mêlé à d'autres vins plus doux et surtout au vin de Chio[1].

Signalerons-nous, enfin, après tant d'autres, l'ignoble
coutume romaine exprimée plus tard par Sénèque en
ces mots : *edunt ut vomant, vomunt ut edant?*

De tels excès trouvaient dès lors, même avant les
moralistes stoïciens du temps de l'empire, des juges
qui les condamnaient.

Varron en a exprimé son dégoût. Ce docte écrivain,
qui passe de la prose aux vers, de l'agriculture à l'érudition, a écrit aussi des satires ménippées dans lesquelles
il blâme les excès des tables et d'autres abus du luxe.

N'attendez pas de lui la verve emportée et l'austère cha-
grin d'un Lucilius. Il ne s'attaque qu'aux excès déclarés.
Il raille « les grands gosiers des gloutons » et « ces co-
hortes de cuisiniers, de pêcheurs à la ligne et d'oise-
leurs » qui encombraient les rues. En effet, les cuisiniers, jadis artisans vulgaires pris à louage pour les

---

[1] Tous ces traits se trouvent dans Cicéron, Horace, Sénèque, Martial,
Aulu-Gelle, etc. Beaucoup ont été recueillis dans le savant ouvrage de
M. Dezobry : *Rome au temps d'Auguste.*

grands jours, devenaient chaque jour des artistes plus
importants, et quand une bonne maison en possédait un
bon, elle n'hésitait pas à le retenir par des appointe-
ments fort élevés.

Varron signale de même dans ses satires le raffinement avec lequel était fait le pain des riches. Quoiqu'il
y eût alors des boulangers publics, les riches préféraient l'ancienne coutume et avaient un four dans leur
maison ; c'est à cet usage que le poëte fait allusion quand
il dit à un gourmet ignorant : « Si tu avais consacré à la
philosophie le douzième du temps que tu passes à
surveiller ton boulanger pour qu'il te fasse de bon pain,
depuis déjà longtemps tu serais homme de bien ; ceux
qui connaissent ton boulanger donneraient de lui cent
mille as ; qui te connaît n'en donnerait pas cent
de toi. »

On n'a guère peint le parasite avec de plus vives couleurs que dans ce passage où l'auteur des *Ménippées* nous
le montre « son repas servi devant lui, couché au haut
de la table d'autrui, ne regardant pas derrière, ne regardant pas devant, et jetant un regard oblique sur le
chemin de la cuisine. »

L'indulgent censeur n'allait pas jusqu'à regretter le
temps où le genre humain se contentait d'un peu d'eau
claire bue dans le creux de la main. *Il est une borne
au pot*, tel est le titre d'une de ses satires. La seule loi
somptuaire qu'il réclame est une décente modération. Il
veut que, par des libations mesurées, on demande de
l'esprit au vin et non pas qu'on y noie l'esprit qu'on a ; un
repas est avant tout, pour lui, une compagnie d'amis

ou de gens distingués qui s'y animent doucement et y passent les heures en aimables causeries.

Donc peu de convives ! Il ne faut pas que leur nombre « soit moindre que celui des Grâces et dépasse celui des Muses. »

Varron désire qu'on arrête les repas avant les plats recherchés du second service. Malheureusement pour Varron et pour le triomphe de l'esprit sur la matière, c'était à ces derniers plats que les Romains tenaient surtout ; ils leur auraient sacrifié toutes les délices de la conversation.

Pour en finir avec le luxe des tables, résumons-nous sur les lois somptuaires destinées à le restreindre.

On a vu la vieille loi *Fannia*, si souvent invoquée dès cette époque comme une antiquité quelque peu ridicule, tantôt méprisée et violée sans la moindre dissimulation, tantôt hypocritement éludée.

La loi *Didia* fut rendue dix-neuf ans après, avec ceci de particulier qu'elle devait s'appliquer à toute l'Italie, et il est inutile d'ajouter que son sort ne fut pas plus heureux. Le tribun Duronius osa soutenir que de telles lois étaient nécessairement impuissantes et en proposer l'abrogation. Il éprouva le malheur réservé à ceux qui ont raison trop tôt et fut chassé du Sénat.

La loi *Licinia* eut pour auteur Licinius Crassus, lui-même perdu de luxe et de mollesse. Cette loi réglait pour les kalendes et pour les nones la dépense de table à trente as par tète, environ 1 fr. 50 c., et portait le maximum à 9 fr. 70 c. pour les festins de noces. Pour les jours non désignés, elle spécifiait qu'on ne pourrait servir plus de trois livres de viande sèche et une livre de poissons salés.

Ne semblait-il pas que, par l'exagération de rigueur autant que par l'exiguïté du maximum fixé aux dépenses, de pareilles lois allassent elles-mêmes au-devant du mépris?

Nous avons nommé la loi *Cornelia*, due à Sylla. Elle défendait de dépenser plus de trente sesterces par convive les jours de fêtes, 5 fr. 85 c. On ne devait pas dépasser le dixième de cette somme les jours ordinaires. La même loi fixait un maximum au prix des denrées recherchées par la gourmandise, qui en avait démesurément accru la valeur. On ne voit pas que ce maximum ait mieux réussi que les autres, et que le commerce des denrées précieuses et rares servies sur les tables en ait éprouvé le plus léger découragement.

La rapidité avec laquelle ces lois se succèdent les unes aux autres achève de démontrer leur inefficacité. La loi *Æmilia*, portée par Lépide, éleva la prétention de régler non-seulement la dépense, mais encore le genre de mets et jusqu'à la manière de les apprêter.

Un vertueux tribun, Antius Restio, prêcha du moins d'exemple. Il fit porter une loi somptuaire et ne tarda pas à se convaincre de son insuccès. Il promit de ne jamais souper hors de chez lui, pour n'être pas témoin de la violation de sa loi, et tint parole[1].

Nous rencontrerons d'autres côtés du luxe romain moins grossièrement matériels : ces recherches, par

---

[1] Macrob. Saturn., II, 13.

exemple, et ces curiosités de l'art qui mettent du moins
un peu d'élégance dans la corruption même.

Ne nous y fions pas trop pourtant. Sans parler des
pierres précieuses et des richesses de l'ameublement,
les statues et les tableaux n'ont pas fait commettre
moins d'excès et de crimes que les murènes et les
surmulets.

L'innocente manie des collections, le goût élevé des
beaux-arts, se présentent, dans une telle histoire, avec
l'accompagnement trop fréquent du sang versé ou de
honteuses exactions. Le luxe, à l'état de passion désor-
donnée, a corrompu les plus nobles parties de la nature
humaine. Il a, pour ainsi dire, prêté des armes aux
déclamations qui se sont élevées en haine de ses excès
contre les plus utiles ou les plus éclatants développements de la civilisation.

Avant de dire un mot de ce côté du sujet, voyons
quelles profondes modifications s'étaient opérées dans
les mœurs politiques sous l'empire du luxe et du besoin
d'argent, qui joue un rôle croissant dans la vie privée
et dans la vie politique des Romains, depuis l'époque
que désignent avec éclat les noms de Cicéron et de César
jusqu'à la chute de la République.

CHAPITRE III

LE LUXE A ROME A LA FIN DE LA RÉPUBLIQUE

—— ——

I

DES CAUSES MORALES DU DÉVELOPPEMENT DU LUXE A LA FIN DE LA
RÉPUBLIQUE.— PREUVES DE CE DÉVELOPPEMENT : LA VIE DE FASTE
ET DE PLAISIR.— DES MOYENS DE FORTUNE A LA MÊME ÉPOQUE.

Nous avons indiqué les causes économiques du luxe
excessif à Rome, nous avons cherché le secret de son
développement dans la constitution oligarchique de
l'État. Marquons les causes morales et religieuses qui
aidèrent au développement de ce qu'il y eut dans ce luxe
d'exorbitant et e co rrompu.

On a souvent expliqué par le paganisme et par les
exemples des dieux de l'Olympe la corruption grecque
et romaine. L'explication, malgré sa part de vérité, n'est
pas complétement satisfaisante, car à Rome comme en
Grèce de grandes vertus ont fleuri sous le règne du
paganisme et en partie sous son influence. Il y a dans le
paganisme un fonds moral commun à toutes les religions.
L'idée de la vie future, heureuse ou malheureuse selon

qu'on a bien ou mal vécu, y est fortement empreinte
tant dans les croyances populaires que dans les écrits des
poëtes. Dans le livre où Virgile dépeint les supplices de
l'enfer, peu de crimes sont omis.

Voilà le vrai paganisme avec ses idées de moralité et
de justice vengeresse.

C'est avec l'interprétation évhémérique que le côté
élevé, moral, mystérieux du paganisme, semble à peu
près disparaître. Le ridicule l'a touché à mort du jour
où tout s'y réduit à de froides légendes sans portée
et sans grandeur.

Selon Evhémère, dont les idées très accessibles au
vulgaire devaient faire une rapide fortune à Rome,
Vénus n'est plus l'amour, la personnification de ce
sentiment immense qui anime tous les êtres créés,
c'est une entremetteuse de profession qui a passé à l'état
de déesse. D'autres interprétations du même genre ne
manquent pas. Cadmus n'est plus le héros mythique qui
suit par tout le monde les traces de sa sœur et qui sème
dans les champs de Thèbes les dents du dragon, c'est un
cuisinier du roi de Sidon qui se sauve avec une joueuse
de flûte.

Toute haute inspiration de morale religieuse devait
disparaître avec ces puériles et honteuses interprétations, qui ne sont plus seulement de l'anthropomorphisme, mais de l'anthropomorphisme dégradé.

Les poëtes contribuèrent aussi à cette œuvre de
démolition religieuse, qui allait livrer les âmes aux
instincts du matérialisme. Lucilius représente les douze
grands dieux en conseil, se riant des gens qui leur

donnent le titre de pères. On y voit Neptume s'embar-
rasser dans un raisonnement, et, n'en pouvant sortir,
s'écrier que Carnéade lui-même, ce sophiste si délié, ne
s'en tirerait pas. Nul rôle moins édifiant que celui que
joue Jupiter dans Amphitryon.

Les religions orientales eurent plus directement encore
une influence corruptrice.

Dès l'an 554 de Rome, le Sénat avait décrété la
destruction des temples d'Isis et de Sérapis ; et, personne
n'osant y porter la main, le consul Æmilius Paulus avait
le premier frappé d'une hache les portes du temple. En
614, le préteur Cornélius Hispallus avait chassé de Rome
et de l'Italie les astrologues chaldéens et les adorateurs
de Jupiter Sabazius.

Mais, dans les dangers extrêmes de la seconde guerre
punique, le Sénat lui-même avait donné l'exemple d'appeler les dieux étrangers. Il avait fait apporter de Phrygie
à Rome la pierre noire sous la forme de laquelle on
adorait Cybèle. « A mesure que la guerre se prolongeait,
dit Tite-Live, les esprits flottaient selon les succès et les
revers. Les religions étrangères envahissaient la cité ; on
eût dit que les dieux ou les hommes s'étaient tout à coup
transformés. Ce n'était plus en secret et dans l'ombre
des murs domestiques que l'on outrageait la religion de
nos pères : en public, dans le Forum, dans le Capitole,
on ne voyait que des femmes sacrifiant ou priant selon
les rites étrangers[1]. »

Le scepticisme et l'athéisme philosophiques agirent

----

[1] Tite-Live, XXV, 1, et XXIX, 5.

sur les esprits cultivés comme des dissolvants énergiques.
Lucrèce, dans ses chants, célèbre l'épicurisme. En vain,
pour le poëte comme pour Epicure lui-même, la sagesse
consiste-t-elle surtout dans les plaisirs de l'âme et de
l'esprit, non dans les grossières jouissances. Les disciples
du philosophe, comme Métrodore, et la foule, donnent à
la doctrine du plaisir une interprétation moins raffinée.
Vivre pour jouir, et chercher la jouissance dans la
matière, devient pour les hommes de ce temps la loi, le
but de la destinée humaine, et cette doctrine ne trouve
d'opposition que dans la rare élite du stoïcisme.

Tout cela devait pousser les riches au luxe effréné :
voyons par quelles ressources on arrivait à le satisfaire.

Gouverner des provinces était le moyen le plus rapide
et le plus recherché de faire fortune, pour ceux qui
n'avaient pu, comme les généraux vainqueurs, en piller
une d'un seul coup.

Quelques-unes de ces provinces, source du luxe par
les richesses qu'elles procuraient, en étaient aussi des
foyers et des modèles. Ceci s'applique surtout à l'Asie
et à la Sicile. Outre sa fertilité, son abondance en
produits agricoles qui la rendaient si précieuse, l'Asie
possédait plus que nulle autre province les richesses de
luxe, dont la nature et l'art avaient fourni les matériaux.
Synnades était renommée pour ses carrières de marbres
superbes ; Laodicée, pour la finesse de ses laines et la
beauté de ses tapisseries ; Philadelphie et la Méonie, par
leurs vins délicats ; Hieropolis et Cibyra étaient fameuses, la première par ses teintures, la seconde par ses

fabriques de fer ciselé. On admirait la nombreuse
population, l'industrie, le commerce, les richesses de
Milet, illustre par ses fabriques d'étoffes de laine;
d'Ephèse, de Samos, de Smyrne, de Tralles, de Rhodes,
villes dont les temples, les théâtres et les monuments
attestaient la splendeur et l'opulence.

Cette Asie brillante, industrieuse, artiste, était à la
fois une école de goût et de luxe, une source de tentation
incessante, irrésistible pour les publicains et les proconsuls; ils y puisaient à pleines mains. Qu'on songe
que dans un seul temple, comme celui de Comana, il
y avait d'immenses trésors. Les palais abondaient. L'île
stérile de Délos, grand entrepôt des échanges entre
l'Orient et l'Europe, était comblée de richesses.

Un fait dira tout: cette province que Mithridate avait
pillée pendant quatre ans et accablée de réquisitions et
d'impôts énormes, fut condamnée par Sylla à payer
20,000 talents d'argent, environ 120 millions de francs.
De plus, chaque particulier fut contraint de fournir à
chaque soldat 16 drachmes par jour, 50 drachmes à
chaque centurion; en outre, la nourriture et les habits.
Cette somme s'éleva bientôt à 720 millions par les
usures des publicains. Mais elle fut réduite à 240
millions de francs. L'Arménie seule paya à Pompée une
somme de 56 millions. Les largesses qu'il fit à ses soldats
se montèrent, dit Appien[1], à 16,000 talents, 96 millions.
Il porta au trésor public, en argent monnayé ou argenterie, 20,000 talents, 120 millions de francs.

---

[1] Voyez, sur ces faits, Appien, *Bell. Mithrid.*, c. cxv, cxvi; Plutarque,
Vie de Pompée, et Pline, VII, 29; XII, 4; XXXVII, 2.

Ces sommes immenses provenaient des contributions de l'Asie, qui, en outre, avait créé les fortunes énormes de Muréna, de Scaurus, de Gabinius, de Faustus Sylla, de Démétrius, de Théophane, lieutenants, amis et affranchis de Pompée.

Les publicains remplissaient le même emploi que nos fermiers généraux dans l'ancien régime ; mais si grandes que furent les exactions et si fastueuse qu'ait été l'existence de ceux-ci, les riches publicains de Rome les éclipsaient.

Les impôts consistaient en redevances fixes, capitation sur les hommes et le bétail, en droits de douane, d'octroi, de péage, impôts sur les portes et sur la vente du sel. Les fermiers des impôts, qui étaient pris dans l'ordre des chevaliers et organisés en grandes compagnies, et beaucoup de Romains des autres classes attirés par des spéculations de toute espèce, y avaient porté une grande masse de leurs capitaux propres ou empruntés : vraie nuée d'oiseaux de proie abattue sur l'Asie.

Les charges de ces taxes étaient énormément aggravées par les publicains. Il forçaient les villes d'Asie, qui étaient solidaires de la totalité des impôts, à payer pour les termes arriérés un intérêt usuraire qui montait souvent à 48 0/0 par an. Quant aux gouverneurs, il fallait qu'en deux ou trois ans leur fortune fût faite.

D'un autre côté, quels trésors de luxe et d'art, quels pillages rappelle la Sicile !

Ce *grenier de Rome*, outre son blé et son bétail, son miel et ses laines, lui fournit d'autres produits plus

relevés. Les *Verrines* fourmillent là-dessus de détails
exacts et précis recueillis sur place. On a vu ce que la
prise de Syracuse avait déjà jeté dans Rome d'argent
et de goûts de luxe, au temps de Marcellus. Depuis
lors, la richesse de la province, grâce à sa fertilité
et au génie économe et industrieux de ses habitants,
n'avait pas cessé de se développer. Cicéron décrit ce
luxe des habitants, luxe le plus souvent de bon goût, et
qui accompagne une richesse solide, laborieusement
acquise : « La Sicile, dit-il[1], avait poussé très loin les
arts, l'industrie et les manufactures; il n'y avait pas,
avant la préture de Verrès, de maison tant soit peu riche
qui, n'eût-elle pas d'autre argenterie, ne possédât au
moins un grand vase orné de ciselures et d'images des
dieux, une patère pour les sacrifices et un vase pour les
parfums, le tout exécuté par les meilleurs ouvriers et
avec un art admirable. On peut juger par là que le reste
du mobilier était chez les Siciliens en proportion avec
ces objets. »

Il faudrait citer les vases en acacias de Corinthe, les
tables delphiques en marbre, les portes du temple de
Minerve, sculptées en or et en ivoire, les meubles précieux, tant d'œuvres admirables de sculpture et de peinture, objets dont les villes étaient jalouses, qu'elles accu-
mulaient chaque jour et qu'elles pouvaient céder à la
violence, jamais à l'or. Malte, enfin, cette annexe de la
Sicile, possédait une manufacture célèbre pour les robes
de femme.

[1] *Verr.*, IV, 21.

Telles étaient alors les sources de la fortune comme du luxe. Les fortunes anciennes reposaient sur la possession de domaines immenses ; leurs possesseurs suppléaient aux imperfections de la culture par la propriété de nombreux esclaves et par l'esprit de spéculation. Pour les fortunes nouvelles, rien que les exactions, le pillage et les captations de testament.

Sous l'empire de toutes ces causes, on s'explique qu'au milieu des plus cruelles guerres civiles, à la veille ou au lendemain des plus dures épreuves, tout fût, dans la classe riche, pour ainsi dire monté au ton du plaisir.

La jeunesse est l'image la plus vive des qualités et des défauts d'un temps. Toute une brillante jeunesse menait cette vie de luxe et de volupté que chantèrent les poëtes comme Catulle.

Vie de luxe, en effet, et non pas seulement de distraction et de plaisir facile, comme cela arrive au jeune âge dans tous les temps, comme il arrivait aussi à ces jeunes gens de Rome faisant du bruit la nuit sous les fenêtres des femmes à la mode.

Le plaisir élégant était lui-même un luxe qui coûtait cher à Rome. Quand, parmi les plus avides courtisanes, on comptait plus d'une femme de sang patricien, la dépense devait aller vite. Les amants ruinés se succédaient rapidement les uns aux autres.

Cette puissance de la femme, dont les vieux Romains s'étaient tant défiés, avait fini, au milieu de l'affaiblissement des anciens usages, par se faire une place importante dans la société, et par justifier les craintes auxquelles Caton avait prêté la forme d'outrageux mépris.

Épouse ou maîtresse, la femme joue à cette époque un rôle dans la vie de presque tous les hommes politiques. Cette influence va jusqu'à la domination chez quelques-unes. Les femmes galantes sont courtisées par les Sylla, les César, les Antoine. Les femmes, ces affranchies de la veille, devaient se jeter dans les déréglements qui signalent les débuts de toute liberté.

Maîtresses des maîtres du monde, quel aliment manque à leurs ardentes fantaisies? quel luxe leur fait défaut ?

La femme mariée ne connaît guère plus de frein que la courtisane. La facilité du divorce met ses passions à l'aise, et combien, sans quitter un mari complaisant ou complice, ne se gênent point pour étaler leurs scandales !

Une femme du monde, Cœcilia Metella, l'épouse du consulaire Lentulus Spinther, étonne cette société même par ses aventures galantes et par sa rapacité dévorante.

Malheur aux jeunes femmes dont les maris lui ont paru une proie digne d'elle ! C'est avec elle que Dolabella, à peine marié à Tullia, la fille chérie de Cicéron, dissipe sa fortune et bientôt celle de sa femme.

Étrange époque que celle où il faut choisir pour type de la courtisane accomplie, spirituelle, cultivée et aimant les arts comme une autre Aspasie, une fille du sang des Clodius, qui porte dans le plaisir l'élan emporté d'une race fière et impétueuse jusqu'à la fin ! Plus prodigue d'ailleurs de sa fortune propre qu'avide de l'argent de ses amants, *Clodia* choisit ses favoris selon le caprice de sa volage fantaisie et de son imagination dépravée.

Digne sœur de ce tribun sans conscience qui traînait dans les fureurs de la démagogie son vieux nom patricien et s'engageait dans une lutte à mort avec Milon, on la voyait sur la voie Appienne ou dans les jardins publics entourée de ses adorateurs, parlant hardiment à ceux qu'elle rencontrait, invitant à ses repas les jeunes gens à la mode, et promenant de l'un à l'autre ses amours plus d'une fois suivies de haines furieuses.

On connaît les amours de Clodia avec le riche Cælius, le brillant orateur, l'agitateur entraînant, l'esprit séduisant et corrompu. Cet homme d'esprit et d'action, qui jette là tout scrupule et qui semble se complaire dans le sentiment de sa force exubérante, exercée en tous sens avec éclat et sans autre but que l'orgueil satisfait, est lui-même un des types les plus vivants et les plus accusés d'une société de plus en plus blasée.

Ce prince de la jeunesse romaine avait tout ce qu'il faut pour représenter. et mettre à la mode la vie élégante : beaucoup d'argent follement dépensé, l'importance politique, une intelligence supérieure, la vivacité railleuse, le courage porté jusqu'à la témérité, les cortéges nombreux de clients et d'amis, le talent de danseur le plus accompli, une mise pleine de richesse qui éclatait au premier regard dans la belle bande de pourpre dont sa robe était ornée.

A ces brillantes amours d'un Cælius et d'une Clodia il fallait un théâtre digne d'elles.

Ce n'était pas assez de l'opulente maison du Palatin et de ces beaux jardins du Tibre, avec leurs fêtes nocturnes auxquelles accourait la jeunesse romaine. La ville d'eaux, la ville de luxe, devenue déjà le rendez-vous des élégants de l'Italie, la ville du plaisir et de la dépense, Baïa, si admirablement située, vit pendant une saison leurs courses sur le rivage, l'éclat de leurs festins, leurs promenades sur la mer, dans des barques qui portaient des chanteurs et des musiciens.

Un grand poëte de nos jours a fait passer dans ses strophes mélodieuses l'écho de ces plaisirs et de ces fêtes, avec la poésie de ce beau golfe tout plein des enchantements de la nature et de la vie. C'est en pensant à ces temps dont nous parlons que Lamartine s'écriait à la vue des mêmes lieux :

> Horace, dans ce frais séjour,
> Dans une retraite embellie
> Par le plaisir et le génie,
> Fuyait les pompes de la cour ;
> Properce y visitait Cynthie,
> Et sous les regards de Lydie
> Tibulle y modulait les soupirs de l'amour.
>
> . . . .
>
> Colline de Baïa ! poétique séjour !
> Voluptueux vallon qu'habita tour à tour
> Tout ce qui fut grand dans le monde,
> Tu ne retentis plus de gloire ni d'amour.
>
> Pas une voix qui me réponde,
> Que le bruit plaintif de cette onde
> Ou l'écho réveillé des débris d'alentour !
>
> Ainsi tout change, ainsi tout passe
> Ainsi nous-mêmes nous passons,
> Hélas ! sans laisser plus de trace
> Que cette barque où nous glissons
> Sur cette mer où tout s'efface.

II.   8

Ainsi passait de même cette vie de caprice et de folie, d'élégance et de luxe !

Au riche Cœlius succédait le poëte Catulle. Cette gracieuse et séduisante Lesbie n'est autre que Clodia[1]. A défaut d'or (l'opulente patricienne pouvait se passer d'en demander à ses amants), à défaut du faste de la jeune aristocratie, les attraits du jeune et pauvre grand poëte furent son esprit charmant et surtout la sincérité de sa passion. Clodia l'aima, elle aussi, de cette passion emportée et sensuelle qui n'excluait pas de honteux partages. Tout un monde de lettrés, de politiques, de grands seigneurs, se groupait à Baïa, autour de la brillante Romaine, qui semble inaugurer alors l'esprit de société. C'est un cercle où on lit des vers, où l'on fait de la politique, surtout force opposition contre César.

Les célèbres *Épigrammes* de Catulle suffiraient seules à nous apprendre combien à ces raffinements, qui sembleraient attester le règne de l'esprit et de la galanterie élégante, de tristes grossièretés se mêlaient encore. Cœlius et Catulle jetteront d'infâmes outrages en prose et en vers à la femme qu'ils ont aimée, et Clodia, furieuse d'être prévenue par l'inconstance d'un amant, ne reculera pas contre Cœlius devant une accusation publique de tentative d'empoisonnement.

Les plus sages étaient atteints du mal commun à toute cette société. Les besoins d'argent de Cicéron, expli-

---

[1] Voir, pour les détails de cet épisode et pour tout ce côté des besoins de luxe à cette époque, le livre de M. G. Boissier, *Cicéron et ses amis*.

cables par son goût pour les objets d'art et sa passion
pour les belles villas, remplissent ses lettres familières.

Il possède jusqu'à douze villas, sans compter ses
maisons de Rome. Il avait acheté environ 700 000 sesterces sa maison du Palatin au triumvir Crassus.

Embellir sa demeure de Tusculum, donner à ses
galeries l'air des gymnases de la Grèce, remplir ses
habitations des chefs-d'œuvre de la peinture et de la
statuaire, voilà les commissions dont il charge Atticus
et, plus tard, Gallus. Tout est chez lui à la mode
grecque. On a retrouvé sur l'emplacement même de
Tusculum, une admirable statue de Démosthènes, qui
appartint à l'orateur romain, et qui fut probablement
l'ornement de son cabinet; elle est aujourd'hui au
Vatican.

Mais, au-dessus de tout, il met le luxe des bons et
beaux livres.

C'est encore Atticus qui l'aide à collectionner, et qui
lui envoie deux de ses ouvriers grecs, Denys et Méno-
phile, pour mettre ses livres en état : « Vous leur
recommanderez bien, lui écrit-il, de m'apporter de ce
parchemin spécial dont on se sert pour écrire les
titres. » Le grammairien et géographe Tyrannion,
l'ancien bibliothécaire de Sylla, surveille la copie des
manuscrits, dresse les catalogues. « Rien n'est plus
élégant que ma bibliothèque, avec ses rayons de livres
ornés de leurs belles vignettes; ma demeure me paraît
maintenant douée d'intelligence. »

De tous ces luxes, celui-là n'était pas le plus coûteux

il n'explique pas tant d'appels à tous les banquiers de
Rome : Considius, Axius, Vectenus, Vestorius.

En vain Atticus cherche-t-il à le faire rougir de ses
dettes ; Cicéron en plaisante. Il raconte un jour à un
de ses amis qu'il est tellement endetté, qu'il entrerait
volontiers dans quelque conjuration si l'on voulait l'y
recevoir, mais que, depuis qu'il a puni celle de Catilina,
il n'inspire plus de confiance aux autres conspirateurs.
Au jour des échéances, il se contente de s'enfermer à
Tusculum, laissant Eros ou Tiron disputer avec les
créanciers.

Son frère et son fils le dépassèrent en goûts de
dépenses. Quintus, son frère, voulait avoir aussi ses villas, ses bibliothèques, ses bains, ses portiques, ses viviers,
sauf, ne trouvant plus de crédit, à aller rejoindre César
en Bretagne, pour échapper aux créanciers et refaire sa
fortune.

Quant au jeune Marcus, envoyé à Athènes pour y
étudier, il passait à s'amuser, à jouer au grand seigneur,
le temps que son père aurait voulu qu'il consacrât à la
philosophie. Il préférait faire de bons dîners et s'occuper
de fêtes brillantes, en compagnie de son maître, le
rhéteur Gorgias, chargé de l'instruire. Cet amateur
de Falerne et de vin de Chio, ce buveur intrépide, qui
porta un défi au triumvir Antoine, et qui le vainquit
dans ce genre de lutte où Antoine n'était pas facile à
vaincre, ne put être jamais qu'un débauché et un soldat
plein de bravoure, bien qu'Auguste ait songé, plus tard,
à faire de lui un consul.

Notons encore quelques traits relatifs aux derniers

temps de la République. Les femmes elles-mêmes prêtaient et empruntaient par l'intermédiaire d'affranchis.
Il y avait tel spéculateur dont le métier consistait à faire
à son profit des affaires pour les femmes. Tel fut l'affranchi Philotimus, cet intendant que Cicéron traite de
voleur, auprès de Terentia, l'épouse du grand orateur
romain[1].

Comment enfin oublier parmi les moyens de s'élever à
la fortune et au luxe à cette époque l'achat des terres à
vil prix, après une guerre, à l'étranger; à l'intérieur,
après une proscription? Triste habileté, où quelques-uns
excellaient, et que ne dédaignaient pas toujours des
hommes classés parmi les honnêtes gens. C'est ce que
fit Atticus en Épire, après que Mithridate eut ravagé la
Grèce. Quelques riches savaient même tirer parti de leur
luxe et en trafiquer, comme le même Atticus fit pour
les beaux livres dont il avait la passion, et dont les
copies, admirablement exécutées par des esclaves, formés
par lui-même, contribuèrent à l'enrichir.

Élever et louer des gladiateurs était un moyen moins

---

[1] La femme et l'intendant s'entendent pour tromper le grand homme trop
confiant. En une seule fois, Terentia avait retenu 60 000 sesterces (12 000
francs) sur la dot de sa fille. C'était un beau bénéfice, mais elle ne négli-
geait pas non plus les petits profits. Son mari la surprit un jour détournant
2,000 sesterces (400 fr.) sur une somme qu'il lui demandait. Cette rapacité
acheva d'irriter Cicéron. Il se résigna au divorce. Dans les discussions d'argent qui survinrent, Cicéron se montra accommodant, pour en finir avec
les interminables chicanes de Terentia. L'époux divorcé songea à se remarier, et, malgré ses soixante-trois ans, il choisit une très-jeune fille, Publi-
cia, sa pupille. Extravagant amour selon l'âcre Terentia, simple calcul d'argent selon Tiron, le secrétaire de Cicéron, qui prétend qu'il ne l'avait épousée
que pour payer ses dettes avec la fortune de sa femme. V. G. Boissier, loc. cit.

avouable, dont Atticus lui-même ne rougissait pas.

Prêter à gros intérêts forma encore un moyen de gagner de l'argent que les nobles n'abandonnaient pas aux chevaliers. On prêtait aux particuliers, soit en son nom, soit par d'obligeants intermédiaires. On prêtait aussi aux villes, mais on se cachait. L'opération était délicate, aventureuse. Ces pauvres villes étaient assez épuisées par les proconsuls, unis aux fermiers de l'impôt, pour qu'il ne restât plus rien aux créanciers. C'était à ceux-ci à s'y prendre à temps et à s'adresser à des débiteurs solvables.

Joignez à cela les testaments, les riches successions. Tout le monde n'avait pas, comme Atticus, pour oncle un opulent usurier, un Q. Cæcilius, dont il fallait être l'ami, le proche parent pour en obtenir de l'argent au taux exceptionnellement modéré de 1 p. 0/0 par mois. Atticus sut se concilier les bonnes grâces d'un oncle si précieux, qui mit le comble à sa fortune en lui léguant plus de 2,000,000 de francs.

Et pourtant cet ingénieux romain, sauf ses beaux livres, n'avait que des goûts assez simples. Point d'opulentes villas, de table somptueuse. L'esprit faisait les frais de ses dîners, assez maigres, à ce qu'il paraît, quoiqu'ils fussent servis dans une riche vaisselle. Sa maison du Quirinal respirait l'aisance, nullement le faste. Il s'entendait en belles statues, mais c'était pour les autres, pour Cicéron, par exemple, qu'il en faisait venir de la Grèce.

On vient de voir par quelles causes le luxe s'était développé et par quels moyens on arrivait à la fortune à

la fin de la république. Les résultats sont en rapport
avec ces moyens.

C'est le temps où un Cæcilius Isidorus, malgré les
pertes éprouvées dans les guerres civiles, léguait 4116
esclaves, 3 600 paires de bœufs, 27 500 têtes d'autre
bétail, 60 000 000 de sesterces en argent, et ordonnait
qu'on dépensât 247 000 francs ou 1 100 000 sesterces
à ses funérailles.

On voit par là combien est exacte la peinture que
Salluste a mise dans la bouche de Catilina, le chef des
endettés et des débauchés, se plaignant du luxe et de
la débauche : « Depuis que la république est au pouvoir
et à la disposition d'un petit nombre d'hommes puissants, ce n'est que pour eux que les rois et les tétrarques
sont tributaires, que les peuples et les nations payent les
impôts; tout ce que nous sommes d'ailleurs de citoyens
braves, vertueux, distingués ou non par la naissance,
nous sommes traités comme la populace, sans crédit,
sans autorité, à la merci de ceux que nous ferions trembler si la république était ce qu'elle doit être : crédit,
puissance, honneurs, richesses, tout est pour eux ou
pour ceux qu'ils favorisent; et à nous, ils ont laissé
les périls, les affronts, les condamnations, l'indigence !... Et quel est l'homme, vraiment homme, qui
pourra souffrir que nos tyrans aient un superflu suffisant pour bâtir jusque dans la mer et pour aplanir les
montagnes, tandis que nous manquons même du nécessaire? qu'ils élèvent à la suite deux palais ou même
davantage, tandis que nous n'avons nulle part un foyer
qui nous appartienne? Ils ont beau acheter des tableaux,

des statues, des vases précieux, abattre des édifices nouvellement construits, en élever d'autres, prodiguer, tour-
menter l'argent en mille manières : la fureur même de
leur luxe ne peut épuiser leurs richesses ; et pour nous,
il n'y a que misères au dedans et dettes au dehors, des
maux présents et un avenir encore plus affreux. »

Plainte éloquente et fondée, à laquelle il ne manquait
que de passer par des bouches moins indignes de la faire
entendre.

II

LE LUXE DES AMEUBLEMENTS, DES VÊTEMENTS, PIERRES PRÉCIEUSES, VASES ET OBJETS D'ART.

Nous n'avons touché encore que d'une manière générale à ce luxe qui regarde la personne ou la demeure,
le vêtement et le meuble, l'objet qui a une valeur d'art.
Plus on avance vers la fin de la République, plus toutes
ces choses tiennent de place dans la vie du Romain de
riche condition, plus la passion s'en accuse et s'en répand.

Voyons d'abord avec plus de détails le luxe qui con-
cerne la personne, c'est-à-dire les ornements.

Tels sont par exemple les anneaux, les pierreries, les
perles, les étoffes.

Les anneaux, usage ancien, cher aux Sabins, et dont
la matière avait été vile d'abord, étaient devenus un luxe
très-recherché. Les Romains, comme les femmes romaines, aimaient à s'en parer. L'or y avait remplacé le

fer ; mais peu à peu, et comme un privilége. Il n'y eut
d'abord que des généraux honorés du triomphe ou que
les sénateurs ayant rempli des ambassades, qui eurent
le droit de porter l'anneau d'or, les jours de fêtes et de
cérémonies publiques. Marius le porta constamment.
C'était une sorte de décoration, qui fut successivement
étendue aux sénateurs, aux tribuns légionnaires, plus
tard aux affranchis.

Ce goût allait devenir si vif que certains particuliers
portèrent des anneaux précieux non-seulement à chaque
doigt, mais à chaque phalange.

Il y en avait même de plus ou moins pesants, pour
l'hiver ou pour l'été, de plus ou moins riches selon
les circonstances; mais au temps où nous sommes, ce
luxe des anneaux (divisés en anneau destinés à marquer
la condition, en anneaux de fiançailles, en anneaux employés à servir de sceaux) n'avait pas encore touché à
ses dernières limites, qu'il n'atteignit que sous l'Empire, et qu'Héliogabale devait porter au comble. Les
pierres précieuses se mêlaient à l'or ou en prenaient
la place. Le sénateur Nonius fut forcé de s'exiler, parce
qu'il avait à son anneau une pierre précieuse que le
triumvir Antoine convoitait ; c'était une opale valant
4,000 fr.

Avant l'impulsion donnée par Pompée au luxe des
pierres précieuses, Scaurus est le premier qui ait eu un
écrin de pierreries ou *dactylothèque* [1].

Le troisième triomphe de Pompée, accompagné de

___
[1] Pline, liv. XXXVII, 5

beaucoup de ces objets précieux fut ici comme un signal. Lui-même avait dédié au Capitole le magnifique écrin, ancienne possession de Mithridate. César devait à son tour en dédier un dans le temple de Vénus Genitrix. Pompée fit aussi exécuter son buste tout en perles, qui fut promené à ce fameux troisième triomphe. Pline, malgré la distance où il est placé de cette époque, s'en indigne jusqu'à apostropher vivement le triomphateur. « Des perles, ô grand Pompée ! une chose superflue, un luxe réservé aux femmes; des perles que tu n'aurais osé porter toi-même, servant à exprimer les traits d'un homme tel que toi, etc. »

Jamais étalage d'objets plus magnifiques et plus coûteux n'avait d'ailleurs frappé les regards. Les dépouilles des pirates de l'Asie et de Pont avaient de quoi provoquer l'admiration. Tous les yeux se fixaient émerveillés sur cet échiquier garni de toutes ses pièces, formé de deux pierres précieuses qui avaient trois pieds de large et quatre de long (la reine, en or massif, pesait trente livres,) sur ces trois lits de table, sur ces vases d'or enrichis de pierreries, assez nombreuses pour couvrir neuf buffets, sur les statues d'or de Minerve, de Mars et d'Apollon, sur ces trentes-trois couronnes de perles, sur cette montagne d'or massif avec des cerfs, des lions, des fruits de toute espèce, autour de laquelle une vigne d'or serpentait, sur cette grotte en perles, surmontée d'un cadran solaire.

Imitateur du luxe public, le luxe privé s'inspira de ces modèles.

Les étoffes furent un luxe comme les pierreries. Les

laines fines atteignaient à un haut prix. Certaines espèces
de moutons étaient renommées par leurs qualités. La
teinture y ajoutait un prix excessif. La pourpre, de tout
temps honorée chez les Romains, y était la marque
d'un privilége attaché à la naissance ou aux dignités.

La robe *prétexte*, tunique blanche, bordée de pourpre, était le costume ordinaire des patriciens. Le
laticlave, tunique bordée par devant d'une large bande
de pourpre, semée de nœuds tantôt de pourpre comme
la bande même, tantôt d'étoffe d'or, était le costume
des sénateurs, des magistrats patriciens et de certains
magistrats plébéiens d'ordre supérieur. Enfin, la *trabée*,
robe de pourpre à bandes, différemment nuancée selon
qu'elle était portée par les consuls, les augures, les
hauts magistrats, les prêtres.

Vers le temps de César, la plus belle pourpre de Tyr
qui teignait les robes et les vêtements portés par les
femmes opulentes, les tapis, etc., coûtait près de
800 francs la livre ; la teinture simple en pourpre,
d'une seule livre de laine, coûtait 109 francs, etc. Le
coton était d'un prix élevé ; teint, il était aussi un objet
de luxe.

Quant à la soie, elle ne fut connue que vers la fin de
la République ; elle était si rare, que son prix excédait
de beaucoup celui de la plus riche pourpre.

J. César, dans les spectacles qu'il donna lors de ses
triomphes, couvrit le théâtre de voiles de soie ; c'était
de la soie tissée avec d'autres substances, telles que le
lin, le coton, etc. L'usage en passa bientôt dans les
habits des plus riches citoyens. C'est sous l'Empire que

ce luxe se développa, mais la soie s'y montra presque toujours mélangée d'étoffes moins précieuses et se maintint à des prix excessifs.

La toilette devait s'enrichir de nouveaux raffinements, et ceux qui étaient connus se répandirent de plus en plus, dans ces années finales de la République.

C'est ainsi que se propagent dans des conditions de rang moins élevées chez les femmes les élégances du *mundus muliebris*, l'usage de polir leur peau avec des pierres ponces ; l'habitude de recourir à de faux cheveux, l'emploi de peignes d'ivoire et de ces parfums dont quelques-uns étaient des poisons corrosifs ; le fard colore leur visage ; elles prennent grand soin de leurs dents et y suppléent au besoin par des dents fausses ; ces exigences de la toilette de Lalagé, décrites plus tard par Martial, ont servi de matière à plusieurs études sur la toilette féminine [1]. Nous y reviendrons en parlant de l'époque impériale.

Le luxe des maisons, des vases, des meubles, des objets d'arts, n'avait pas fait moins de progrès. On trouve dans le biographe Cornelius Nepos, que Mamurra, de Formies, chevalier romain, chef des pionniers de César dans la Gaule, a le premier revêtu de lames de marbre les murs de sa maison tout entière sur le mont Cœlius. C'est ce même Mamurra, diffamé par les vers de Catulle,

---

[1] Les tuniques, les agrafes, les chaussures, sont minutieusement passées en revue par l'abbé Nadal dans son traité de la toilette des dames romaines. On trouve aussi des détails analogues dans le volume intitulé : « Extrait d'un grand ouvrage intitulé : *l'Antiquité pittoresque*, ou *Essai sur l'étude de l'antiquité réduite en tableaux*, » par M. Bayeux, avocat au parlement de Normandie, traducteur des *Fastes d'Ovide*.

et que sa propre maison, dit Pline, dénonçait plus énergiquement encore que ne l'a fait le poète de Vérone, car
elle montrait tout ce qui avait appartenu à la Gaule
chevelue.

Cet homme est le premier qui n'ait eu, dans toute sa
maison, d'autres colonnes que des colonnes de marbre, et
toutes massives ; elles étaient en marbre de Carystus ou
de Luna.

Lepidus, collègue du consul Catulus, l'an de Rome
676, avait établi dans sa maison des seuils en marbre
de Numidie, au grand scandale de toute la ville.

C'est la première trace qu'on trouve à Rome du marbre numidique apporté à Rome, non en feuilles et en
colonnes, mais en bloc.

Lucullus, consul environ quatre ans après Lepidus,
avait donné son nom au marbre lucullin. Ce fut lui qui
introduisit à Rome ce marbre qu'on tirait de l'île de Chio,
marbre noir et tout uni. L'usage du marbre se répandit
sans cesse davantage, une fois cette impulsion donnée.

Les coupes et les vases tiennent une place célèbre
dans le luxe romain. Ils affectaient toutes sortes de formes
et d'usages, et étaient faits de diverses matières, bois de
hêtre, terre cuite, pierre, cristal, verre, ambre, cuivre,
argent et or [1]. Les coupes et les vases étaient unis ou
ciselés, et parfois enrichis de pierres précieuses. On les
nommait *pocula*, *calices*, *phialæ*, *scyphi*, *scaphia*, *cululli*.

---

[1] Voir le mémoire intitulé : *Recherches sur le luxe des Romains dans
leur ameublement*, lu à l'Académie de Dijon, par Gab. Peignot (1856). Le
tirage à part est à la Bibliothèque nationale. Pour l'auteur de ce savant travail les deux principales sources sont Varron et surtout Pline l'Ancien.

Le *cantharus* était une coupe à deux anses. Quelques-
unes des peintures qui décoraient ces vases étaient,
sous le rapport de l'art, des œuvres de mérite, mais plus
d'une fois elles portaient témoignage de l'état des
mœurs en mettant sous les yeux les mêmes scènes que
retraçait le pinceau voluptueux des poètes.

Cette circonstance, avec la passion des Romains pour
les vases *murrhins*, excite la verve de Pline dont les
lignes méritent d'être citées : « Par combien de moyens
nous avons augmenté la valeur des choses ! La peinture
a imprimé ses couleurs sur l'or et l'argent ; en les
ciselant, nous en avons accru le prix. L'homme a
appris à défier la nature, et l'art s'est accru en se pros-
tituant au vice. Le secret des plaisirs lascifs fut divulgué
sur toutes les coupes : on but dans l'image obscène de
la débauche ; bientôt ces vases mêmes perdirent leur
prix, on s'en dégoûta. L'or, l'argent devinrent trop
communs. Nous avons tiré de la terre les *murrhins* et
les cristaux, dont la fragilité même devait faire le
prix. » Suit une remarque très-fine sur la nature même
du luxe qui s'attache aux objets faciles à détruire : « *Ce
fut*, dit-il, *le signe de l'opulence, ce fut le vrai triomphe
du luxe de posséder un objet qui pût à l'instant périr
tout entier.* » Et Pline ajoute : « Cela ne suffisait pas
encore. Aujourd'hui nous buvons dans des morceaux de
pierreries ; nos coupes sont tissées d'émeraudes, et l'Inde
semble avoir été conquise pour la vanité de l'ivresse.
L'or n'est plus qu'un accessoire [1]. »

---

[1] Plin., XXXIII, 11. Traduction Guéroult.

Ces vases si riches et d'un travail si exquis montaient dans certains cas à une valeur de plus de trois cent mille francs de notre monnaie. Les différences de prix, dans la mesure où elles provenaient de la matière même, tenaient aux plus légers détails.

Ainsi, que les bords fussent chatoyants, qu'ils offrissent certains reflets pareils à ceux de l'arc-en-ciel, qu'il n'y eût dans la pierre rien de transparent ni de pâle, point de grain, d'inégalité en saillie, qu'enfin une fine odeur s'en exhalât, qui pouvait savoir alors à quelle valeur serait mis le précieux vase par la fantaisie du riche Romain?

Les tables précieuses étaient un luxe particulièrement romain. Les plus recherchées étaient celles de cèdre et de citre tirées du fond de la Mauritanie. Elles étaient soutenues par des supports allégoriques, ordinairement des animaux sculptés en ivoire, enrichis de lames d'or et d'argent, et quelquefois entièrement composées de ces métaux précieux. Déjà Caius Gracchus avait possédé deux dauphins d'argent massif, d'un travail exquis, qu'il avait achetés sur le pied de cinq mille sesterces (1,000 fr.) la livre. Plus tard, Cicéron paya sa fameuse table de citre un million de sesterces (200,000 fr).

Ce luxe, comme tous les luxes d'ameublement, devait encore augmenter sous l'Empire, et il inspire à Juvénal quelques-unes de ses boutades les plus véhémentes. Il parut étrange que Sénèque possédât cinq cents tables à trois pieds, d'un très-grand prix, toutes en bois de cèdre, avec des pieds en ivoire et parfaitement égales : recherche somptueuse de cet ennemi du luxe, qui re-

grettait la simplicité passée, mais qui était de son
siècle.

Nos temps modernes n'ont rien d'analogue au luxe
des lits romains dont nous avons dit un mot. On en distinguait trois sortes : le lit pour le sommeil, *lectus
cubicularis* ou *torus* ; le lit de table, *lectus triclinaris* ;
et le lit nuptial, *lectus genialis*. Outre la matière, le luxe
des lits cubiculaires consistait surtout dans la richesse
des couvertures. Le lit triclinaire ou de table, à l'époque
de César, était formé d'ébène, de cèdre, d'ivoire, quelquefois d'or ou d'argent ; ces métaux du moins servaient
à les orner. On voyait communément des lits de table en
bois de citre, entièrement couverts de lames d'argent, ou
bien garnis de sculptures ou de ciselures en or et en
ivoire, de plaques d'écailles de tortue, etc. Les riches
couvertures qu'on étendait sur les lits, et sur lesquelles
se couchaient les convives, allaient quelquefois dans les
ventes à un prix très-élevé. On en cite, dès le temps
de Caton, qui ont été adjugées pour la somme de huit
cent mille sesterces (160,000 fr.) Quant au lit nuptial,
il n'y a guère rien à en dire qui ne se rapporte à la description du lit cubiculaire.

En vain le goût des arts se répandait ; la *gravitas
romana* trouvait de bon ton de continuer à en parler
avec mépris. Officiellement on dédaignait ce qu'en particulier on adorait.

C'est une curieuse et amusante comédie que la feinte
ignorance de Cicéron faisant semblant, dans une de ses
Verrines, de ne pouvoir retrouver les noms des grands
artistes Myron et Polyclète.

La passion sans scrupule et sans frein du luxe des objets d'art a son représentant à Rome dans Verrès.

« Je nie, disait son accusateur, que dans toute la Sicile, dans cette province si riche, si ancienne, parmi tant de cités et de familles opulentes, il y ait un seul vase d'argent, un seul bronze de Corinthe ou de Délos, une seule pierre précieuse, une seule perle, un seul ouvrage en or ou en ivoire, une seule statue de bronze, d'ivoire ou de marbre; je nie qu'il y ait une seule peinture, une seule tapisserie, que Verrès n'ait recherchée, qu'il n'ait examinée, et, quand l'objet lui a plu, qu'il n'ait enlevée... Et il n'y a pas ici d'hyperbole ! »

Verrès, en effet, avait dépassé tous les exemples connus du luxe et du faste, tout l'odieux des moyens employés jusqu'alors pour les acquérir; et pourtant son histoire est celle plus ou moins des gouverneurs de province.

Ce qui frappe dans de pareils hommes, personnifications de la violence et de l'oppression, qui, pour satisfaire à tout prix leur passion, se mettent au-dessus du droit, de la morale et de l'humanité, c'est qu'ils annoncent l'empire romain dans ses représentants les plus exécrés. Mêmes tempéraments emportés, mêmes abus de la puissance.

On réhabilite tout le monde aujourd'hui. Verrès trouve tout au moins des avocats pour plaider en sa faveur les circonstances atténuantes.

Verrès fut-il aussi coupable que l'a soutenu Cicéron? Il était de l'aristocratie, et les chevaliers, dit-on, avaient intérêt à le perdre. Est-ce tout encore? Non. Il aimait

tant les arts! il en a rassemblé tant de débris! Comment
ne pas se montrer indulgent pour un tel goût? Les
Siciliens ne savaient que garder leurs chefs-d'œuvre pour
leurs villes ou pour leurs maisons. Verrès a réuni ce
qu'il y avait de mieux, l'a sauvé par là de la destruction.

Les *collectionneurs*, qui saluent dans Verrès un ancêtre, ont beau jeu à vanter l'étendue des services qu'il
rendit, sans qu'il y songeât sans doute. On ne peut nier
en effet que le cabinet de Verrès n'ait été le réceptacle
de plusieurs chefs-d'œuvre qui ont dû à cette circonstance de survivre.

Laissons les fanatiques d'objets d'art s'écrier que « cette
grande figure de collectionneur, passionné pour les chefs-
d'œuvre de l'antiquité jusqu'au crime, a quelque chose
de saisissant. »

Nous avons sous les yeux un savant volume, écrit à ce
point de vue, qui contient la liste d'une partie de ces
œuvres d'élite, rassemblées par le célèbre proconsul [1] :
nous y puisons quelques indications.

On voyait à l'entrée de son palais les vantaux des
portes du temple de Minerve à Syracuse, avec ses bas-
reliefs en ivoire incrusté d'or, surmontés d'une admirable tête de Gorgone en ivoire. A peine est-on entré
dans ce palais, de magnifiques tapisseries à personnages,
brodées d'or, frappent les yeux. Malte, Messine, Halèse et
Syracuse ont fourni ces dépouilles arrachées aux plus

---

[1] *Les Collectionneurs de l'ancienne Rome*, notes d'un amateur. Paris,
chez Aug. Aubry, 1867, tiré à 600 exemplaires, sur papier de luxe.

opulents particuliers. A elles seules, les tapisseries
d'Heius, ce riche habitant de Messine, dont la maison
est un magnifique musée, jusqu'à ce que Verrès l'ait
entièrement dépouillée par des achats forcés et à vil prix,
valent, dit-on, 200,000 sesterces. Ces meubles d'une
richesse merveilleuse, recouverts d'étoffes et de coussins
de pourpre brodés à la main, ont encore une autre origine : ils sont le legs de la courtisane Chelidon. Ces broderies, les plus nobles dames de la Sicile y ont travaillé
pendant trois ans, pour en faire hommage à leur proconsul.

Ainsi, tout paye tribut « à ce que lui-même appelle
son goût; ses amis, sa maladie, sa manie; les Siciliens,
son brigandange [1]. »

Cette grande et superbe table de citre a été enlevée
à Lutatius Diodorus, que Sylla avait fait citoyen
romain. — Mais que d'images de dieux et de déesses!
Heius lui-même, dépouillé de tant de richesses, ne
réclame, quand a lieu le fameux procès, rien que ses
dieux, les dieux de ses ancêtres ravis à son culte, ces
belles idoles protectrices de sa famille [2]!

Visitez le vestibule, les alentours de l'*atrium* et du
péristyle, chacune des magnifiques salles, le parc enfin :
quel peuple de statues, tantôt dans les entrecolonne-
ments, tantôt devant les colonnes, tantôt dans des niches
construites exprès! que de chefs-d'œuvre, et pourquoi ne

---

[1] Venio nunc ad istius, quemadmodum ipse appellat, studium; ut amici
ejus, morbum et insaniam; ut Siculi, latrocinium : ego, quo nomine appel-
lem, nescio. (Cicero, *De Signis*.)

[2] *De Signis*, viii.

pas l'avouer? combien de goût dans la disposition!

Ce goût, faut-il en faire honneur à Verrès ou aux artistes dont il prenait les conseils? Etait-il lui-même un fin connaisseur? Cicéron lui conteste même ce mérite [1]. Il est difficile de croire pourtant qu'une pareille passion manquât de discernement. Le temps et les soins qu'il donnait lui-même à composer, à disposer son musée, à surveiller l'accomplissement de certains travaux délicats, semblent attester un goût réel.

J'ai nommé quelque-unes de ces statues. Ce fameux *Cupidon* de Praxitèle, merveille du cabinet de Verrès, « est parvenu jusqu'à nous à travers vingt siècles de révolutions, s'il est vrai que l'admirable torse de l'amour qui se trouve à Rome soit la réplique faite par Praxitèle lui-même de son chef-d'œuvre de Thespies [1]. » Aux autres statues nommées précédemment, se joignait la *Sapho* de Silanion, « le visage plein et arrondi, les lèvres fortes et sensuelles, l'expression sérieuse, triste même, presque sombre [2], comme le beau buste de la villa Albani, qui en est la copie. Saluons, avec cette statue d'Aristée, ce *Jupiter imperator*, pièce rare, qui n'a que deux analogues, et ce *Mercure* en bronze, enlevé au culte des Tyndaritains; il est cause que Sopater, pour refus de le livrer, a été exposé nu en plein hiver, à la pluie battante, garotté à une des statues équestres de la place [3].

---

[1] *Les Collectionneurs de l'ancienne Rome.*

[2] Winckelmann, v, 2.

[3] Citons trois statues d'Apollon, par Myron, une *Proserpine*, une *Cérès*,

Ce n'était pas seulement la Sicile, c'était l'Asie que Verrès avait mise au pillage.

Que dire des tableaux de la Pinacothèque, tableaux de batailles, portraits des vingt-sept rois de Sicile, merveilles de l'art grec?

Un ami de Verrès, Sthénius, voulut collectionner comme lui. Verrès, jaloux, confisqua toute la collection.

Le luxe des bronzes n'était pas moins prodigieux dans le palais de ce ravageur de provinces. L'airain de Corinthe y triomphait sous toutes les formes. Ce n'étaient que lits de bronze, vases, coupes, casseroles, cuirasses et casques, et surtout candélabres. Sa grande passion était l'argenterie ciselée, l'orfévrerie. Ce même homme, qui gardait l'anneau qu'il prenait du doigt d'un riche pour l'admirer, détachait à la table même des particuliers opulents les reliefs des plus belles pièces et les emportait. On les réappliquait sur des vases et des coupes d'or, sous ses yeux.

Homme heureux, après tout! Pendant que Cicéron apprête ses foudres, au moment où l'infamie et une demande en restitution de 20 millions sont suspendues sur sa tête, Verrès passe sa matinée à contempler l'étincelant dressoir d'un de ses amis, à tout examiner pièce à pièce.

Véritable image jusqu'à la fin du collectionneur,

toutes deux colossales, en marbre, une petite *Cérès* de bronze, un *jeune homme jouant du luth*, statue favorite du préteur placée dans un boudoir à part, une *Diane* colossale en marbre, arrachée aux Ségestains au prix d'atroces persécutions, et tant d'autres figures prises dans le temple d'Hercule à Agrigente, de Proserpine à Syracuse, de Junon à Samos et à Malte, de Diane à Perga, etc.

de l'homme de luxe, que sa passion domine, absorbe tout
entier jusqu'à en oublier le péril et la honte.

III

CE QUE FIT CÉSAR A L'ÉGARD DU LUXE. — SES EXEMPLES ET SES RÉFORMES.

César développa le luxe des fêtes publiques et donna
lui-même plus d'un exemple de faste condamnable. Il encouragea le luxe par ses appels à la corruption, sauf,
une fois qu'il sera devenu le maître de la République, à
sentir le besoin de réformer les abus et à les combattre
par l'action des lois.

Est-ce donc que le parti représenté par César fût celui
où le luxe trouvait naturellement le plus de sectateurs?
Au contraire; si le faste des grandes dépenses n'eût été
partout un moyen d'influence nécessaire, c'est plutôt par
l'opposition au luxe que se serait distingué le chef du
parti populaire.

Les Pompéiens, même à la guerre, restaient les
hommes du luxe; c'était la fleur de la noblesse et des
chevaliers. Jusque dans leur fuite, ils gardent toujours
leurs beaux esclaves et leur vaisselle d'or; leurs festins
sont magnifiques, même au milieu des revers.

César règne sur les endettés. Mais il n'a garde de
répéter les anathèmes de Catilina contre le luxe des
grands.

Patricien lui-même, il s'entoure de patriciens comme de plébéiens.

A la guerre, il distribue l'or à ses soldats; il leur permet, après la victoire, le repos, les plaisirs, le luxe, les armes d'or et d'argent. « Les soldats de César, dit-il, peuvent vaincre même parfumés. » Mais au premier signal, adieu toutes les aises de la vie: il faut partir, il faut souffrir comme lui des intempéries, vivre de peu, accepter les privations sans murmurer.

Ne cherchez point là des principes de morale et de politique. César a pour loi la nécessité et s'inspire, dans ses relâchements ou dans ses rigueurs, des circonstances du moment. Sa force est dans sa souplesse, ou plutôt sa souplesse même témoigne d'une force infinie.

Il verse l'or dans l'Italie et les provinces. Dès son consulat, il a pris au Capitole 3000 livres d'or qu'il a remplacées par du cuivre doré. Pendant le triumvirat, il a vendu des royaumes, vendu la ferme des impôts. Dans les Gaules, il a pillé les villes, dépouillé les temples. Lui, endetté de plus de 7 millions, il prête sans intérêt ou à un faible taux, et s'attache ainsi une bonne partie du Sénat. Il gagne le tribun Curion en payant pour lui 60 millions de sesterces de dettes (11 640 000 fr.); le consul Paulus, par un don de 1050 talents (4 900 000 fr). Cælius et Dolabella furent probablement acquis par les mêmes moyens.

Pendant la guerre des Gaules, son train est presque royal. Suétone raconte qu'il faisait porter partout avec lui des parquets de marqueterie ou de mosaïque, et qu'il avait toujours deux tables servies où les riches Romains qui le visitaient et les provinciaux de distinction prenaient place[1].

Ce n'était pas une simple satisfaction de son goût pour le luxe, quoique la magnificence ne lui déplût pas, car il savait être simple comme il était habituellement sobre ; c'était de la politique ; il se servait de ce moyen d'éblouir et de frapper, comme il se servait de l'éloquence et des lettres pour agir sur la volonté des hommes.

Durant son édilité, remarque encore Suétone[2], César ne se borna pas à faire décorer superbement le forum et les basiliques ; il décora jusqu'au Capitole, et y éleva momentanément des portiques où il étala aux yeux du peuple les objets curieux qui étaient en sa possession.

Il donna aussi, tantôt avec son collègue, tantôt pour son propre compte, des jeux et des combats de bêtes.

Les Romains ne surent gré qu'à César de ces dépenses faites en commun. Aussi, Bibulus, son collègue, disait-il qu'il lui était arrivé la même chose qu'à Pollux ; que comme le temple de Castor et de Pollux s'était appelé le temple de Castor, la magnificence de César et de Bibulus s'appelait la magnificence de César.

César joignit à ces prodigalités un spectacle de gladiateurs, mais moins nombreux qu'il ne l'aurait voulu[3].

---

[1] Suét., *Divus Julius Cæsar*, 46 et 48.

[2] Suét., *Divus Julius Cæsar*, x.

[3] Plutarque prétend pourtant qu'il en fit combattre 320 couples (*Vie de César*).

Il en avait rassemblé de toutes parts une si grande
multitude, que ses ennemis en prirent de l'ombrage, et
qu'une loi fixa le nombre des gladiateurs qu'il était
permis d'introduire à Rome.

Le faste de son grand triomphe (fin de juillet 46) est
fameux, et les fêtes qui le suivirent dépassent tout ce
que la République avait vu. Quoi d'étonnant? Le triomphateur est César, dictateur pour dix ans, préfet des
mœurs pour trois, chargé d'élire pour le peuple et pour
le Sénat ; c'est le vainqueur des Gaulois, de l'Égypte, du
Pont, de l'Afrique. Tout se tait ou applaudit, si ce n'est
la voix railleuse des soldats dans le triomphe, chanson-
nant le galant chauve et criant : « Fais bien, tu seras
battu ; fais mal, tu seras roi. » Ce jour là le peuple-roi
prit place à 22 000 tables à trois lits, et l'ivresse du vin
et du bruit s'empara des têtes.

Mais il faut penser à l'avenir. Viennent les distributions d'argent et de vivres : à chaque citoyen, 100 deniers,
10 boisseaux de blé, 10 livres d'huile. A vous, pauvres
de Rome et d'Italie[1], remise est faite d'une année de
loyer. A vous, légionnaires, 5000 deniers par tête; le
double aux centurions, le quadruple aux tribuns !

Que dire des spectacles, jeux troyens, chasses où l'on
tue des taureaux sauvages et jusqu'à quatre cents lions?
Cinq jours furent consacrés à des combats de bêtes.
Mais ce peuple blasé veut d'autres combats, il lui faut

[1] Suétone dit qu'il remit les loyers d'un an dans Rome, à tous ceux qui
les payaient 2000 sesterces; dans le reste de l'Italie, cette libéralité ne s'é-
tendit qu'à ceux dont les loyers n'en dépassaient pas 500, c'est-à-dire 90 fr.
98 cent., indication curieuse sur le prix des loyers.

le spectacle de la guerre, la vue des athlètes luttant sur l'arène. Accourez donc ; voici une bataille, image de la vraie guerre pour les désœuvrés : deux armées aux prises, chacune de cinq cents fantassins, de vingt éléphants et de trois cents cavaliers. Des athlètes luttent pendant trois jours sur un stade fait pour la circonstance dans le voisinage du Champ de Mars. Par-dessus les massacres de l'amphithéâtre flotte pour la première fois l'immense *velarium* aux milles couleurs. Ce velarium était de soie, de ce précieux tissu dont une livre se donnait pour une livre pesant d'or.

Prodige plus grand, on donna la représentation d'une bataille navale au peuple romain. On creusa un lac dans la petite Codète, où des galères tyriennes et égyptiennes à deux, à trois et quatre bancs de rames, montées par un grand nombre de matelots, combattirent aux yeux d'une foule haletante d'émotion. L'Italie et les provinces envoyèrent un concours immense de spectateurs ; les maisons n'y suffirent plus ; on dressa des tentes dans les rues et les carrefours. On se précipita vers ces fêtes, et Rome put lire le lendemain la longue liste funèbre des individus écrasés ou étouffés par la foule, parmi lesquels figurent des sénateurs.

Quant au triomphateur lui-même, nous avons dit qu'il savait être tour à tour l'homme de la représentation et l'homme de la simplicité.

Il était scrupuleux sur sa toilette[1]. Non-seulement il se faisait couper les cheveux et raser la barbe avec un

---

[1] Suét., XLVI, *Divus Julius Cæsar.*

soin extrême, mais quelques personnes lui ont fait un reproche de s'être fait arracher le poil. Il ne pouvait se consoler d'être chauve, parce que ce désagrément lui avait attiré plus d'une fois les plaisanteries de ses ennemis. Aussi avait-il coutume de ramener sur son front le peu de cheveux qu'il avait; et de tous les priviléges que lui accordèrent le Sénat et le peuple, il n'y en eut aucun qui lui fût plus agréable et qu'il mît plus volontiers en pratique que celui de porter sans cesse une couronne de laurier. Où l'on voyait une marque un peu offensante de sa gloire et de sa puissance, il y avait une faiblesse de coquetterie. Sa mise n'était pas seulement riche, elle avait quelque chose de personnel. Il avait un laticlave garni de franges jusqu'aux mains, sur lequel il portait sa ceinture fort lâche. La splendeur de sa demeure lui tenait aussi fort à cœur, sauf à vivre ensuite réduit à peine au nécessaire, trait commun avec Alcibiade. Sa villa d'Aricie avait coûté des sommes folles. Comme elle ne satisfaisait pas complétement son goût, il la fit raser.

Les biographes de César signalent aussi sa fureur pour les pierres précieuses. Cet amour des perles fut une des distractions, quelques-uns ont dit bien légèrement un des buts de son expédition de Bretagne. Comme la plupart des hommes riches et distingués de son temps, il aimait à la passion les sculptures, les statues, les tableaux antiques. Il mettait un prix exorbitant à la jeunesse et à la beauté des esclaves. Lui-même en avait honte et défendait de porter cette dépense sur ses comptes.

Avec cela, exact et sévère sur la discipline domestique, se rendant compte de tout.

Sa plus grande, sa plus folle dépense, fut celle que lui inspira l'amour des femmes. Pour Servilia, il acheta une perle 6 millions de sesterces, 1 220 000 francs. On ne sait ce qu'il dépensa pour Cléopâtre, qui devait coûter à Antoine de plus grandes prodigalités.

Faut-il lui reprocher comme une contradiction la tentative de réformer le luxe et les mœurs?

C'était une partie de sa politique. Il prit à la fois des mesures pour diminuer la misère des uns et pour couper court au luxe excessif des autres; il lui fut plus facile de trouver des terres à distribuer que d'arracher des goûts enracinés dans le cœur des riches.

Celui qui avait tant abusé du luxe public, des distributions, essaya d'opposer quelque obstacle au mal, en réduisant à 150,000 les 300,000 citoyens à Rome qui vivaient au dépens de l'Etat.

De la même façon, celui qui s'était montré si coulant pour ses lieutenants et ses soldats, fit mettre à mort des légionnaires et cassa ignominieusement des tribuns militaires, en Afrique, accusés de pillage.

Sa loi agraire, car c'est là aussi qu'il chercha un remède tardif, refrénait, en les modifiant heureusement, les propositions de Rullus et de Flavius. Il la motiva sur la nécessité de débarrasser Rome d'une plèbe séditieuse et violente, et de repeupler l'Italie, en la fertilisant.

Chose digne de remarque, il sentit bien la supériorité du travail libre. Il voulut que les herbages eussent parmi leurs pâtres au moins un tiers d'hommes libres

Quatre-vingt mille hommes eurent des terres. Il distribua le territoire de Capoue, excepté d'abord de son projet de loi agraire, à vingt mille citoyens qui avaient au moins trois enfants. Il interdit à quinze cents vétérans la vente de leurs lots, si ce n'est après une possession de vingt ans. Il fallait éviter qu'ils imitassent les colons de Sylla, qui s'étaient hâtés d'échanger leurs terres contre de l'argent et de le dissiper pour se vendre aux factions.

Comme répression directe du luxe, César retrancha du nombre des sénateurs ceux qui étaient convaincus de péculat; il frappa d'impôts les marchandises étrangères; il défendit l'usage des litières, des vêtements de pourpre et des perles, excepté à certaines personnes, à certain âge et pour certains jours.

Pour assurer l'exécution de la loi somptuaire, il plaça autour des marchés des gardes qui saisissaient les denrées défendues et les apportaient chez lui. Quelquefois il envoyait des licteurs et des soldats qui allaient prendre jusque sur les tables ce qui avait échappé à la surveillance des gardes.

Le mariage n'était pas oublié dans les efforts de réforme morale de l'homme qui avait si peu de respect pour le le lit conjugal.

Les grands politiques, qui ne font qu'appliquer le bon sens aux choses humaines, sentent d'instinct que le fondement de l'Etat est dans la famille, dans le travail, dans les mœurs.

César avait conçu, on le voit, des projets d'une efficacité plus sûre que les lois somptuaires pour ranimer

la population, le sol, l'industrie, le commerce utile.
Mais quelle réforme profonde pouvait-il effectuer quant
à l'esclavage, cette plaie de l'Empire? Surtout que pouvait-il sur le fond des âmes? Le mal moral avait besoin
d'une guérison morale que toutes les réformes civiles ne
pouvaient opérer.

Après le luxe de César, noble, gardant encore quelque
mesure, vient le luxe d'Antoine, illimité, effréné.

Triumvir, il pille Rome comme il avait pillé les
provinces.

De même qu'il avait proscrit Verrès pour avoir part
à ses bronzes, il proscrit un Sénateur pour avoir sa
belle opale, et le savant Varron pour sa bibliothèque.
Après Pharsale, il s'adjuge à vil prix la maison, le mobilier et les jardins de Pompée. Après l'assassinat de
César, il fit enlever et transporter dans ses jardins tous
les ouvrages d'art que César avait légués au peuple.

Mais qu'est-ce que ce luxe italien, romain, auprès des
folies orientales de la *Vie inimitable*, tant de fois décrites
par les historiens ? Avec Cléopâtre, il semble en effet
que l'Orient triomphe de l'Occident. Antoine est livré
aux chanteurs, aux bouffons ioniens et syriens. Ce
Bacchus *aimable et bienfaiteur*, comme l'appelle une
cour d'histrions qui l'amène dans Ephèse au milieu
d'un chœur de bacchantes et de satyres, prostitue l'or
jusqu'aux plus vils usages; les vases les plus impurs
doivent être faits avec le plus précieux métal[1] pour ce
fastueux soldat. Un plat semblait-il bon à Antoine,

[1] Pline.

il donnait au cuisinier la maison d'un des hôtes.

Voyez, dans Plutarque, les courses nocturnes des deux amoureux habillés en esclaves au milieu des rues d'Alexandrie. On aurait peine à y croire, tant cela sent la fable et le roman. Mais l'histoire ne permet pas de douter de ces extravagances du vieux général romain et de la gracieuse reine d'Egypte, vrai résumé de merveilles dans un petit corps; la postérité, qui oublie tant de choses, a gardé souvenir de ces fêtes, toutes resplendissantes de l'éclat des nuits africaines.

La perfide reine essaya son charme, qui avait entraîné César, sur son froid et politique héritier. Mais le calculateur Octave résista. Grand bonheur pour le monde et pour Rome. Il ne manquait plus à la ville corrompue que l'invasion dès lors sur le trône des mœurs et des influences orientales : la grande république avait assez de ses vices indigènes.

Le luxe aura son apogée sous l'Empire, il prendra des caractères nouveaux avec la forme monarchique du gouvernement.

Le luxe de cour s'ajoutera au luxe des classes riches.

Des temps plus sévères succéderont, mais ne dureront pas. Quant à l'oligarchie romaine, elle avait atteint, sous la République, presqu'aux dernières limites du luxe imaginable.

LIVRE II

LE LUXE SOUS L'EMPIRE ROMAIN

CHAPITRE I

CARACTÈRES ET DÉVELOPPEMENTS DU LUXE SOUS L'EMPIRE

I

PAR QUELLES CAUSES LE LUXE S'EST ACCRU APRÈS L'ÉTABLISSEMENT DE L'EMPIRE

Après ce qu'on a vu, il semble que le luxe ne pouvait plus recevoir d'accroissement.

Pourtant Tacite atteste, et les faits confirment cette affirmation, que le luxe ne cessa de s'accroître depuis le moment de la bataille d'Actium jusqu'à Néron, qui en marque l'apogée.

Les raisons de cet accroissement sont faciles à indiquer.

Une période de repos dans un état riche, corrompu, passant sous la domination d'un maître absolu, devait pousser au luxe, et cet effet ordinaire dans tous les temps et dans tous les pays devait se produire avec plus de force encore dans une pareille société, si on la compare avec la nôtre.

Lorsqu'on ôte à l'homme moderne les agitations révolutionnaires, son activité ne reste pas sans emploi. Les occupations scientifiques ouvrent à quelques-uns, les travaux industriels offrent à tous une carrière illimitée. L'oisiveté désœuvrée, qui retombe en quelque sorte sur elle-même, si elle ne se repaît des plus violentes émotions des luttes civiles, est au contraire un caractère de la société romaine à cette époque.

L'aliment religieux ne lui faisait pas moins défaut que la science et l'industrie. En l'absence des agitations du Forum et aussi de toute vie politique sérieuse, la masse devait se réfugier dans les jouissances. Le riche accroîtra donc son luxe : le pauvre se rejettera de plus en plus sur les jeux et les spectacles.

Les empereurs purent quelquefois essayer de combattre ces excès de luxe privé ; la plupart des Césars y poussèrent par leurs exemples. En outre ils surent s'en faire un instrument de règne par la distribution des faveurs aux particuliers ; tous firent du luxe public un calcul de leur politique qui promettait à la société le repos, dont la fatigue de tant de dissensions rendait avides toutes les classes.

Cette politique conquit les « soldats par des dons, le peuple par l'aumône, tous par la douceur du repos ; elle gagna les nobles enrichis par la sécurité dans le présent qu'ils préféraient à l'ancien état avec ses périls[1] ». — « Quant aux provinces, ajoute Tacite, le nouvel ordre de choses était loin de leur déplaire ; le gouvernement du

[1] Tacite, *Annales*, I.

Sénat et du peuple leur avait pesé à cause des rivalités des grands et de la cupidité des magistrats ; les lois de la République ne les avaient jamais protégées, impuissantes qu'elles étaient contre la violence, contre la brigue, contre l'argent. »

D'aristocratique qu'il était, le luxe devenait monarchique : c'était toute une révolution.

Une cour qui ne devait pas tarder à se former, les Césars jetés dans un luxe excessif par la souveraine puissance, imités par leur entourage, cette influence se faisant sentir sur toute la classe riche, telles étaient les conséquences de l'établissement impérial.

Cette imitation du prince, devenu la loi vivante, le type sur lequel on se règle, est dans de tels états un fait d'une gravité capitale. Les passions du prince deviennent alors des événements publics et peuvent avoir les plus redoutables effets.

Les contemporains ont fait cette observation et en ont plus d'une fois marqué eux-mêmes l'importance souvent décisive.

Un poëte adulateur, Claudien, proclame une telle imitation comme une coutume dans ce vers :

Regis ad exemplum totus componitur orbis[1].

D'un autre côté un honnête homme comme Pline le

---

[1] Martial dira de même :

 « Nemo suos (hæc est aulæ natura potentis)
 Sed domini mores Cæsarianus habet. »
 (Epigr., liv. IX.)

Jeune l'accepte sans protestation : « Sujets dociles, dit-il dans un discours prononcé publiquement, nous sommes dirigés par notre prince dans le sens qui lui plaît, et le suivons en tout : car notre ambition la plus haute est de gagner son amour et son approbation, ce qu'espéreraient en vain ceux qui ne lui ressemblent pas. C'est par cette docilité que nous sommes arrivés à ce résultat remarquable que presque le monde entier conforme sa manière de vivre à celle d'un seul homme [1]. »

Cela fait comprendre que le luxe insensé de certains empereurs ne doive pas être considéré comme une exception qui ne tire pas à conséquence.

J'en trouve deux raisons décisives : premièrement l'imitation pour ainsi dire contagieuse que nous venons de reconnaître ; secondement le lien que de tels faits présentent avec l'état général de la société.

J'ai déjà eu l'occasion de le faire entendre : ceux qu'on appelle des monstres, pour diminuer l'importance de leurs actions, ne sont pas des exceptions, ce sont des types.

Ils concentrent, personnifient, portent à la plus haute puissance ce qu'il y a autour d'eux et au-dessous de folie perverse et de corruption.

Les besoins de représentation devaient augmenter avec l'empire. Ils pesaient lourdement sur les sénateurs, et souvent au delà de leurs ressources. Mal d'autant plus sensible que ces ressources étaient hors d'état de se développer par les moyens ordinaires qui, en dehors de la

---

[1] *Panégyr. de Trajan.*

culture des terres, régénèrent le revenu et servent à l'accroître. Les sénateurs ne pouvaient ni prêter à intérêt ni participer aux bénéfices des spéculations du négoce. Le luxe, imposé comme un devoir de situation, achevait de mettre cette classe aux mains des empereurs.

Auguste vint en aide à la fortune chancelante de quatre-vingts sénateurs : il y consacra jusqu'à 1,200,000 sesterces.

Parmi les moyens les plus efficaces pour maintenir les fortunes sénatoriales et le luxe aristocratique, figurèrent les legs qui devinrent pour beaucoup une source de revenus.

La noblesse, toujours très-prisée, fut aussi l'appât des femmes riches sans naissance.

L'intervention des empereurs devait se montrer plus d'une fois dans ces différentes circonstances : enrichir leurs amis des dépouilles des condamnés devint le moyen le plus commode et la source la plus abondante de ces dons qui mettaient les grandes familles aux mains du pouvoir impérial.

Assurément les gros revenus ne manquaient pas : ceux qui représentent un ou deux millions de francs se présentent assez fréquemment. Mais chez la majorité moins riche, la fortune elle-même avait ses charges qui ne permettaient pas de faire figure sans un secours étranger.

Les riches possédaient des propriétés étendues de pur agrément et d'un entretien coûteux. Sénèque compare à de vraies villes leurs propriétés urbaines, leurs palais avec jardins, plantations de pins d'Italie, de platanes et de lauriers. et allées carrossables. Ces grandes maisons,

avec leurs milliers d'esclaves et d'affranchis, formaient
comme de petits États. Il faut joindre à ces charges l'immense clientèle qui se pressait autour de ces familles
puissantes dans les provinces et à Rome. L'empire ag
gravait les exigences de la représentation dans cette
société de mœurs essentiellement aristocratiques.

On en cite des preuves curieuses. Un préteur, ayant
été rencontré sur la route de Tibur, sans autre accompagnement que celui de cinq esclaves, chargés de porter
sa batterie de cuisine, il n'en fallut pas davantage pour
le couvrir de ridicule.

Ces charges du faste étaient telles que l'on vit souvent
se produire des refus de siéger au sénat de la part de
ceux qui venaient d'y être admis, et des démissions des
sénateurs en charge depuis longtemps.

Aussi cette aristocratie était-elle fort endettée. L'appât
de riches dotations, la crainte des confiscations arbitraires, chez des hommes passionnément attachés pour
la plupart au bonheur et au luxe, jouent sous les
Césars un rôle qui sert à expliquer bien des choses.

Les délateurs sont encouragés ; les meurtres osten-
sibles ou secrets se multiplient sous différents prétextes; les suicides imposés et les donations prétendues
volontaires sont arrachés à la terreur. La faveur impériale alla chercher d'indignes favoris, instruments et
conseillers de crimes, dans des affranchis, qui mirent
un orgueil brutal à déployer un faste sans pareil.

Ces profusions devaient se répandre aussi sur le peuple :
car la démocratie avilie est la base de ce genre de despotisme. On verra à quels abus cela fut porté sous un

grand nombre d'empereurs habiles à varier les plaisirs du peuple et à lui préparer de nouvelles surprises.

On chercherait vainement dans la Rome impériale l'élément modérateur d'une vraie classe moyenne.

Sous les Césars et les Antonins, on ne voit que des patrons et des clients.

L'ordre équestre, atteint lui-même par le luxe et les corruptions du temps, répond très-imparfaitement à l'idée que nous nous faisons d'une bourgeoisie. Sans doute, les professions libérales en présentent à Rome jusqu'à un certain point l'image : mais leur représentation numérique est faible.

Dans nos sociétés modernes, l'agriculture, le commerce, l'industrie, les arts font les classes moyennes, parce qu'ils donnent l'indépendance à ceux qui se livrent à ces occupations avec quelque succès. Dans la Rome impériale, qui ne fait en cela que continuer la Rome républicaine, toutes ces professions étaient le monopole du riche. Il les faisait exercer par des esclaves et par des affranchis. Pour obtenir un emploi public, ou pour commercer, il fallait l'appui, le patronage d'un magistrat, c'est-à-dire d'un des membres des familles privilégiées. On peut lire, dans les lettres de Cicéron et ailleurs, à quelles conditions trafiquaient les chevaliers romains et par quels moyens ils obtenaient la protection d'un proconsul.

Plus tard, pourtant, sous l'empire, quelques-uns des éléments d'une classe moyenne commenceront à se mieux dessiner. Les corporations d'artisans et de marchands y contribueront davantage, et on a pu même

les comprendre dans cette désignation de classes
moyennes, sans donner à ce mot l'importance qu'il a
pris dans les temps modernes[1]. On y trouve plus de
dignité, d'indépendance. Les petits propriétaires fon-
ciers sont aussi, et à un titre supérieur à celui des
artisans et des marchands, rangés dans la même
classe.

Peut-être trouverait-on que ces hommes, condamnés
à travailler pour vivre, et non dépourvus de considération, furent la partie la mieux préservée des effets
du luxe abusif, qui exerçait sa principale action sur
les grands par les excès de la richesse, sur la plèbe par
les libéralités publiques.

Mais cette classe semble comme perdue alors par son
nombre et par son obscurité dans le reste de la société.
Le luxe romain, que rien ne refrène pendant cette
première période de l'empire, et que tout excite au
contraire, suivra son cours emporté. Voyons-le se constituer pour ainsi dire au sommet de l'État.

L'établissement impérial devait se manifester par la
formation d'une cour, où la famille du prince occupe
une place importante, où les officiers et les domestiques
et familiers de l'empereur forment une hiérarchie,
destinée à se développer encore selon les lois d'une
pompeuse étiquette, mais déjà régulière et imposante.

Bien que repoussés de certaines charges par l'esprit
aristocratique qui devait même les déposséder plus

_____

[1] V. en particulier le livre de M. Fustel de Coulanges : *Hist. des institutions politiques de l'ancienne France*, Ire partie : *l'Empire romain.*

tard de positions qu'ils avaient usurpées, les affranchis ont sous les Césars le monopole de la plupart des charges de cour. Ceux qui règnent au nom de Claude sont les chefs du ministère des comptes (*a rationibus*). ils ont à ce titre toute l'administration des finances impériales. Ils sont les chefs du secrétariat d'État (*ab epistolis*). Ils sont maîtres par là du département chargé de statuer sur toutes les pétitions et tous les griefs (*a libellis*).

On est frappé des traitements élevés et du train de vie déjà considérable des affranchis mêmes qui n'obtiennent que les positions qu'on peut nommer de second rang. Il en est qui sont prégustateurs, inspecteurs des tables ou tricliniarques[1], intendants ou sous-intendants des jeux de gladiateurs et des chasses, curateurs des eaux, etc. Plusieurs de ces fonctions ont elles-mêmes un rapport direct au luxe. Il y a des affranchis gardes des cristaux, gardes-des boucles au second siècle, quand la mode était de porter des boucles d'or et de pierres précieuses, il y en a qui sont intendants des pourpres, etc.[2].

Le luxe de ces affranchis, surtout de ceux qui occupent des charges supérieures, est presque toujours scandaleux.

Sous Auguste, qui affecte la simplicité pour son compte, et qui met parfois une rigidité toute républicaine

---

[1] Becker, *Gallus*, 111.

[2] V. sur la cour et sur la situation des affranchis Friedlænder : *Les Mœurs romaines*, depuis Auguste jusqu'à la fin des Antonins. T. I, liv. II.

à punir ce genre d'excès, on voit un Licinus, ancien
esclave de César, exercer à Lyon une sorte de pouvoir
absolu et tirer de sa ville natale des sommes énormes
par ses exactions. Il n'échappe au châtiment qu'à force
de sacrifices d'argent, qui lui laissèrent pourtant une
richesse restée proverbiale.

On s'indigna de la magnificence de son mausolée,
devenue un argument en faveur de l'athéisme sous la
plume d'un poëte, qui se refuse à croire de pareilles
indignités compatibles avec l'existence des dieux.

Les noms de Calliste, de Narcisse, de Pallas disent
tout.

Pallas possédait, selon Tacite, 500 millions de sesterces, environ 75 millions de nos francs.

Narcisse, Calliste, Dosyphore, Épaphrodite et d'autres
passaient pour avoir des richesses colossales.

Sous Néron, un Polyclète, voleur effronté, est envoyé en
Bretagne avec une mission politique de première importance; il voyage avec une suite innombrable dans l'Italie
et dans les Gaules [1]. Un autre affranchi, Hélius, sous
le même règne, fait exécuter de sa propre autorité des
chevaliers et des sénateurs, et se livre aux confiscations
les plus arbitraires. Galba mit à mort ces deux hommes,
signalés par la vindicte publique, sans en combler
de moins d'honneurs et de richesses ses propres
affranchis.

Autant en devait faire Othon, qui, de son côté, fit
condamner à mort les favoris de Galba.

---

[1] Tacite, *Annales*, xiv.

Cela dure jusqu'à Nerva et Trajan, mais ne cesse pas entièrement même sous ces princes.

On verra souvent les affranchis, après avoir été l'objet de plus d'une sévérité sous les Antonins, reprendre leur importance et leur faste.

Beaucoup périrent; mais plusieurs vécurent tranquilles, jusqu'à la fin d'une longue carrière, en possession d'immenses richesses. Tel est, parmi d'autres, le célèbre affranchi Claudius Etruscus. Il mourut octogénaire sous Domitien, après avoir servi dix empereurs.

Ce luxe des affranchis opulents a quelque chose d'inouï qui dépasse de beaucoup celui de nos fermiers généraux sous l'ancienne monarchie. Pline l'Ancien dit qu'il vit trente colonnes d'onyx dans une salle à manger de Calliste. Ces hommes étalent une magnificence extraordinaire dans leurs bains. On y rencontre ce que les marbres de toute provenance ont de plus rare, les mosaïques de plus beau. Leurs parcs, leurs jardins, leurs villas sont les plus splendides qu'on puisse citer. Les jets d'eau, les conduits d'argent, les calorifères souterrains, les cuves de bains attestent les inventions, soit du confortable (chose rare chez les anciens), soit du luxe le plus raffiné. Les obsèques de ces mêmes hommes sont célébrées avec une pompe tout orientale, et leurs monuments funéraires, couverts d'ambitieuses épitaphes, appellent tous les arts pour concourir à les décorer[1].

---

[1] V. Pline, *Lettres*, l. vii, sur les mausolées de Pallas et d'Aurelius Nicomède.

La haute domesticité impériale devait avoir aussi son luxe.

Richement payés, richement habillés, ces gens font eux-mêmes partie de ce luxe de cour que l'empire fit naître.

Notre vieille monarchie nous a appris quelle fut l'importance de certaines fonctions attachées au service du prince. Celle même de valet de chambre en avait une très-grande. Tels furent, sous l'empire romain, les camériers du palais, *cubicularii*.

Ils étaient à la tête d'un nombreux personnel. Une partie de leur importance était due à la faculté qu'ils avaient d'approcher le prince. Un tel privilège leur conférait parfois une sorte de familiarité avec le maître. Ils lui présentaient des placets, lui recommandaient certaines personnes. On voit des poëtes, comme Martial, prendre ces sortes de chambellans comme intermédiaires pour mettre leurs vers sous les yeux de l'empereur. On cite de ces camériers qui, eux-mêmes, se piquaient d'esprit, de bons mots, même de littérature, et qui faisaient des vers. Martial dédie quelques-unes de ses poésies à l'un d'entre eux, Parthenius.

On doit rattacher aussi à la cour les comédiens, les mimes et les danseurs, qui contribuaient à ses divertissements et qui étaient souvent eux-mêmes des affranchis. C'étaient des intercesseurs très-recherchés par ceux qui voulaient obtenir les faveurs impériales.

Un autre accessoire, d'un entretien non moins coûteux, c'étaient les pages, les mignons (*delicati*). Il est possible de juger de la fortune à laquelle arrivèrent parfois ces favoris par celle d'Antinoüs.

Les femmes du palais, les concubines des empereurs, les maîtresses qui s'emparent d'une influence momentanée, furent aussi un des éléments introduits par le luxe de cour.

Les unes, esclaves comme Acté, ne purent déployer un grand faste, quels que fussent les présents qu'elles recevaient, et bien que Néron ait dépensé pour les obsèques de cette favorite 200 000 sesterces. D'autres, plus indépendantes, firent sous l'empire un très-grand étalage. Cénide, affranchie célèbre par ses talents et son esprit comme par ses charmes, est aimée par plusieurs empereurs. On la voit comblée de richesses et même traitée avec considération. Elle remplit ses coffres, et peut-être ceux de Vespasien, en vendant des emplois, des procurations, des commandements militaires, des dignités sacerdotales et même des décisions souveraines.

La Smyrniote Panthée, maîtresse de Lucius Verus, paraît avoir été au contraire une femme charmante et supérieure. On vante sa culture d'esprit, ses talents d'artiste, sa grâce exquise, même ses rares qualités d'âme. Elle déploye toutes les pompes d'une cour. Elle paraît entourée d'une nombreuse et brillante domesticité de femmes de chambre, d'eunuques, même de soldats. Les éloges enthousiastes de Lucien nous ont transmis, avec les souvenirs de son luxe, cette figure, un peu idéalisée peut-être, mais certainement distinguée.

Une telle distinction est rarement mêlée aux désordres de mœurs qui souillent la cour des empereurs. La débauche y est d'ailleurs trop brutale pour laisser prendre à une femme beaucoup d'influence. Des princes détestables commencent à montrer ce luxe grossier des harems, importation de l'Orient.

Ces différentes sortes d'esclaves qui occupaient les charges de cours, menaient pour leur propre compte une vie qui n'était pas sans éclat et sans représentation. Tels étaient par exemple les comptables et caissiers, qui ne restaient pas tous attachés au palais, et dont plusieurs étaient envoyés dans les provinces au nom de l'empereur. Un d'eux est désigné par Pline comme possédant un vase d'argent pesant 500 livres.

Dans un *columbarium*, sur la voie Appienne, à côté du tombeau des Scipions, on a découvert l'épitaphe d'un de ces *dispensateurs* de la principale caisse impériale dans la Gaule lyonnaise, esclave de Tibère Il avait été élevé par seize de ses propres *vicarii*, qui l'avaient accompagné dans un voyage à Rome où la mort le surprit. On peut juger du grand état de sa maison par son escorte, qui se composait de trois secrétaires (*a manu*), deux valets de chambre (*a cubiculo*), deux cuisiniers, deux valets de pied (*pedisequi*), deux argentiers (*ab argento*), d'un médecin, d'un maître de la garde-robe, d'un homme d'affaires, d'un intendant et d'un domestique dont l'emploi n'est pas désigné.

On doit mettre encore au chapitre de la cour les précepteurs et les médecins, habituellement beaucoup mieux rétribués que les précepteurs. Ils l'étaient en raison de l'intérêt que les empereurs attachaient à leur vie, et un grand nombre était attaché à la cour. Les médecins de l'empereur touchent 250,000 sesterces

annuellement. Plusieurs devaient laisser de très-grandes
fortunes, dont Pline l'Ancien indique les chiffres précis.
Ils contribuèrent à des travaux d'embellissement et
vivaient sur un grand pied.

Il y a aussi les astrologues, souvent comblés de toutes
sortes de priviléges lucratifs, plus solides que la vaine
science par laquelle ils entretenaient la superstition
des princes.

Que dire aussi des *amis de l'empereur*, cet accessoire considérable et dispendieux de la cour impériale[1]?
Cette hiérarchie des *amis* s'étage en trois catégories,
selon leur importance marquée par des priviléges spé-
ciaux. C'est une imitation des cours orientales, particulièrement de la cour de Perse. De nouveaux pas resteront
encore à faire dans cette imitation de l'Orient par les
empereurs romains. Ils finiront par se confondre avec
ces rois aussi amollis que fastueux dont le vieil esprit
républicain parlait avec tant de mépris.

On remarque enfin nombre de traits qui se rapportent au luxe dans le cérémonial de cour.

Telles sont les réceptions impériales, où l'on voit
figurer aussi des femmes. Ce fut pour le sexe féminin une occasion de déployer la magnificence des
parures. Lors des réceptions du nouvel an, instituées
sous les empereurs, le palais était magnifiquement dé-
coré[2].

Certains empereurs y reçoivent des étrennes (*strenæ*),

---

[1] Friedlænder, *loc. cit.*

[2] Suét., *Nero.*

consistant même en argent, et ils y répondent par leurs cadeaux.

On cite même des impératrices qui eurent des réceptions solennelles.

A ces jours de réception des empereurs, la garde prétorienne était quelquefois de mille hommes. Le prince y paraissait en toge, et traitait le sénat avec cette déférence qui ne manqua que sous les empereurs dépourvus de toute retenue. En effet ce grand corps fut investi d'une considération beaucoup plus durable et plus grande qu'on ne se le figure souvent en songeant à son abaissement politique.

Le luxe impérial devait se manifester sous une nouvelle forme avec les festins donnés à de nombreux invités. On vit Claude convier à ces banquets jusqu'à six cents personnes.

Les sénateurs et les chevaliers en composaient le personnel ordinaire, mais les gens du troisième ordre n'en étaient pas exclus. L'accès donné aux femmes des sénateurs dans ces festins fut un nouveau prétexte d'accroître les splendeurs de leur toilette.

On voit aussi que les hommes de lettres, les poëtes furent admis à ces festins. Enivrés d'un tel honneur, Martial et Stace les ont portés jusqu'aux nues. En fait, ces repas furent tantôt simples, tantôt très-somptueux, selon le caractère des empereurs. Le modèle des poëtes de cour dans le genre pompeux, Stace, décrit la magnificence des innombrables colonnes de marbre précieux, l'immensité des salles, la hauteur des voûtes, la boiserie dorée du plafond, les mille tables où s'asseoient les

sénateurs et les chevaliers, les mets du riche festin, les
tables en citronnier avec leurs pieds d'ivoire, les troupeaux de serviteurs.

On ne rencontre pas moins de variation, selon les
temps et le caractère des empereurs, dans les costumes
qui s'y déployaient. Pourtant, la toge fournit le costume
de rigueur pour les convives du soir. La mode, pour
les militaires, d'y paraître en tenue, ne paraît dater
que de la fin du second siècle.

Les mêmes variations se retrouvent dans la magnificence des services. L'usage de la vaisselle d'or, des
belles coupes de cristal ou de *murrha*, les livrées éclatantes pour les domestiques, les autres accessoires du
luxe des festins, paraissent tantôt portés à un haut
degré, tantôt bien plus restreints, et ne deviennent une
coutume invariable qu'au temps où les habitudes de
l'Orient ont achevé de prévaloir complétement.

De graves conséquences, tant morales que d'ordre
économique, devaient ressortir de cet accroissement du
luxe.

J'ai déjà montré comment l'aristocratie éprouvait ce
vide et ce sentiment d'inquiétude et de dégoût, qui
cherchait, dans les derniers temps de la république,
des distractions variées et violentes.

Cette disposition augmente sous l'Empire.

Jamais on ne voyagea tant pour se distraire « *animi
causâ*. »

Jamais la vie de plaisirs, qu'on allait à certaines
époques mener dans les villes d'eau renommées, n'eut
plus d'éclat et ne fut plus à la mode.

Mais ce qui, sous l'influence de ce dégoût amer, suite habituelle des satisfactions voluptueuses et luxueuses, se développa surtout, ce furent les suicides. A aucune époque de l'histoire, l'ennui de la vie, triste fruit de l'abus qu'on en fait, ne fut une maladie plus fréquente que sous les Césars. La mort devint un remède plus encore contre la monotonie des plaisirs que contre l'excès des souffrances.

Le monde lui-même, avec sa variété si grande, si extérieure, charme inépuisable pour l'homme qui porte dans son commerce avec les choses une imagination riche et un cœur plein de vie, ne parut plus à ces hommes blasés qu'un spectacle uniforme.

La philosophie eut à mettre le genre humain en garde contre une passion nouvelle, la passion de mourir.

« Oui, dit-elle, la mort, comme toute chose, peut inspirer un penchant déréglé. Ce penchant domine parfois les âmes grandes et fortes, mais il s'empare aussi des âmes faibles : les premiers méprisent la vie, les seconds en sont accablés. Elles se lassent de faire et de voir toujours les mêmes choses : elles n'ont pas l'horreur, mais le dégoût de la vie[1]. »

Est-ce le Romain, énergique, animé, sensible à toutes les vivifiantes impressions du dehors, ou est-ce l'Anglais, attristé par le climat et souffrant du *spleen*, qui s'écrie, sur le ton d'une noire mélancolie : « Eh quoi ! toujours la même chose ! toujours il me faut veiller ou dormir, être rassasié ou avoir faim, avoir

[1] Sénèq., *Lettres à Lucilius*.

froid ou chaud! Rien ne finit; toujours le même cercle
d'objets; ils fuient, ils se succèdent. Le jour chasse la
nuit, la nuit le jour. L'été fait place à l'automne,
l'automne à l'hiver, qui lui-même est remplacé par le
printemps; c'est ainsi que tout passe pour revenir, et je
ne sais rien de nouveau, et je ne vois rien de nouveau[1]. »

Vaine erreur du désespoir, sombre illusion de l'âme
épuisée par le sentiment de son impuissance; elle croit
que le spectacle lui manque, et c'est elle qui manque
au spectacle! Elle déclare l'univers *ennuyeux*. Elle
proclame le monde *vide*, et la vie la plus brillante devient décolorée comme la mort.

Cette mort de l'âme est le plus triste symptôme des
sociétés qui se décomposent.

Il y a eu de tout temps des âmes mortes. Chez les unes,
une sorte d'impuissance de vivre, d'ennui inné, chez
d'autres les excès, chez celles-ci le regret, chez celles-là
le remords engendrent cette mort morale.

Mais dans les sociétés saines, ce sont là des exceptions.
Tout autour d'elles leur enseigne la résignation et quelquefois leur rend la force de vivre.

Dans les sociétés malades, c'est un fait habituel, et
le mal étend ses ravages dans toutes les classes.

Ne croyez pas que la plèbe échappe à la maladie du
luxe. N'est-elle pas oisive, elle aussi? Le loisir, cet
écueil des aristocraties désœuvrées, est aussi le lot de
cette multitude confuse qui s'agite pêle-mêle dans la
grande ville.

---

[1] Senec., *loc. cit.*

Elle n'a plus la diversion assurée que lui offrait presque tous les jours l'agitation politique, la sédition où elle avait son rôle. Elle n'est plus mêlée à ce jeu des partis, avec son imprévu si émouvant et ses dénoûments attendus avec une impatience fiévreuse.

Non pas que l'établissement impérial ait détruit les émeutes. Il y en a encore tantôt à propos du grain, tantôt à propos du théâtre, qui, faute de mieux, s'est mis à avoir lui aussi des *factions*.

La sédition a ses grands jours. C'est le César de la veille assassiné dont on traîne au Tibre le cadavre ou du moins l'image, c'est un César nouveau qu'on installe.... Mais ce qui faisait partie de la vie quotidienne n'est plus désormais qu'un épisode. Or, c'est tous les jours que ce peuple veut être distrait, amusé. Il exige aussi du rare, de l'inouï, des émotions fortes, des spectacles violents.

A défaut du forum, donnez-lui le cirque.

Les tribuns lui manquent : faites venir des acteurs et des mimes.

Il rêve aussi le gigantesque, des palais démesurés dont il jouisse : bâtissez-lui le Colisée !

Il lui faut de l'imprévu, comme à ses maîtres : montrez-lui des batailles navales, des *naumachies*, où combattent des milliers d'hommes, des décorations scéniques pleines de surprises, des chevaux de Troie d'où trois mille guerriers s'élancent tout armés !

Il lui faut l'émotion du sang versé : faites combattre les gladiateurs Parthes avec un redoublement de férocité et avec une augmentation de nombre qui fassent de ce vieux spectacle comme un spectacle nouveau.

La maladie du luxe ! Elle est aggravée par un vide plus profond encore que celui qu'avait laissé la politique. La brutalité des mœurs avait étouffé le sentiment religieux dans la masse, comme un scepticisme mêlé de corruption l'avait éteint dans les hautes classes. Ni crainte des dieux, nul espoir d'une vie future, si ce n'est très-indéterminé et très-vague, rien que de grossières superstitions. De là une avidité de jouissances que ne retenait aucun frein.

Le peuple, quand il a perdu toutes ses croyances, n'a même pas cet aliment intellectuel qui trompe quelques instants le besoin de certitude et de foi, le jeu des discussions philosophiques, où se complaisait un Tibère dans les intervalles de la politique et de la débauche. L'esprit reste inactif comme le cœur reste vide : pour en tenir lieu il n'y a plus que la matière et les sens.

La satire de Juvénal sur la noblesse est mieux qu'une satire, elle est à bien des égards un chapitre d'histoire. L'emphase du ton n'y nuit pas à la précision des détails. C'est l'*indignation*, le poëte le dit du moins, qui *fait les vers*. Je le veux bien pour la vigueur de l'accent et l'éclat des images, mais l'observation en a fourni la matière vivante. Vous vous étonnez de voir les patriciens s'humilier devant des riches et des affranchis. Nous verrons pourtant les mêmes effets se reproduire dans notre histoire, à travers toutes les différences des temps. Les plus grands seigneurs tombent aux pieds de la souveraineté de l'argent au temps de la Régence. Les nobles Romains se plaignent de l'excessive prépondérance de l'or. N'y ont-ils pas eux-mêmes contribué par leur considération trop exclusive pour la richesse et pour le luxe?

Que recherchent-ils, en effet, pour leur propre compte? Quels sont les produits, quels sont les services qu'ils payent à des prix insensés? L'achat d'un mets coûte plus que des œuvres d'art même distinguées. C'est un fait que le mérite personnel, les professions savantes et lettrées, ne cessent de voir avilir matériellement, je l'ai dit, leur rémunération sous l'empire.

Pour s'attirer la considération et la clientèle, un avocat est obligé de simuler la fortune et de se parer d'un luxe d'emprunt.

Les besoins accrus rendent la vie difficile et chère dans les grandes villes. Le célibat en devient plus fréquent encore. L'ostentation soumet un nombre encore plus grand de personnes à des nécessités écrasantes. Renoncer à paraître deviendrait une sorte d'inconvenance. On veut de brillants dehors.

> Vivimus ambitiosâ
> « Paupertate omnes[1]. »

Cette *pauvreté ambitieuse* devenue la condition commune explique tant de souffrances et tant de vices.

Mettre la honte à être pauvre, supplice de gens qui ne savent plus mettre l'honneur où il est! Pour paraître plus riche encore, le riche lui-même paye des

---

[1] Juvénal, sat. III.

hommes libres qui consentent à augmenter son cortége.
Sénèque fait l'aveu de ce ridicule respect humain. Pour
mettre à l'épreuve sa philosophie, il quitte de temps à
autre l'attirail de la richesse, part en voyage avec peu
d'esclaves. Il s'accommode quant à lui de la vie simple :
mais vient-il à rencontrer quelqu'un de ces riches,
pleins de mépris pour tout ce qui sent la pauvreté,
il se détourne, il bat en retraite, il ne veut pas être
vu.

On s'est demandé pourtant si cette société romaine de
l'empire a mérité les qualifications outrageuses qu'elle a
reçues sous le rapport moral. J'examinerai plus loin la
valeur de certaines justifications quant au luxe, en parlant des censures que les écrivains romains firent eux-
mêmes entendre contre ses abus. Je me bornerai ici à
quelques remarques. On peut croire en effet que la
masse de la société romaine n'a pas toujours mérité
d'être jugé avec cet excès de sévérité, surtout dans les
provinces. Mais ce qui paraît alors de corruption dépasse en réalité de beaucoup, malgré les dénégations
qu'on a vues se produire récemment, toutes les proportions ordinaires.

Tacite nous a laissé un tableau trop détaillé, trop
précis, trop vivant pour n'être pas essentiellement exact,
d'autant plus qu'en jugeant l'empire, Tacite prend soin
de mettre, beaucoup plus qu'on ne le dit sans cesse, le
bien à côté du mal.

Ce monde de la cour et des mauvais empereurs est
affreux, et la dépravation attestée par ces proscriptions,
ces délations, ces cruautés, ces exactions, ces lâchetés,

n'est pas une dépravation ordinaire, non plus que le luxe malsain qui s'y joint.

Ce qu'on nomme des fantaisies *exceptionnelles* est à nos yeux la preuve d'un désordre profond dans l'âme humaine, d'un état maladif de la société que nous avons retrouvé, à des degrés divers et sous des formes différentes, dans toutes les classes sociales.

Le mal est grand, surtout à Rome et dans quelques grandes villes, bien qu'on doive reconnaître qu'il n'a pas toujours le même degré de profondeur, qu'il n'éclate pas toujours avec la même violence. La période des Césars le montre à son plus haut point. Il y a des intervalles sous les Antonins. Jamais d'ailleurs *toute* la société ne s'est montrée corrompue : jamais il n'y a eu ce qu'on pourrait nommer un interrègne complet de la vertu dans les individus et dans les familles. On a le droit de parler chez nous de certains moments du dix-huitième siècle comme d'un temps de corruption, et pourtant il s'en faut que la masse provinciale et même urbaine, vivant d'un travail obscur, fût atteinte alors de cette corruption profonde. Elle offrit, n'en doutons pas, tout ce qui permet, malgré le mal qui s'y mêle, d'honorer l'humanité, à toutes les époques.

On a parlé aussi avec éloge des goûts littéraires de l'époque impériale. Les goûts littéraires ne feront rien contre la corruption morale. Néron aussi prisait fort la littérature, lui-même faisait des vers, comme l'on sait : son dernier mot fut celui d'un artiste qui regrette sa couronne triomphale plus que d'un empereur forcé d'abdiquer le souverain pouvoir.

Qu'il y eût alors pourtant d'excellents riches, faisant
de leur opulence un usage honorable, qui le nie? Ils
avaient des villas somptueuses, mais ils y vivaient en famille et cultivaient les lettres, hommes plus placides d'humeur qu'énergiques, plus humains que patriotes. Mais
ces peintures qui se rapportent d'ailleurs à une époque
postérieure aux Césars sous la plume des Symmaque,
des Sidoine Apollinaire et d'autres, empêchent-elles
qu'il n'y eût une somme de vices chez les riches qui dépasse le niveau habituel du luxe et de la corruption? Nulle
protestation ne prévaudra contre la tradition historique
et ce que Tacite appelle la conscience du genre humain.

Les progrès de la législation et de la civilisation sous
l'empire n'en furent pas moins très-sensibles. Les idées
comme les habitudes, l'équité comme les perfectionnements matériels, gagnèrent beaucoup dans cette longue
période, qui renferme plusieurs siècles, sans qu'une réhabilitation morale de cette époque flétrie par l'histoire
soit pour cela devenue plus acceptable. Entre cette société et les chefs qui la représentent il y a un lien qu'on
ne peut supprimer. Vous qui soutenez que Néron fut un
monstre, une exception de laquelle on ne peut rien con-
clure contre la société où il vécut, souvenez-vous que la
masse l'aima et le regretta! Se faire passer pour Néron
fut un moyen de succès employé par quelques ambitieux.
Se placer sous les auspices des souvenirs qu'il avait laissés au peuple, en invoquant ses procédés de libéralité et
de luxe public à l'égard de la multitude, fut, nul ne
l'ignore, une pratique de plusieurs Césars désirant se
concilier la masse à leur avènement.

CHAPITRE II

ROLE ET POLITIQUE DES CÉSARS RELATIVEMENT AU LUXE

Nous avons dit comment il entrait dans la politique des Césars de favoriser les progrès du luxe public.

On a vu de même que, si quelques-uns d'entre eux se montrèrent peu favorables aux excès du luxe privé, un grand nombre les encouragèrent par leurs exemples.

Enfin, quelle que soit la façon dont on apprécie les avantages relatifs de l'empire après la république oligarchique, déchirée, oppressive, dont Rome offre le spectacle depuis Marius et Sylla jusqu'à César et Pompée, nous avons montré comment l'établissement d'un régime despotique poussait aux abus du luxe et des jouissances privées par le désœuvrement politique, les habitudes serviles, les mauvaises mœurs.

C'est un spectacle qui va se dérouler devant nous avec un redoublement d'abus pendant une durée d'environ soixante ans.

Après Néron le mal reste grand, mais un certain ra-

lentissement se manifeste, suivi de reprises du fléau plus
ou moins violentes sous quelques-uns des plus mauvais
règnes qui suivirent.

Voilà pourquoi, plus que jamais, il importe de rester
fidèle à l'ordre chronologique. Ici un nouvel élément
apparaît : le caractère personnel des empereurs, leur rôle
original dans le luxe.

I

COMMENT AUGUSTE ET TIBÈRE SE COMPORTÈRENT QUANT AU LUXE.

On peut définir toute la politique d'Auguste à l'égard
du luxe par ces termes : développement du luxe public
et guerre aux abus du luxe privé.

Disons d'abord quelques mots de cette opposition au
luxe privé.

L'éclat de la représentation officielle n'entrait pas dans
les desseins de ce fondateur de l'empire. Il s'efforçait de
dissimuler le pouvoir impérial sous les formes républi-
caines, et affectait personnellement la simplicité dans sa
mise et son appareil.

J'indique ici après tous les historiens la manière
d'être générale d'Auguste ; je ne prétends pas que, sur
aucun point, il n'y ait dérogé, et que quelques-uns de ses
goûts ne se soient ressentis de son temps plus que de sa
politique.

Pourtant presque tout ce qu'on a pu lui reprocher à cet
égard remonte à une époque antérieure à celle où le jeune

ambitieux, devenu empereur, a fixé pour ainsi dire sur
son visage ce masque qu'il ne quittera plus jusqu'à la fin.
Il jouait toutefois déjà un rôle important quand il se fit
remarquer par sa recherche passionnée des objets de luxe,
des meubles précieux, qui parut plus choquante, dit
Suétone, à cause de la misère des temps. Il se joignit,
comme tant d'autres, à des orgies où les raffinements et
les singularités avaient leur place. Il donna, au plus fort
des guerres civiles, un repas où les convives représen-
tèrent les douze divinités, et où lui-même figurait Apollon. Antoine ne manqua pas d'exploiter cette débauche
contre son rival. Il la dénonça dans des lettres très-vio-
lentes avec une indignation qui fait sourire, quand on
sait ce qu'était la vertu d'Antoine. Mais l'amant de Cléopâtre ne cachait pas sa vie et n'affectait pas cette tenue
et cette gravité du jeune Octave; loin d'être fourbe, il
était un fanfaron de vices, et s'offrait en spectacle dans
ces fêtes égyptiennes, qui donnent un si scandaleux éclat
à sa fameuse vie « inimitable ». On pardonnait moins
à Octave. La disette rendit cette débauche plus odieuse.
On disait tout haut le lendemain que *les dieux avaient
mangé tout le blé*, et que César était effectivement Apollon, mais Apollon *bourreau*, nom qu'avait ce dieu dans
un quartier de la ville. On blâma aussi à cette occasion
son goût pour les beaux meubles et pour les vases de Corinthe, sa passion pour les jeux de hasard. On mit sur sa
statue, dans le temps des proscriptions : « *Mon père tenait la banque, et moi je tiens boutique de meubles de
Corinthe,* » parce qu'on croyait qu'il avait proscrit plusieurs citoyens pour avoir leur vaisselle.

Sans doute le jeune politique fut sensible au reproche. Après la prise d'Alexandrie, il ne se réserva, de tous les meubles du palais, qu'un vase murrhin, et fondit tous les vases d'or d'usage journalier [1].

Auguste devait sur ce point aussi répudier à l'avenir les excès d'Octave. Il ne réforma pas ses mœurs, mais il cacha ses désordres dans l'ombre, il changea son extérieur.

Rien qui pût blesser les patriciens par un orgueilleux étalage, telle parut être sa devise.

Adopter pour sa résidence la maison, belle et ornée pour un particulier, mais bien étroite pour un empereur, qui avait été celle de l'orateur Hortensius, c'était en quelque sorte abjurer toute représentation fastueuse. Pourtant il ne devait pas laisser cette demeure dans l'état où il la trouvait, et il agrandit peu à peu la maison d'Hortensius, mais avec quel ménagement pour les apparences !

Il donna l'ordre à ses intendants d'acheter un certain nombre de maisons qui entouraient la sienne et de les démolir. « Mais, ainsi qu'on l'a remarqué, comme ces démolitions pouvaient donner à penser aux esprits soupçonneux, il fit dire que ce n'était pas pour lui seul qu'il travaillait, mais dans l'intérêt du public, et qu'il voulait consacrer une partie du terrain à des édifices religieux. Il y fit en effet bâtir le fameux temple d'Apollon Palatin et les deux bibliothèques, grecque et latine, dont il est si souvent question dans les écrivains de ce

---

[1] Suet., *August.*, LXX.

temps. La magnificence de ces constructions attirait seule l'attention publique, et l'on ne s'apercevait guère qu'en même temps la maison du prince s'agrandissait aussi et changeait d'aspect. Quelque temps après, le nouveau palais fut détruit par un incendie : c'était l'usage à Rome, qu'après les malheurs de ce genre les amis de celui qui en avait été victime se cotisaient pour l'aider à réparer ses pertes ; ces contributions volontaires remplaçaient nos assurances. L'incendie du Palatin était une occasion naturelle de montrer combien Auguste avait d'amis. Tous les citoyens de Rome s'empressèrent de lui apporter leur offrande ; mais il ne voulut pas l'accepter. Il ne prit qu'une somme insignifiante, un denier au plus par personne, et rebâtit sa maison à ses frais ; seulement il profita de l'occasion pour la rebâtir plus grande et plus belle. Quand il fut nommé grand pontife, au lieu de faire comme ses prédécesseurs, qui allaient habiter près du temple de Vesta, dans un édifice particulier, il resta chez lui, et se contenta d'élever un temple à Vesta, dans sa maison [1]. »

L'intérieur de la maison montra que, si Auguste ménageait la susceptibilité républicaine en évitant de donner à son palais un caractère trop monumental, il avait gardé ses goûts de somptueuse élégance.

Les fouilles opérées ne permettent pas d'en douter, non plus que le témoignage des historiens. Les débris de colonnes, les stucs et les pavés précieux, les revête-

---

[1] M. Gaston Boissier dans son étude sur le Palatin : *Promenades archéologiques.*

ments de marbre, des peintures charmantes, beaucoup
plus délicates que celles de Pompeï, qui ornaient les plafonds, d'admirables statues, entre autres l'Apollon Sau-
roctone du Vatican, témoignent d'un luxe intérieur
poussé très-loin, mais n'ayant rien de blessant chez un
prince qui était en même temps un très-riche particulier. Si les chambres sont nombreuses, variées de forme,
on n'en trouve aucune qui eût l'étendue nécessaire pour
les réceptions officielles. Ainsi, dans son luxe même, le
maître du monde s'effaçait.

C'était sur sa personne qu'il faisait surtout montre de
sa simplicité calculée. Il portait des vêtements communs,
faits dans l'intérieur de la maison, quelquefois de la
main de sa femme ou de sa fille, couchait sur un lit bas
et dur, ne faisait jamais servir plus de trois plats à sa
table, et souvent se contentait d'un peu de lait et de
figues.

Il semblait donc que l'établissement impérial n'ait
point eu d'abord dans le palais ses conséquences naturelles quant au luxe.

Ce serait pourtant oublier l'histoire que de le
supposer.

Tant d'efforts, soutenus ici par la force de l'exemple,
ne purent prévaloir contre les débordements de la famille
impériale. Le luxe pénétra, avec tant d'autres désordres,
dans ce palais par les femmes, par la propre fille du
prince, cette Julie orgueilleuse, spirituelle, débauchée,
qui commence la série, la galerie effrontée des prin-
cesses scandaleuses tenant école de libertinage. Elle
affiche le faste de la parure et la pompe de la représen-

tation dans son intérieur et au dehors. Éblouissants dehors qui ne sauvèrent pas la honte qu'elle devait faire rejaillir avec un si horrible éclat sur elle et sur les siens. Ce triste héritage de luxe et de débauches elle le laissait à sa fille, cette autre Julie, qui devait continuer les mêmes scandales, au grand désespoir du prince réformateur des abus, du chef d'État et de famille.

Que ces pernicieux exemples aient été la conséquence du nouvel établissement politique, est-il possible d'en douter ?

Ce qui pousse la fille d'Auguste à cet étalage insolent, à ce mépris de l'opinion publique comme de la volonté paternelle, c'est l'enivrement du rang suprême.

Curieuse querelle qui se débat entre elle et son père ! Lorsqu'Auguste réprimande sévèrement cette richesse splendide des costumes chez sa fille ; lorsqu'il lui reproche de se montrer au théâtre, couverte de parures qui éclipsent toutes les jeunes Romaines, entourée de jeunes fous, son cortége habituel, qu'elle entraîne dans son tourbillon de plaisirs et de débauches, et qui étalent leurs vêtements éclatants, leurs doigts chargés d'anneaux et de pierres précieuses, cette digne fille d'un politique avisé défend sa passion sans frein pour la toilette et la pompe par des raisons tirées des nécessités de la représentation. Elle se montre obstinément contraire à toute idée de simplicité, comme peu digne de l'éclat du rang impérial : « Pourquoi, lui dit un ami d'Auguste, pourquoi ne suivez-vous pas l'exemple de votre père ? Voyez comme il évite de froisser les autres hommes, comme il se garde de leur faire des blessures d'amour-propre par de trop beaux costumes, de trop belles parures. — Mon père, répond l'orgueilleuse jeune femme, mon père ne sait ce que c'est que de conserver sa dignité; quant à moi je sais et je n'oublierai jamais que je suis la fille de l'empereur. »

Les tentatives d'Auguste pour combattre le luxe et les mauvaises mœurs dans la société romaine ne devaient pas être plus heureuses que celles qu'il fit pour les refréner dans sa propre famille. Il fait des lois contre l'adultère. Il reprend à son compte l'œuvre de censure morale de la république. S'il se trompe souvent sur les conditions de la société à laquelle il applique ses réformes[1], il a du moins le sentiment qu'elle a le plus grand besoin d'être réformée.

Il encourage l'agriculture comme il veut relever la famille, et se fait seconder dans cette tentative par les lettres qu'il protége avec éclat. Virgile chante les travaux des champs et combat le luxe en beaux vers. Horace lui-même célèbre la simplicité du passé dans son *Carmen sæculare.*

L'empereur fait de son mieux comme législateur : il promulgue la grande loi *Pappia Poppæa*, la loi *Julia de maritandis ordinibus*, pour réprimer le célibat et réglementer la situation réciproque des époux; il interdit aux femmes l'entrée des jeux où luttaient des athlètes; il les relègue, dans les combats de gladiateurs, sur les bancs les plus élevés des amphithéâtres.

---

[1] V. le remarquable chapitre intitulé : « L'œuvre d'Auguste », dans l'*Histoire des Romains* de M. V. Duruy, t. III, c. LIV.

Ce caractère de réformateur du luxe privé paraît toutefois effacé devant son rôle de promoteur du luxe
public. Faible, inefficace, quand elle contrarie son
siècle, l'action d'Auguste est puissante quand elle marche
avec lui.

Libéral avec ses revenus, qui faisaient de lui le plus
riche citoyen de son temps, plus souvent encore avec
l'argent public, Auguste est au nombre des empereurs
qui ont le plus fait pour le luxe public ; mais il ne mérite pas les flétrissures qu'il est juste d'infliger aux
princes qui n'en ont développé que les formes les
plus funestes. Son fameux mot, que « ayant trouvé Rome
de briques, il la laissait de marbre, » est loin d'être
une vanterie bien qu'il y ait laissé d'affreux quartiers.

On en trouve la preuve dans les récentes découvertes
de l'archéologie : c'est à partir d'Auguste, que le marbre,
rarement employé auparavant dans les constructions
romaines, devint d'un usage général. Les princes ne
furent pas les seuls à en orner leurs demeures ; il y en
avait à Pompéi jusque dans les boutiques de foulons et
de marchands de vin. Ce fut si bien là un luxe d'origine
impériale que les carrières les plus célèbres dans le
monde entier appartinrent aux empereurs. Les travaux
qu'on y entreprenait, le nombre d'ouvriers qu'on était
forcé d'employer, devaient devenir si considérables sous
Trajan, qu'on en forma une administration spéciale,
ratio marmorum.

Chaque carrière fut dirigée par un intendant de l'empereur, qui eut sous ses ordres des employés de toute
sorte, des secrétaires, des surveillants, des artistes. Ces

ouvriers se composaient souvent de gens condamnés aux
mines. C'était une des peines les plus rigoureuses qu'on
pût prononcer. Le transport de ces blocs de marbre,
qu'il fallut amener des ports de la Grèce et de l'Asie,
d'Alexandrie, de Carthage, fut une opération des plus
difficiles, souvent des plus dangereuses, et qui exigea
des dépenses énormes.

Il faut rendre cette justice à Auguste, que la magnificence sous son règne si prolongé, alla rarement sans
l'utilité.

De toutes les parties du luxe public, celle qui a pour
objet les bâtiments est, quand le goût l'accompagne,
celle qu'on pardonne le plus aux princes, pourvu que la
mesure ne soit pas trop dépassée. Auguste prit soin, tout
en donnant à ce genre de faste un caractère conforme à
l'art architectural grave et imposant des Romains, de le
mettre en rapport avec sa politique démocratique.

Des monuments qui ornèrent Rome, les uns servirent
directement aux besoins du peuple, les autres char-
mèrent les yeux des promeneurs oisifs et flattèrent l'orgueil du peuple-roi.

Ce peuple eut pour s'abriter de magnifiques portiques, il eut des théâtres plus commodes, plus beaux,
plus vastes, que ceux qu'avait élevés la république.
Chacun des trois grands théâtres de Rome compta de
vingt-sept à trente mille places. Le grand cirque, magnifiquement orné, en put contenir cent cinquante
mille. On vit s'élever au milieu du cirque les dauphins
de bronze, les statues, les autels, les colonnes, les obélisques amenés d'Egypte ; on y vit paraître une multitude

d'animaux, chevaux, éléphants, etc.; on y vit défiler des cortéges interminables, tellement qu'on put compter jusqu'à six cents mulets transportant en pompe les dépouilles d'une ville vaincue.

Sur le large lac qu'Auguste fit creuser le long du Tibre, on représenta des batailles navales : un combat simulé contre les Athéniens et les Perses montra trente galères à trois et quatre bancs de rameurs avec un plus grand nombre de petits navires, toute une flottille que montaient environ trois mille hommes!...

Mais encore une fois ce qu'Auguste multiplia pour le peuple, ce fut ce luxe quotidien qui se présente sous forme d'établissements et de monuments durables, utiles ou brillants. Ce même peuple eut pour ses bain des édifices de marbre; il eut de magnifiques jardins; il trouva l'eau distribuée en abondance par sept cents fontaines, parmi lesquelles cent cinquante étaient jaillissantes, et dont cent trente formaient des châteaux d'eau. Trois cents statues ornèrent ces fontaines. Auguste éleva quatre cent cinquante colonnes de marbre.

Luxe *césarien* qui indiquait à tous son origine par les noms mêmes donnés aux monuments, lesquels rappelaient l'empereur et les personnes de sa famille.

C'étaient les portiques d'Octavie, les bains de Livie, le panthéon d'Agrippa, le théâtre de Marcellus, la basilique de César, le forum d'Auguste.

Le champ de Mars superbement bâti fut environné de constructions splendides. Une telle œuvre honore par ses côtés d'art, d'utilité, par l'entente et l'ensemble avec lesquels elle fut accomplie, le grand nom d'Agrippa.

Agrippa préside à ces grands travaux avec une intelligence supérieure, tandis que Mécène exerce sur les lettres ce protectorat, qui ne vaut pas la liberté, mais qui, dans les temps où la monarchie acquiert ou possède toute sa force, joue un rôle souvent marqué par de grandes œuvres.

Les distributions en vivres et en argent reçurent un développement nouveau, et leur chiffre dans ce demi-siècle, qui équivaut à la durée du règne, a quelque chose d'effrayant.

Plus de trois cent mille individus, jamais moins de deux cent mille profitaient de ces secours.

L'armée et le peuple furent traités avec une largesse extraordinaire. On arriva à un chiffre de sept à huit cent millions de nos francs pour la durée du règne[1].

Auguste s'est vanté, dans un document immortel, de ce grand luxe populaire.

Dans son testament apologétique, il raconte qu'il a fait combattre huit mille gladiateurs, qu'il a fait tuer trois mille cinq cents bêtes féroces dans le cirque, etc.

Il faut ajouter, pour être juste, qu'il y mêla quelques mesures dignes d'être approuvées.

Il réduisit à soixante couples les combats des gladiateurs.

Il ordonna que son entrée au théâtre sauverait la vie d'un combattant.

---

[1] V. le livre de M. Frantz de Champagny sur l'Empire romain sous les Césars et les Antonins. On trouve dans cet éloquent tableau des mœurs romaines d'abondants détails sur le luxe public et privé.

Il défendit qu'aucun citoyen donnât plus de deux fois des jeux dans une année, moins dans une vue d'économie que de politique.

Enfin il exigea une tenue plus décente des hommes du peuple pour assister aux représentations, et n'admit au cirque que des spectateurs revêtus de la toge[1].

Pourtant quelle importance prise sous le règne d'Auguste par la classe méprisée des mimes et des histrions !

Ils la sentaient eux mêmes sous un régime qui excluait la liberté et la discussion, remplacées par l'intérêt passionné qu'on portait à ces frivolités. Auguste adressait un soir des reproches au pantomime Pylade en rivalité avec un de ses confrères. Ce pantomime fit une réponse qui mérite d'être rappelée : « Il y va de ton intérêt, César, que le peuple s'occupe de nous. »

Ville de luxe et de plaisirs, ville d'étrangers. — Ville d'étrangers, ville vouée fatalement à la corruption. Qu'y viennent-ils faire sinon jeter l'or non pas aux arts, mais aux vices ?

Les uns s'y fixent ; les autres accourent à toute solennité extraordinaire. Alors les maisons manquent de place pour les loger. On dresse des baraques, des tentes. Auguste songe à protéger ces étrangers, qui étaient le point de mire des voleurs et des assassins dans cette Rome si mal éclairée le soir, remplie d'endroits déserts, de rues tortueuses, où le crime avait toute chance de se cacher : il établit de nombreux postes de police.

---

[1] En été seulement il permit qu'on vint au théâtre sans chaussure, détail qui nous donne une idée de la plèbe qui le fréquentait : cette permission devait être retirée par Tibère et rendue par Caligula.

Rome put devenir, bien plus encore que par le passé, le rendez-vous du monde entier. Le monde y figura en effet avec ses types, ses costumes, ses curiosités de tous les genres.

Sous Tibère, la question du luxe se pose d'une manière toute particulière, disons plus, très-originale.

Tibère fut en tout lui-même un prince original : il le fut dans sa ferme raison, comme dans ses vices et ses crimes. Sa lettre sur le luxe est un monument. On y trouve à la fois la censure véhémente du luxe accru sous toutes les formes et celle des lois somptuaires. Ces lois qu'on suppliait Tibère de remettre en vigueur, il en proclame l'inanité en des termes d'une irréprochable sagesse et d'une ironie voilée.

On ne s'étonnera pas que j'attache une véritable importance à cette lettre adressée au Sénat. C'est un document qui, outre sa valeur historique comme constatation des progrès du luxe, en a une toute politique et presque théorique quant à la portée des lois somptuaires.

Peu importe que le texte ait été un peu arrangé par Tacite : le fond subsiste, et on peut dire que l'esprit de Tibère est là tout entier.

Tacite l'affirme : « Tibère *réfléchit longtemps* s'il était possible d'arrêter cette licence effrénée, si la réforme ne serait pas plus dangereuse que l'abus. »

Le luxe des tables, parvenu à des proportions exorbitantes, était le principal sujet des plaintes des édiles et un scandale pour les honnêtes gens. « Un cri général s'élevait contre ces abus, » dit le même grand historien. Mais la plainte s'étendit aussi au luxe en général, « dont les prodigalités en tout genre ne connaissaient plus de mesure. » Et il ajoute « qu'en dissimulant le prix des achats on tenait cachées les profusions les plus ruineuses [1]. »

Le sénat ayant remis la décisision de l'affaire à l'empereur, il faut voir avec quelle politique, saine au fond, mais cauteleuse et hypocrite, répond Tibère mis en demeure.

Il craindrait de couvrir de honte les plus grands personnages de l'État. Il lui semblerait trop pénible de voir rougir et trembler tant d'hommes qu'un luxe criminel désigne à la sévérité publique. Il y a trop de coupables, et le mal a trop d'étendue !

« Que faudra-t-il réformer d'abord ? Sera-ce nos *villas*, cette multitude ou plutôt ces nations d'esclaves, ces masses d'or et d'argent, ces bronzes précieux, ces merveilles du pinceau, ces vêtements qui nous confondent avec les femmes, et cette autre folie particulière à ce dernier sexe, les pierreries, pour lesquelles on transporte chez des peuples étrangers ou ennemis les trésors de l'empire ? »

Tibère a mis le doigt sur l'objection décisive : l'inefficacité des lois somptuaires, accrue par l'étendue même d'un mal qui va bien au delà des somptuosités des tables, et qui est tel que, si on prononce des peines, les censeurs eux-mêmes viendront crier que l'État est bouleversé, et qu'il n'y a plus personne d'innocent.

Il s'avance même plus loin: ces lois ne sont pas

[1] *Ann.*, lib. III, — LII.

seulement impuissantes, il les croit dangereuses : « Car
le vice, encore libre du frein des lois, appréhende de s'y
voir soumis ; mais s'il s'est aperçu qu'il pouvait le
briser impunément, ni crainte ni pudeur ne le retien-
dront plus. »

Au reste nul mieux que ce pénétrant esprit, dont l'habitude du soupçon et la pratique envieillie du vice n'avaient
pu elles-mêmes altérer la justesse, n'a su marquer les
causes de ce luxe renaissant sans cesse malgré les mesures destinées à en extirper la racine.

Il signale parmi ces causes l'étendue des conquêtes,
l'imprévoyance et la dissipation qu'entraînent après elles
les guerres civiles.

On s'attache à tel ou tel détail ; eh quoi ! personne ne
se lève pour dire que l'Italie attend sa subsistance de
l'étranger, que chaque jour la vie du peuple romain
flotte à la merci des vagues et des tempêtes ! Mal auquel
le luxe n'est pas étranger : c'est lui qui a converti en des
parcs immenses ces champs, improductifs désormais,
chargé d'ornements ruineux ces maisons de plaisance !

Mais le remède ? On ne le trouvera que dans l'excès
du mal et dans un libre retour à de meilleures pratiques : ne comptez pas sur la force. [1]

Lui-même cherchait à prêcher publiquement d'exemple
par la simplicité de sa table, sauf à se dédommager en
secret de ses abstinences hypocrites.

En public il dînait d'un reste de sanglier. En public
aussi il réprimande, devant tout le sénat, un vieux

---

[1] Tacit., *Ann.*, lib. III.

libertin, Sestius Gallus, dont la bonne chère faisait
scandale : mais il lui fait dire en secret qu'il ira lui
demander à souper, à condition que le vieux Gallus ne
changera rien à ses habitudes et que le repas, somptueux comme de coutume, sera servi par de jeunes et
belles esclaves.

On approuvera néanmoins Tibère d'avoir rappelé à
l'observance des anciens édits les patriciens et les chevaliers qui se dégradaient jusqu'à paraître sur le théâtre.

Mais toute pudeur était perdue dans une nombreuse
partie de ces classes. Certains jeunes nobles faisaient
exprès d'encourir des flétrissures judiciaires pour pouvoir
se montrer sur le théâtre. Des femmes mariées, appartenant à la même classe, se déclaraient courtisanes pour
se soustraire aux lois qui punissaient l'adultère.

Qui plus que Tibère lui-même traînait les mœurs
dans l'égout? Ses débauches sont restées fameuses. Il
avait beau fuir le jour. Sa honteuse réputation perçait
les murailles et les ténèbres.

La malignité humaine, la rumeur publique qu'on appelle aujourd'hui « l'opinion », n'ont jamais perdu leurs
droits même dans ces temps de silence et d'effroi.

Si maître d'ailleurs qu'il fût de lui-même publiquement, il lui arrivait de démentir cette dignité de tenue
que lui imposait sa ferme et clairvoyante raison. Il préfère pour la questure un candidat qui avait vidé une am-
phore d'un seul trait[1]. Il accorde deux cent mille sesterces
à Asellius Sabinus pour un dialogue où le champignon, le
becfigue, l'huître et la grive se disputaient la prééminence.

[1] Sueton., in Tiber.

Il est difficile enfin de comprendre que le prince, qui déplorait les abus du luxe, ait créé une nouvelle charge, l'intendance des plaisirs, *officium a voluptatibus* [1].

Est-ce à lui, n'est-ce pas surtout au sénat que revient l'honneur de quelques mesures dictées du moins par une sage intention? Après des désordres qui avaient éclaté au théâtre, et amené la mort de plusieurs hommes du peuple, soldats, centeniers et tribuns, on fit des règlements pour borner le salaire des pantomimes et réprimer la licence de leurs partisans. On défendit aux sénateurs d'entrer dans les maisons des pantomimes, aux chevaliers de leur faire cortége en public, à eux-mêmes de donner des représentations ailleurs qu'aux théâtres.

Tibère, à la différence d'Auguste, fit peu pour le luxe public, soit par sage réserve soit par avarice.

Il n'aimait pas à donner de son argent, et, d'autre part, il ne lui convenait pas de se montrer prodigue du trésor public : car il était économe et bon administrateur.

Ses distributions marquent presque toutes une pensée utile, un objet nécessaire. Ce sont des indemnités ou des secours. Il en accorde à des quartiers incendiés. Il fait des prêts pour trois ans sans intérêt. Quand il eut attribué aux soldats les premières largesses, don ordinaire de joyeux avénement, et qu'il eut doublé le legs d'Auguste, il ne leur donne plus rien, excepté une seule fois où il distribua mille sesterces à chaque prétorien. C'était une manière de récompenser les prétoriens de ne s'être

---

[1] Suét., *in Tib.*

pas livrés à Séjan. Les présents faits aux légions de Syrie s'expliquent de la même sorte. Elles étaient les seules qui n'eussent point placé parmi leurs enseignes l'image de ce ministre déchu dont la mémoire même était proscrite.

Tacite rapporte, au sujet du luxe public, ce fait frappant : « A la même époque Lepidus demanda la permission de réparer et d'embellir à ses frais la basilique de Paulus, ouvrage des Émiles et monument de leur nom. Alors encore la munificence privée s'exerçait au profit du public; et Auguste n'avait pas empêché Taurus, Philippe, Balbus, de consacrer à l'ornement de Rome et à l'illustration de leur postérité les dépouilles ennemies et le superflu d'une immense fortune. C'est dans le même esprit que Lepidus, quoiqu'il eût peu de richesses, voulut renouveler les titres de sa maison. Quant au théâtre de Pompée, qu'un incendie avait réduit en cendres, Tibère déclara qu'aucun membre de la famille ne pouvant suffire aux dépenses de sa reconstruction, il le rebâtirait lui-même, et n'en laisserait pas moins subsister le nom du fondateur[1]. »

En définitive, Tibère contribua beaucoup plus à augmenter les abus de la richesse et du luxe en encourageant la délation, qu'il ne les réprima par ses mesures d'économie.

Il créa « une émulation de lâcheté et d'infamie qui ne s'explique que par la dépravation du sens moral dans les hautes classes, et par le besoin de s'ouvrir une voie

[1] *Ann.*, l. III, LXXXII.

nouvelle pour aller à la richesse.... Un luxe effréné
ébranlait les fortunes les mieux assises.... Poussés par
la misère, mal retenus ou plutôt poussés par la détestable éducation que donnaient les rhéteurs, n'ayant plus,
comme par le passé, pour s'enrichir, la guerre ou la facilité de piller les provinces, les petites gens, le trésor
ou le domaine public, ils organisèrent en grand le métier d'espion et de délateur qu'ils avaient appris et pratiqué depuis longtemps sous la république.... Sous l'empire le métier devint bien plus lucratif. La loi accordait au délateur le quart des biens du condamné. Souvent
le prince faisait l'abandon de tout et ajoutait au profit
des honneurs. Chacun des deux accusateurs de Thraséas
fut gratifié de plus d'un million de francs, et le délateur
de Soranus eut de l'argent, plus la questure. Aussi
comme ils vont se mettre à la piste des délits et en quête
de victimes! Loi civile, loi politique, loi criminelle, tout
leur est bon....

« La terreur, dit Tacite, plana sur la cité. Les parents
se redoutaient, on ne s'abordait plus, on ne se parlait
pas : inconnus ou connus, on s'évitait ; tout était suspect. » — On connaît, on sait par cœur cet admirable
morceau.

« C'était, ajoute l'historien récent des Romains que
je viens de citer, c'était la guerre civile qui renaissait
avec ses proscriptions et ses mêlées sanglantes. Mais ici
la parole servait de glaive, le sénat et les gémonies de
champs de bataille, les riches et les grands de victimes.
Dans ces duels sans armes, l'empereur fut plus souvent
témoin qu'acteur : juge du camp, il assistait avec le

peuple à ce jeu terrible que l'aristocratie leur donnait à tous deux : l'un, comptant les coups et décernant au plus meurtrier la palme de l'éloquence; l'autre emportant ceux qui tombaient pour s'amuser de leurs cadavres dans les rues de la ville. Tibère donnait peu de combats de gladiateurs; le peuple trouvait dans ces exécutions un dédommagement[1]. »

II

LE DÉLIRE DU LUXE DANS LE POUVOIR ABSOLU.

Une pensée politique préside au règne d'Auguste, et se mêle à la sage administration du règne cruel et ensanglanté de Tibère. On la retrouve dans leur manière d'entendre le luxe public et le luxe privé.

Le caprice, la passion la plus effrénée vont marquer les règnes qui suivent.

Le luxe alors a sa personnification délirante dans l'empereur lui-même.

Chez quelques-uns de ces despotes, à qui la tête tourne sur ce haut sommet d'où ils voient le monde à leurs pieds, l'imagination est puissante, la fantaisie déréglée. Cette imagination vive et forte, mise en mouvement tantôt par la faculté de satisfaire ses caprices, tantôt par la résistance, se tourne en folie aiguë, en véritable fureur.

[1] V. Duruy, loc. cit. t. III, c xLv.

Tel est Caïus Caligula.

Cet empereur de théâtre n'était pas sans esprit naturel et sans talents acquis.

Il était le dernier fils du glorieux Germanicus et de la sévère Agrippine; mais il avait subi dès l'enfance les plus funestes influences. Son tempérament maladif, qui se révélait par des crises nerveuses, devait l'y livrer sans défense.

Tout ici annonce un malade dans le sens physique et moral.

Cette livide pâleur répandue sur un visage qui n'est pourtant pas sans beauté, ces muscles singulièrement contractés, cette maigreur extrême, ces jambes longues et grêles, cette démarche chancelante et saccadée, cette voix rauque, ces réparties originales et spirituelles, mai méchantes, qui sortent d'un fond d'irritation et de colère, ces fantaisies imprévues qui déconcertent toute vraisemblance, ce costume oriental qui apparut pour la première fois sur le trône impérial, ces vêtements de soie et de pourpre, ces colliers et ces perles dont il est couvert, toute cette manière d'être est d'un maniaque.

Ce personnage est un lettré incomplet, peu instruit au fond, mais beau parleur, et qui improvise avec un feu, un entrain extraordinaire.

On eut dit que l'Orient avait pris soin d'empoisonner ce jeune homme de ses funestes influences par un intermédiaire officieux, le Juif Hérode-Agrippa [1].

Caligula joue au dieu comme les rois de l'Orient. Il ne

---

[1] V. le volume de M. Zeller : *Les Empereurs romains.*

lui suffit pas de se faire élever un temple, où on lui im-
mole des perroquets, des paons et des oiseaux rares; il
prétend avoir sa part dans le culte des autres dieux, et
vient s'offrir à l'adoration des peuples entre les deux
Dioscures dans le temple de Castor.

Il se prend de jalousie pour les divinités consacrées, et
signifie un jour à Jupiter, représenté par sa statue de
bois, cette menace : « Il faut que l'un de nous deux dis-
paraisse. » Mais tout à coup il s'apaise. « Jupiter m'a demandé pardon », répond-il à ceux qui s'étonnent de ce
changement d'humeur.

Il ne fut pas toujours aussi débonnaire. Plus d'une fois
il coupe la tête aux images des autres divinités pour y
substituer la sienne.

Le luxe d'un tel personnage ne devait pas être moins
singulier. Caligula est le vrai précurseur d'Héliogabale.
Il se donne en représentation ; couvert de vêtements bi-
garrés, il porte de longues robes de soie traînantes.
Voyez-le chargé de pierreries, de bracelets, tout parfumé
d'essences, chaussé tantôt de sandales, tantôt de cothur-
nes, de chaussures militaires ou de brodequins de
femme, orné d'une barbe d'or, tenant en main les insignes des dieux, la foudre, le trident et le caducée.

Ce maniaque du luxe avale des perles d'un prix exorbitant dissoutes dans le vinaigre, et sert à ses convives
des pains et des viandes en or.

En une nuit d'orgie il jette à des cochers du cirque
des présents de deux millions de sesterces.

Qu'il ait eu ou non le projet ridicule de faire consul son
cheval *Incitatus*, il le traite en dieu. Il lui fait faire une

écurie de marbre, une crèche d'ivoire, des housses de
pourpre et des licous de pierres précieuses. Il lui donne
un palais, un mobilier et des esclaves, afin que les personnes invitées en son nom soient reçues plus magnifiquement.

On demande si ces faits sont vrais. Quelle raison d'en
douter?

Tout cela ne s'invente guère; quand un homme est
atteint de folie ambitieuse, met-on en doute ses extravagances, si bizarres qu'elles soient?

Il y a dans ces traits recueillis par plusieurs historiens
comme un caractère soutenu. Un lien logique semble en
démontrer l'authenticité. Où Suétone, lorsqu'il est le
seul à en rapporter quelques-uns, aurait-il pris ces légendes, s'il ne les avait trouvées établies, et pourquoi
n'y voir que des légendes? Suétone lui-même est un écrivain consciencieux, ni frivole ni corrompu, et s'il n'a pas
les grandes vues de l'historien, il s'élève par son sens
droit au-dessus des vulgaires chroniqueurs.

La vraisemblance morale est là, quoi qu'on en ait dit,
et avec elle la vraisemblance historique.

La folie de quelques-uns des successeurs de Caligula
n'est pas toujours moins étrange. Faudra-t-il aussi en
contester les preuves?

Placez le jeune Caïus ailleurs que sur le premier des
trônes; qu'il naisse dans les rangs des simples citoyens;
que sa jeunesse soit mise à l'abri des écueils où elle s'est
perdue, peut-être se fera-t-il remarquer par quelque bizarrerie de tempérament et de caractère; mais cela n'ira
pas loin. Il avait tout ce qu'il fallait pour devenir un avo-

cat applaudi : il parlait bien, il dissertait avec subtilité, il faisait des mots, il montrait dans l'invective une verve intarissable.

Pourquoi ne pas dire de lui ce que l'on a dit avec beaucoup de vraisemblance de tel révolutionnaire, de Robespierre, par exemple, ou de tel autre, d'un degré plus bas, que sur une autre scène, retenu dans les rangs modestes d'une profession, il s'y fût distingué et n'aurait pas laissé une renommée sinistre?

De toutes les épreuves, la politique et le pouvoir sont les plus dangereuses. Dans les temps troublés quelques-uns y grandissent moralement; la plupart s'y dépravent et s'y endurcissent.

Nul parti n'est pur de ces entraînements; c'est par centaines que la démagogie compte ses Caligulas.

La liste en est longue, depuis Carrier, le farouche proconsul de Nantes, et tant d'autres à la même époque, jusqu'à plus d'un des héros de la dernière Commune. Eux aussi se plaisent au sang versé, à l'orgie sans frein, à la flamme des incendies [1].

Le moindre trait du faste de Caïus fut de transformer la modeste maison d'Auguste en un palais aussi beau que le comportait son étendue. Il le décora avec une magnificence tout asiatique, l'orna de peintures et de statues enlevées à tous les temples célèbres de la Grèce,

---

[1] On est frappé, en lisant les remarquables études publiées par M. Maxime du Camp sur la Commune de 1871, de la vérité de ces rapprochements entre les despotes fous et les tristes héros de la démagogie en délire : caprices de débauche, de pouvoir et de cruauté, fantaisies déréglées de tout genre, sont les mêmes des deux parts.

Mais ce palais du Palatin ne pouvait lui suffire; il le rejoignit d'un côté au temple de Castor et de Pollux; de l'autre, par un travail gigantesque, au Capitole.

Combien d'autres entreprises follement colossales! Comme s'il voulait prendre Xerxès pour modèle, il jette un pont depuis Baïes jusqu'aux digues de Pouzzoles, sur une longueur de trois mille six cents pas, et il le traverse en toutes sortes de pompeux équipages, à cheval ou sur un char. Il fabrique des galères liburniennes à dix rangs de rames, aux poupes garnies de pierres précieuses. On trouve sur ces navires des bains, des galeries, des salles à manger, des arbres et des vignes même. Il parcourt ainsi les côtes de la Campanie, assis à table, au milieu des danses et du son des instruments. Il fait tailler les rochers les plus durs; il ordonne que telle colline soit nivelée, que telle plaine soit élevée, pour un caprice à satisfaire, pour une belle vue, ou plutôt parce que « cela paraissait impossible. »

Avec ce prince apparaît le déficit financier causé par les dépenses d'un faste insensé, et l'appel à tous les expédients bizarres ou odieux.

Les jeux, célébrés avec une prodigalité et une férocité toutes nouvelles, les amphithéâtres agrandis, les cirques nouveaux, les courses de char, éclipsaient tout ce qu'on avait vu. En deux ans, il avait épuisé les trésors de Tibère, deux milliards sept cent millions de sesterces!

Alors Caïus a recours à toutes sortes de ressources; il met en vente divers objets que les particuliers sont « invités » à acheter. Les riches sont avertis d'avoir à pousser la vente à des taux extraordinaires. Quelques-uns font la sourde oreille. Caïus leur fait ouvrir les veines.

Il se fait donner des étrennes au jour de l'an, en se tenant dans le vestibule de son palais pour recevoir les présents.

Dans ce même palais, où régnaient l'inceste et la prostitution, il installe une maison de jeu dont il touche les profits.

Il proscrit en masse. Un jour, en Gaule, il jouait aux dés et perdait; il se fait apporter les registres de la province et marque pour la mort les citoyens les plus imposés. « Vous jouez pour quelques misérables drachmes, dit-il à ses courtisans; moi je viens, d'un coup, d'en gagner cent cinquante millions. »

Partout le même impudent cynisme qui annonce une véritable aliénation. A Lyon, il vend lui-même les meubles du palais impérial et les objets les plus précieux qui avaient appartenu à ses aïeux. Il se fait un jeu d'établir des impôts arbitraires sur le mariage et les procès. On paye même quand on transige. Il met un impôt sur les courtisanes et les entremetteuses. Les rigueurs fiscales s'étendent à tout et à tous.

Il traite la guerre comme le reste, avec cette fantaisie qui tient de la folie, et qui s'allie tantôt au crime tantôt à la lâcheté. Dans son expédition contre les Germains, il fait cacher quelques soldats de sa garde germaine, et va les faire prisonniers. Dans son expédition contre les Bretons, arrivé au bord de l'Océan, il ordonne que l'on sonne la charge, et tout à coup commande à ses soldats de ramasser les coquilles du rivage.

On sait comment Chéréas, un tribun des prétoriens, égorgea ce fanfaron de faste et de crime, le 24 janvier 41; comment on alla chercher l'oncle de l'empereur assassiné, Claude, qui se cachait dans un coin. Tout tremblant, il demandait en grâce la vie aux soldats. Ils lui donnèrent l'empire.

Assurément, la variété ne manque pas dans cette histoire. Claude a son luxe qui ne ressemble pas plus que son caractère à celui de Caligula.

Le bonhomme avait peu d'ostentation : il n'avait pas même l'air d'un empereur; sa personne était sans dignité, sa tenue sans élégance, sa tête branlante, son air embarrassé : d'ailleurs, distrait comme un savant, absorbé par des querelles de grammairiens et des recherches d'archéologue.

Claude fut mené par les femmes et les affranchis, laissa faire le luxe; il eut même le sien! il aima le jeu et la table; il y joignit la passion des magnificences théâtrales; de nos jours il aurait raffolé des féeries. Claude, en ce genre, se montra même inventeur. Il imagina de mêler les jeux troyens et la représentation des chasses d'Afrique aux jeux existants. Il voulut qu'il y figurât un bataillon de prétoriens, et qu'on vît des cavaliers thessaliens poursuivre des taureaux sauvages. Il donna sur le lac Fucin un combat naval où furent armées des galères à trois et quatre rangs de rames, qui étaient montées par dix-neuf mille hommes. Les rivages, les collines formaient un vaste amphithéâtre où se pressait une foule immense, accourue des villes voisines et de Rome. Claude, revêtu d'un habit de guerre magnifique, et, non loin de lui, Agrippine, portant aussi une chlamyde tissue d'or, présidaient au spectacle. Le combat, quoique ayant lieu entre des criminels, fut digne des plus braves soldats.

Si Claude poussa jusqu'au luxe les raffinements de la table, ce fut, reconnaissons-le, sans préjudice pour le trésor.

Il s'invitait lui-même chez les riches, faisait prévenir quand il amenait du monde, et s'annonçait un jour ainsi à un citoyen riche avec six cents hôtes !

Sans doute il trouvait la chose plaisante ; il y avait du bouffon dans cet esprit bizarre ; on le voit par la manière burlesque dont il rendait la justice sous des formes qui rappellent Perrin Dandin et Sancho Pança. Témoin le jour où il avait à juger le procès d'un individu dont on contestait le titre de citoyen. Il ordonna que cet individu serait habillé en citoyen romain tant que son avocat parlerait. Lorsque l'orateur de la partie adverse prit la parole, le même individu quitta ses vêtements de citoyen et parut sous l'habillement d'un étranger.

Sa manie de rendre la justice n'était pas d'ailleurs à l'épreuve de son appétit. Il levait brusquement la séance pour aller dîner ; un jour qu'il jugeait, un fumet de cuisine assiége sa narine ; il demande d'où vient cette bonne odeur ; on lui répond que c'est le collége des prêtres qui célèbre un festin. Il s'excuse incontinent auprès de ses justiciables, et va s'asseoir au festin du corps sacerdotal.

Cet empereur est le seul, nous le répétons, qui trouva moyen de concilier le luxe de table avec l'économie.

La seule grosse dépense de cet étrange empereur fut
le *donativum*. Cette distribution en argent, faite aux
soldats à son avénement, devait devenir désormais une
institution.

Est-ce à dire que ces manies et ces écarts empêchent
que Claude ait eu quelques vues humaines, fait quelques sages lois? Mais il n'y a pas là de quoi justifier les
réhabilitations qu'on essaie de faire de ce personnage,
que la verve satirique de Sénèque, injuste peut-être en
sens contraire, a représenté après sa mort et son apothéose, condamné à traîner perpétuellement des sacs de
procès, dénouement que le peuple remplaça par la mé-
tamorphose de Claude en citrouille.

Si l'homme chez Claude peut mériter quelque indulgence, le règne en est tout à fait indigne; il est burlesque et odieux.

D'ignobles débauches, des exécutions sanglantes, ne
sauraient nous voiler le rôle que le luxe maladif, effréné,
joue même dans ces crimes.

Ainsi, la grande prostituée impériale, Messaline, fait
mettre à mort Asiaticus à cause de son immense richesse;
il avait encore embelli les jardins de Lucullus, et Messaline voulait les avoir.

Singulier rapprochement! C'était aussi pour un désir
analogue qu'Agrippine poussait Claude à d'odieuses
cruautés. Elle convoitait les luxueux jardins de Statilius
Taurus, et le forçait à se donner la mort.

Quant au monstre de débauches, couvert du sang de
tant de victimes, qui, sous le titre d'impératrice, désho-
nora le monde et laissa le nom de Messaline comme

synonyme de toutes les infamies, on trouve dans ses orgies un mélange de luxe malsain et de vice effronté. Témoin la scène finale où Messaline trouva la mort au sein d'une de ces fêtes où se confondaient la magnificence, les raffinements sensuels et les cyniques nudités.

Les affranchis, surtout Narcisse, effrayés de la voir dépouiller le palais pour orner la demeure de Silius, son amant, qu'elle avait épousé, dit-on, en secret, au mépris de toutes les lois, ont tout dévoilé à Claude. Ils cherchent la misérable femme pour la tuer. Son époux, hésite, et bientôt il va oublier ses griefs dans les délices d'un repas. L'indigne épouse célébrait une fête dans le palais. On était au milieu de l'automne. Messaline représentait une scène de vendanges. Auprès des cuves où le vin coulait sous le poids des pressoirs, des femmes, à demi-vêtues comme les bacchantes d'une peau de daim, dansaient à l'entour, et Messaline, les cheveux épars, le thyrse en main, Silius, couronné de lierre, accompagnaient des chœurs lascifs.

Les jardins du Lucullus furent le dernier refuge où elle s'enfuit affolée. Préparant sa requête suppliante, sommée par sa propre mère de se donner la mort et ne l'osant pas, elle fut percée enfin d'un coup d'épée par le tribun. — Claude, qui avait commencé à s'attendrir, apprit cette mort avec impassibilité; il demanda à boire et continua le somptueux festin.

Le nom de Néron ôte toute envie de rire, même quand les actes restent extravagants et ridicules. Néron est comme Caligula un homme plein de fantaisie, mais cette fantaisie revêt des formes différentes et plus cal-

culées. Elle reste la suprême expression de la recherche
effrénée de l'inouï et de l'impossible, ce dernier terme
où aboutit l'ambitieuse divinité des Césars.

Ce règne, ainsi que le fait observer Tacite, marque
l'apogée du luxe romain sous l'empire.

Cela est vrai pour la société (on en verra plus loin les
preuves), comme pour le prince et pour le palais. Et
pourtant combien de surprises du même genre nous sont
réservées par l'imagination féconde des successeurs de
Néron !

Sous chacun de ces règnes, l'histoire peut, en étendant ses regards, découvrir quelque progrès accompli,
quelque mélange de bien réalisé. Cela deviendra plus
sensible surtout sous les Antonins. Mais ce règne de
Néron dans ses grands traits, comment y voir autre
chose, bien qu'il ait trouvé aussi de nos jours des avocats,
qu'une orgie de vices et de crimes ?

Cette orgie « le monde la supporta quatorze ans [1]. »

C'est à Néron que Tacite applique cette énergique
expression, vraie devise de ces despotes-dieux : *incredibi-
lium cupitor*.

L'incendie de Rome fut-il ordonné par lui, comme
une fête pour ses yeux et comme un moyen de déblayer
le terrain nécessaire à ses projets gigantesques? Du moins

---

[1] C'est l'expression même dont se sert l'impassible Suétone, qui semble
las lui-même des horreurs qu'il vient de raconter avec son exactitude et son
calme ordinaires. Parlant de la fin de Néron et de l'abandon où il est laissé,
il dit : « Talem principem paulo minus quatuor decim annos perpessus ter-
rarum orbis tandem destituit ». Cette fois Tacite n'aurait dit ni autrement
ni mieux.

n'est-il guère douteux qu'il le laissa se développer, si
même il ne prit pas des mesures pour en augmenter
l'étendue et la puissance destructive.

Cette vieille Rome, avec ses monuments vénérés, mais
avec ses rues sordides, n'était pas assez somptueuse à
son gré. La flamme devint complice de son rêve colossal.
Rebâtir Rome toute neuve, toute brillante et superbe,
quel rêve en effet !

Des milliers de victimes périrent dans les flammes ou
sous les décombres. Ce fut un spectacle plein d'horreur
que l'écroulement de ces vastes quartiers populeux, avec
leurs maisons hautes et sans solides fondements et leurs
rues presque sans issue. Qu'importe un tel détail? Ce
n'était rien, ou c'était un attrait de plus. Néron était un
artiste, il aspirait à être un créateur. L'important était
qu'il fût fait table rase de tant de laideurs. Quel emplacement s'ouvrait pour un immense palais impérial !
Quel espace pour des quartiers magnifiques! Quelle
Rome va naître, toute une Rome agrandie, embellie,
datant du règne de Néron !

La *Maison d'or*, cette réalisation sans égale d'une
pensée d'orgueil, qui pourrait en parler après Tacite?
quelle exactitude de détails, quel éclat de couleurs ne
pâliraient auprès de la description précise et si brillante
qu'en fait l'auteur des *Annales?* « Dans ce palais, dit-il
avec un admirable discernement de ce qui en faisait
l'étrange originalité, l'or et les pierreries n'étaient pas ce
qui étonnait davantage; ce luxe est depuis longtemps
ordinaire et commun; il enfermait des champs cultivés,
des lacs, des solitudes artificielles, bois, esplanades

lointains. Ces ouvrages furent conçus et dirigés par Celer
et Severus, dont l'audacieuse imagination demandait à
l'art ce que refusait la nature, et se jouait capricieu-
sement des ressources du prince. Ils lui avaient promis
de creuser un canal navigable du lac Averne à l'embou-
chure du Tibre, le long d'un rivage aride ou sur un sol
traversé de montagnes. On ne rencontrait d'eaux que
celles des marais Pontins; le reste du pays était sec ou
escarpé; dût-on venir à bout de vaincre les obstacles,
le travail était excessif, l'utilité médiocre. Néron cependant *voulait de l'incroyable;* il essaya de percer les
hauteurs voisines de l'Averne, et l'on voit encore des
traces de son espérance déçue [1]. »

Oui, tels sont bien les traits de ce faste « incroyable »,
tels sont les caractères qu'offrent ces parcs occupant
près de quatre lieues, semés de statues, de maisons de
plaisance aux bords d'un lac, remplis de bêtes sauvages,
accidentés à souhait pour le plaisir des yeux, renfermant
des retraites profondes pour le repos et la rêverie. Tels
sont ces bains où un robinet amène l'eau de mer, un
autre les eaux sulfureuses d'Albula. Vous la voyez cette
statue de Néron, d'or et d'argent, haute de cent vingt
pieds, qui se dresse à l'entrée de l'immense vestibule,
et qui domine les portiques aux trois rangées de
colonnes occupant une longueur d'une demi-lieue.

L'imprévu, le rare où ne sont-ils pas? On les rencontre
jusque dans ces coquillages à grosses perles qui, mêlés
à l'or et aux pierres précieuses, ornent d'une façon si

Ann., lib, XV. — Traduction de Burnouf.

curieuse les appartements éblouissants, où l'éclatante
beauté des tapisseries et des peintures réunit toutes les
magnificences.

Le rare et l'extraordinaire on les rencontre dans ces
salles à manger d'une construction insolite, dont les
plafonds sont des tablettes d'ivoire mobiles, qui laissent
échapper sur les convives une pluie de fleurs et de parfums.

On les rencontre cet extraordinaire et ce rare dans
cette grande pièce ronde et mobile qui tourne sans
cesse sur elle-même pour imiter le mouvement du
monde.

A la vue de ces merveilles, qui mettront à sec le
trésor public, et qu'allaient payer des confiscations et
des assassinats, Néron devait laisser échapper une exclamation qui peint naïvement ses prétentions démesurées :
« Enfin je vais être logé comme un homme! »

Néron pourtant, par l'incendie dont on le soupçon-
nait et par cette monstrueuse construction faite avec les
ruines de la patrie, disait-on, Néron s'était rendu abo-
minable. Il avait à reconquérir sa popularité.

Il le fit avec une habileté efficace à force de jeux, de
spectacles, mêlés de cruautés. Calcul odieux dont les
chrétiens, sur lesquels fut rejeté le soupçon d'incendie,
devaient faire les frais. La plus complète de ces fêtes
néroniennes fut celle où ces chrétiens furent traînés sur
l'amphithéâtre. Les uns furent enveloppés de peaux de
bêtes et livrés à des chiens furieux, les autres furent
enduits de résine et attachés vivants à des poteaux d'où
ils purent contempler les jeux donnés au peuple dans les

jardins du palais. Le soir venu, on les alluma et ils
servirent de flambeaux.

Dix quartiers détruits sur quatorze ouvraient l'espace
à ces rêves de fastueuse reconstruction d'une Rome
faite à l'image de ces idées grandioses. Néron mit une
sorte de *dillettantisme* à examiner les plans. Cette ville
nouvelle était sa fille : il voulait la nommer *Néropolis*.

Ce nom insolent ne put détrôner celui de la vieille
Rome.

Au reste, cette ville renouvelée, remplie de palais, de
maisons superbes, fut aussi plus commode. Ses maisons
furent alignées, ses rues élargies, ses édifices réduits à
une juste hauteur ; des portiques s'élevèrent devant la
façade des bâtiments ; la pierre d'Albe ou de Gabie, qui
résiste à la flamme, fut substituée au bois.

Le peuple eut ses cirques agrandis, ses théâtres plus
beaux, ses promenades plantées.

Néron compléta ce-qu'avait commencé Auguste. Il
força les particuliers qui détournaient l'eau à leur usage
à la rendre au public [1]. Il soulagea le peuple d'une
partie des taxes de consommation.

Cédant à sa vanité d'artiste et d'acteur, il parut de sa
personne sur le théâtre devant les sénateurs et cent mille
Romains ; il y conduisit des chars, il y disputa le prix
pour la lyre et le chant. Le jeune César avait toujours
préféré les jeux du cirque et de l'amphithéâtre aux
exercices de la guerre. Il partagea et accrut à cet égard
la passion du peuple romain. Il donna les *juvenalia*, les

[1] Tacite, *Ann.*, lib. XV, xviii.

jeux néroniens établis tous les cinq ans, *les très-grands* jeux, tous accompagnés de repas publics et de distributions au peuple de billets de loterie. Tous gagnaient, les uns de riches étoffes; les autres, des tableaux, un cheval, un esclave, des oiseaux rares, des plats recherchés; quelques-uns même des perles, des pierres précieuses, des lingots, un navire, une maison, une terre.

Le luxe de Néron éclate sous toutes les formes inattendues, éblouissantes, qui ont l'air d'un perpétuel défi. Un jour il porte un diadème qui coûte quatre millions de sesterces. Il ne met jamais deux fois le même habit. Il joue à quatre cent mille sesterces le point. Il lui plaît de pêcher avec un filet doré, composé de fils de pourpre et d'écarlate. Il voyage avec un nombre de voitures évalué à mille. Il fait ferrer ses mulets d'argent, vêtir ses muletiers de la belle laine de Canuse. Son cortége de cavaliers et de coureurs est couvert de bracelets et de colliers.

Quelles recherches étranges on le vit déployer dans le fameux festin de Tigellin! « On construisit sur l'étang d'Agrippa un radeau qui, traîné par d'autres bâtiments, portait le mobile banquet. Les navires étaient enrichis d'or et d'ivoire; de jeunes infâmes, rangés selon leur âge et leurs lubriques talents, servaient de rameurs. On avait réuni des oiseaux rares, des animaux de tous les pays et jusqu'à des poissons de l'Océan. Sur les bords du lac s'élevaient des maisons de débauche remplies de femmes du premier rang. Ce furent d'abord des gestes et des danses obscènes; puis, à mesure que le jour disparut, tout le bois voisin, toutes

les maisons d'alentour retentirent de chants, étince-
lèrent de lumières. Néron, ivre de toutes les voluptés
que tolère ou que proscrit la nature, semblait avoir
atteint le dernier terme de la corruption[1]. »

Il se vantait de ses dépenses folles, les réduisait pour
ainsi dire en théorie. La prodigalité, disait-il, est le seul
usage agréable des richesses. Compter ses dépenses c'est
être sordide. Pour être vraiment magnifique, il fallait
savoir se ruiner. Propos de fou ou d'enfant gâté, qu'il
accompagnait de l'éloge de Caligula, prince admirable,
ajoutait-il, pour avoir dissipé en deux ans la grande fortune laissée par Tibère[2]. C'est en suivant un si beau
modèle qu'il enrichit de vils histrions, un joueur de
luth comme Ménécrate, un gladiateur comme Spicillus,
qui reçurent les biens de personnages consulaires; un
usurier comme Cercopithecus Paneros, comblé de donations, de maisons de ville et de campagne, et à qui il
fit faire de royales funérailles; un Tiridate enfin, qui
reçut de lui jusqu'à huit cent milles sesterces par jour.
Poppée eut aussi ses mules ferrées d'or, et cinq cents
ânesses la suivirent dans tous ses voyages, pour remplir
de leur lait la baignoire où son teint venait chercher la
fraîcheur.

Comment les profusions de César n'eussent-elles pas
amené d'autres profusions, qui semblèrent rivaliser avec
les siennes, de la part de ses amis qui le recevaient?
L'un dépense dans un festin quatre millions de sesterces

---

[1] Tacit., *Ann.*, lib. X.
[2] Suét., *in Nerone.*

en roses et en couronnes de soie parfumées. Othon, dans un souper, fait verser sur son hôte une pluie odorante qui coule de tous côtés de tuyaux d'or et d'ivoire.

Demandons ses comptes à ce criminel délire. Partout nous y voyons l'arbitraire, l'iniquité, le sang. Les besoins les plus légitimes restent en souffrance. On diffère la paye des soldats et les pensions des vétérans. Néron décide qu'au lieu de la moitié du bien de ses affranchis qui lui revenait par succession, les cinq sixièmes lui appartiendraient, lorsque, sans raison suffisante, ils porteraient le nom d'une des familles auxquelles il était allié.

Mais il y a une source plus abondante où une tyrannie sans scrupule et sans pitié devait puiser à pleines mains ; c'étaient les testaments, matière admirable à interprétations captieuses et à confiscations.

Pour qu'un testament soit acquis au fisc, il suffira désormais que le testateur soit déclaré coupable d'*ingratitude* envers le prince. Pour être ingrat, il suffira de l'avoir oublié ou de ne lui avoir fait qu'une trop petite part dans son héritage.

On se mettait en garde contre les jurisconsultes qui avaient dicté ou écrit ces testaments ; s'ils avaient pris des précautions qui déplaisaient au prince, on les condamnait à la prison, à l'amende, à l'exil.

La loi de lèse majesté fournit aussi son contingent de ressources. On devait connaître en justice de toutes les paroles et de toutes les actions. Quel encouragement aux délateurs !

Quiconque reçut une charge dut un tribut à César.

Néron rappelait au nouveau titulaire la dette qu'il con-
tractait en entrant en fonction.

Tout fut mis au pillage, villes libres et peuples alliés,
tout jusqu'aux temples et aux statues des dieux, qu'on
fondit pour en faire de l'argent. Un affranchi, Acratus,
remplit dignement cette mission spoliatrice, en prenant
pour auxiliaire Carinas, « aussi habile, dit Tacite, à
trouver des raisons pour nier la puissance des dieux que
des prétextes pour dépouiller les gens. »

Il restait un moyen, invraisemblable, est-on tenté de
dire, chez un tel prince : faire des lois somptuaires
pour en tirer une source de profit. Néron le fit en défendant l'usage des couleurs pourpre et violette; mais il
excita sous main les marchands à en vendre et confisqua
les biens de ceux qui en achetaient.

Lorsqu'il eut fatigué le monde de ses crimes et de ses
exactions; lorsqu'il eut mis à mort sa mère, ses deux
femmes, son frère, plusieurs de ses plus proches
parents; des poëtes comme Lucain; des lettrés comme
Pétrone, qui ne fit que prévenir le supplice par son suicide, des hommes vertueux et de généreux stoïciens; hâté
les jours de Burrhus, forcé son maître Sénèque à mourir
dans un bain ensanglanté, et tué dans un accès de
brutalité sa maîtresse Poppée d'un coup de pied dans le
ventre; alors, ce chanteur, ce poëte qui tournait, dit-on,
passablement les vers, ce lettré, cet artiste enfin eut
l'idée d'aller demander à la Grèce une distraction qui
l'arrachât à des souvenirs dont il était parfois troublé.
Il espéra trouver dans cette terre pleine de souvenirs et de
monuments un aliment à sa curiosité blasée, un champ

pour de nouveaux triomphes, peut-être aussi un moyen
d'échapper à de menaçantes rumeurs. — Voyage inouï
dont la pompe et les folies éclipsent tout ce qu'on
avait vu de Néron lui-même! — Toute une armée
de comédiens, de musiciens, de saltimbanques,
sembla renchérir encore sur son cortége habituel de
mille voitures, sur les magnificences ordinaires de ses
voyages. Ces buffles ferrés d'argent, ces muletiers revêtus
de magnifiques étoffes, ces coureurs, ces cavaliers afri-
cains avec leurs riches bracelets et leurs chevaux capa-
raçonnés, tout cet appareil semble se surpasser lui-
même. La Grèce n'offre pendant un an que fêtes
perpétuelles, jeux isthmiques, olympiens, toutes les
autres solennités rapprochées, réunies dans quelques
mois. Et Néron est partout vainqueur, soit qu'il récite
des vers, soit qu'il joue de la lyre et fasse entendre sa
voix, soit qu'il combatte sur un char traîné par dix
chevaux à Olympie. Il remporte tous les triomphes,
que lui décernent les peuples, tous les honneurs, toutes
les couronnes. Il parcourt la Grèce en maître du monde,
ou plutôt en dieu. Lorsqu'il la quitte à regret pour
aller déjouer un de ces complots qui bientôt vont le
détrôner et le condamner à mourir, il exempte la Grèce
d'impôts et enrichit les pays qui l'ont couronné; oui,
mais il a fait mourir ses concurrents et plus d'un riche,
il a ruiné la Grèce, il a pillé ses temples, il lui enlève
cinq cents de ses dieux !

On a décrit son retour triomphal, le déploiement de
ses fêtes dans les villes d'Italie, la pompe avec laquelle il
étale à Rome les dix-huit cents couronnes qu'il a

rapportées de la Grèce. Il arrive sur le char triomphal d'Auguste, à côté du musicien Diodore. Voyez-le ce vainqueur, en chlamyde semée d'étoiles d'or, l'olivier olympique sur la tête, et dans sa main droite le laurier des jeux pythiens! Suivent, brillamment parés et les cheveux parfumés, les cinq mille hommes qui forment son cortége. Les victimes partout immolées, la terre semée de safran, les fleurs, les rubans de pourpre, les oiseaux jetés sur son passage, est-ce trop pour celui que peuple, chevaliers et sénateurs acclament vainqueur de tous les jeux, nouvel Hercule, nouvel Apollon?

Néron pourra mourir d'une mort infâme, au milieu des cris de malédiction des soldats et des anathèmes des honnêtes gens : il n'importe; de tant de fêtes merveilleuses et de ces distributions follement prodiguées, il devait rester comme un éblouissement sur la multitude et, ce qui paraît monstrueux, comme un sentiment attendri du peuple.

La multitude aima Néron, elle le regretta; on continua, le jour anniversaire de sa mort, à couvrir de fleurs son tombeau.

Oui, quoique nous en coûte cet aveu : le luxe insensé et criminel fit de cet empereur atroce un empereur populaire, aimé, pleuré.

Si la popularité était le jugement des princes, Néron serait absous.

Galba, vieillard de soixante-treize ans, général intègre et habile, créé empereur par les légions, goutteux, incapable d'écrire ni de marcher, bien intentionné, mais dur jusqu'à la cruauté, économe jusqu'à l'avarice, Galba fut impopulaire par ses qualités plus encore que par ses défauts. Son manque de représentation devint un grief contre lui.

Il osa refuser à la plèbe les fêtes et les dépenses sur lesquelles elle mesurait son attachement à ses maîtres.

L'honnête empereur, on peut lui donner ce nom malgré ses répressions trop impitoyables, eut d'ailleurs la main malheureuse dans le choix de ses ministres. Comme s'il fallait que la cupidité, le faste et la confiscation n'eussent pas d'interrègne sous les Césars, on les vit représenter par un Icetus, affranchi de Galba, par un Vinius, son lieutenant, quand Galba gouvernait la Tarragonnaise, par un Laco, son ancien assesseur. Ce triumvirat exerça des exactions impitoyables, versa le sang des riches, chevaliers et sénateurs, et vendit les charges que l'empereur eût voulu réserver aux plus dignes.

Le « secret de l'empire était divulgué, » comme dit l'auteur des *Annales* : on savait désormais que le rang suprême était aux mains de l'armée.

La force qui avait élevé Galba devait le précipiter.

Il eut contre lui tous ceux qu'il n'avait pas gorgés de faveurs. Lorsqu'il leur eut présenté la perspective d'un successeur sévère et vertueux en désignant Licinianus Piso, il fut perdu. Ce règne éphémère, rempli de rigueurs sanglantes, finit, selon l'usage qui tendait à s'établir, par la révolte des armées, l'insurrection du peuple, l'abandon du sénat et l'assassinat du prince.

Le luxe corrompu retrouva son représentant impérial avec un jeune voluptueux qui avait montré pourtant quelque sagesse dans l'administration d'une province, avec ce favori et ce complice des orgies de Néron, installé empereur par les prétoriens. Othon devait chercher à rappeler à la plèbe le souvenir de Néron par ses libéralités. Les courtisans aussi redemandaient la munificence, l'éclat, bannis par le vieux Galba, dont ils détestaient la sobriété bourgeoise, les mœurs étroites et pauvres : les femmes et les jeunes gens réclamaient les plaisirs, les présents, les fêtes, l'influence perdue.

Mais quoi? ce ne fut pas même un règne de cent jours. Il ne fit qu'apparaître dans un orage sanglant, ce jeune homme dissolu, cynique, dépravé jusqu'au fond de l'âme; qui avait partagé, favorisé, conseillé, non pas seulement les débauches, mais les plus affreux crimes de Néron; ce héros d'aventure, sous les apparences d'une femme qu'il aimait à se donner, portant de longs cheveux postiches, imberbe, parfumé, brave à la fin par désespoir. Il ne recula ni devant des flots de sang, ni devant le risque de sa vie pour échapper à ses dettes et assurer ses voluptés. Il n'en jouit même pas en repos dans ce court intervalle.

Un soir, une émeute de l'armée menace le palais. Othon donnait un souper qui s'était prolongé outre mesure : quatre-vingts sénateurs, leurs femmes, d'autres personnages non moins odieux à la soldatesque, sont obligés de prendre la fuite; ils s'esquivent sous les déguisements les plus vils. Quand les portes sont forcées, Othon, en costume de débauche, la ceinture dénouée, trébuchant dans ses longs vêtements, se dresse sur un lit de festin, prodigue à ses redoutables défenseurs les

supplications les plus touchantes, et ne réussit à les
calmer qu'en leur promettant 5 000 sesterces par tête.

Triste comédie qui se mêle à une tragédie pleine de
brusques et sanglantes péripéties !

Othon et Vitellius négocient pour le trône, se deman-
dent mutuellement par lettres le sacrifice de leurs prétentions; à quel prix? Au prix de la promesse de richesses
sans bornes et d'un faste sans limites. Othon propose à
Vitellius, s'il fait sa soumission, des palais, des villas,
des revenus propres à satisfaire la gloutonnerie la plus
exigeante ; Vitellius offre à Othon des trésors immenses,
s'il renonce à l'empire, les mêmes richesses, des repas
magnifiques et toutes les voluptés.

Vitellius l'emporta. Y a-t-il donc telle chose qu'on
puisse nommer le luxe de Vitellius? Oui, si la prodigalité,
fût elle mise au service de la gourmandise, mérite un
tel nom.

Outre les exploits de sa gloutonnerie ruineuse, il prodigue aux soldats ses biens et ceux de ses ennemis[1].

Quant à ces prodiges d'une gourmandise qui ressemble, comme tous les vices des Césars, à une maladie, ils
ne représentent que l'abrutissement du luxe des tables.

C'est la stupide prédominance de la quantité sur la
qualité, bien que celle-ci ne soit pas exclue.

Tels de ces festins coûtent jusqu'à 400 000 sesterces : on y sert jusqu'à deux mille poissons des plus fins
et sept mille oiseaux.

Vitellius lui-même se pique de génie culinaire, comme
Néron se piquait d'être poëte. En mourant, il eût pu

---

[1] V. pour ceci et ce qui précède Suet. et Tac. (Hist.)

dire, avec plus de vérité peut-être : « Quel artiste le monde va perdre ! »

Il excellait à inventer des plats nouveaux.

Il mit en mouvement la marine depuis le pays des Parthes jusqu'au détroit de Gadès pour composer un mets savamment compliqué. On y trouvait mêlés des foies de carlets, des cervelles de faisans et de paons, des langues de flamants, des laitances de lamproies, etc.

Ce glouton s'invitait à dîner chez les particuliers : les repas coûtaient 70 000 francs et plus.

Il volait les viandes jusque sur les autels des dieux.

En voyage, il faisait main basse sur tout ce qu'il rencontrait dans les auberges.

Au reste, il n'en était pas à ses coups d'essai d'impiété et de profusions quand il arrivait à l'empire. Durant l'administration dont il avait été chargé, il avait dérobé les offrandes et les ornements des temples, et substitué à l'or et à l'argent le cuivre et l'étain. Il avait aussi détaché une grosse perle de l'oreille de sa mère pour mettre en gage ce joyau.

On racontait qu'il avait faussement accusé un riche affranchi, qui lui réclamait une dette, de lui avoir donné un coup de pied : il n'avait renoncé à cette accusation calomnieuse qu'après lui avoir extorqué 50 000 sesterces.

Empereur, il fit faire un plat d'argent colossal qui valait 200 000 francs, qu'on nommait *Bouclier de Minerve*. Tacite nous apprend qu'en huit mois sa table absorba une somme qui équivaut à plusieurs millions de notre monnaie.

Au reste, il avait la maladie de la faim, la *boulimie*. Autrement, il n'aurait pas fait arrêter sa litière devant les poêles à frire des marchands ambulants pour tout dévorer.

Vitellius lui aussi fut populaire.

Ses familiarités avec les soldats, ses joyeux repas, son humeur indulgente pour tout ce qui était vice et infamie, le facile pardon dont il couvrait même les crimes, le firent aimer des légions, puis du peuple, — tant qu'il fut le plus fort.

Après quoi le mépris l'emporta sur tout.

Le malheureux, découvert dans un chenil où il se cachait, les vêtements déchirés, mordu par les chiens, promené au milieu des insultes dans la ville, les mains liées derrière le dos, l'épée sous le menton, afin qu'il vît renverser ses statues, trouva une mort aussi ignominieuse que l'avait été sa vie.

Cette vie n'était plus qu'une existence animale depuis longtemps : après avoir mangé, il se vautrait inerte sous les ombrages de sa villa d'Aricie. Le porc ne se réveilla en criant que devant ses bourreaux.

Il y eut alors réaction contre le luxe, réaction dont il ne faudrait pas s'exagérer pourtant la portée.

Voici enfin un bon empereur, Vespasien (69-75).

Modèle un peu bourgeois, dirions-nous aujourd'hui, mais ferme et respecté d'ordre, de régularité, d'inflexible économie.

C'est ce prince aux façons rudes qui, voyant venir à lui un jeune homme tout parfumé pour le remercier de l'avoir nommé à un emploi, lui dit brusquement : « Que ne sens-tu l'ail ? »

Sa simplicité, sa sévérité, ses réformes, ne furent pas sans effet.

Il ne pouvait renoncer aux distributions d'argent et de vivres. Du moins y mit-il quelque discernement ; il s'attacha à soulager les vraies misères ; il chercha le plus possible à substituer le salaire au don gratuit. Venir en aide à toutes les cités de l'empire que les incendies si réquents alors et les guerres civiles avaient éprouvées ; contribuer à relever les villes de Chypre, atteintes par un tremblement de terre ; favoriser les lettres et les arts de pensions et de dons qui permirent d'entretenir libéralement des professeurs de lettres grecques et latines et des artistes en différents genres ; concourir à de grandes et belles constructions ; fonder une magnifique bibliothèque et d'importants établissements scientifiques, ce fut là l'œuvre d'un luxe intelligent. Cette œuvre contraste heureusement avec tant de pompes grossièrement matérielles et de profusions coupables auxquelles l'histoire de ce temps ne nous a que trop habitués.

Pourquoi ne pas louer franchement Titus, selon la vieille mode ?

On nous dit qu'il régna peu, que la tyrannie eut toujours des prémisses heureuses, en vertu de quoi il aurait pu devenir un affreux tyran, s'il eût régné un an de plus.

Le fonds de générosité qui se montre dans cette nature et les progrès qu'il n'avait guère cessé de faire dans la voie du bien après d'assez fâcheux débuts, mettent les bonnes chances en sa faveur. Prodigue et dissipé, il l'avait été dans sa jeunesse. Devenu empereur, il

démentit les craintes que ses premiers emportements
avaient fait craindre.

Nous ne le donnons pas pourtant pour un prince
économe. Peut-être est-ce à ses brillantes dépenses,
autant qu'aux vertus qu'il montra, qu'il dut, avec
l'amour des populations, l'auréole favorable qui entoure
sa mémoire.

Titus se montre généreux pour les familles éprouvées
par les désastres.

Il dépense beaucoup en monuments publics et en fêtes.

Il bâtit ses fameux Thermes, la merveille des bains.

Il achève le Colisée, œuvre immense, et donne au
peuple un amphithéâtre où quatre-vingt-sept mille spectateurs purent siéger sans confusion.

Dans la fête qu'il fait célébrer à l'inauguration du
nouvel édifice, cinq mille bêtes fauves furent lâchées
dans l'arène. Ces combats de gladiateurs tinrent la
population haletante pendant cent jours. Il y eut des
spectacles de toute nature : une naumachie incomparable, une loterie avec distribution gratuite de billets par
centaines de milliers.

Plus d'élégance que de faste dans sa personne, plus
d'agrément que de profusion dans ses festins, de la
libéralité à donner sans aucune avidité à recevoir, jusqu'à
refuser même les héritages et les présents, une bonne
grâce qui faisait valoir ces profusions elles-mêmes, maintiennent la différence profonde que nous persistons à maintenir entre Titus et ses tristes prédécesseurs. On trouve
là un ensemble séduisant, un air de grandeur et de
franchise joint à une énergie virile toute militaire.

Sera-t-il possible de montrer de l'originalité dans le luxe après les folies bizarres qu'on a vues?

La réponse est dans le règne et dans le caractère même du tyran qui semble clore cette période avant l'ère des Antonins. Domitien (81-95) déploie en ce genre un esprit inventif.

Il y a du Néron et du Tibère dans ce tyran. Il offre pourtant une physionomie à part. Il a de Néron le faste, la sotte vanité, la passion des spectacles, la manie d'y faire figure; de Tibère il a l'humeur inquiète et soupçonneuse, la politique astucieuse.

Ce fils de Vespasien, ce frère de Titus, fit d'abord mieux augurer de son caractère.

Il sembla vouloir rappeler Titus : il châtia les délateurs, combattit le scandaleux étalage des femmes mal notées, réforma les théâtres en supprimant les pantomimes et les histrions, arma la loi contre des vices infâmes, impunis jusqu'alors, et fit revivre contre les débauches des vestales la sévérité des vieilles lois romaines.

Dur pourtant déjà, impitoyable, selon son naturel, qui sur ce point ne se démentit pas, mais impitoyable au nom de la vertu.

Ses distributions de vivres et d'argent, dans cette première période de son règne, n'ont rien d'excessif, si on admet qu'à cette époque ces libéralités étaient devenues inévitables. Du peuple elles s'étaient étendues aux grands. Les sénateurs et les chevaliers en prenaient leur large part. Ils acceptaient non-seulement des objets précieux, mais des rations de pain.

Mais Domitien aussi est un malade, un de ces malades

comme le monde en renferme trop souvent, dont la maladie ne se déclare pas toujours ou se renferme dans certaines limites. Chez la masse des hommes, la nécessité
du travail, la régularité des habitudes, la force de
l'exemple et le frein de l'opinion retiennent sur une
pente fatale ces maladies qui n'excluent pas toute liberté
et toute responsabilité. Mais supprimez ces obstacles,
mettez en leur place tous les excitants, donnez le pouvoir
de tout faire, le monde éprouvera à ses dépens ce que
deviennent ces malades tout puissants livrés à toute la
licence de leurs fantaisies.

Ce caractère triste, irritable, de Domitien, n'ayant
aucun frein, s'aigrit, s'ulcéra : ses instincts pervers
s'exaltèrent sous l'influence de causes qui toutes tiennent au souverain pouvoir.

Dans une guerre où il comptait se couvrir de gloire,
il ne recevait qu'humiliation; il s'étonna lui-même de
n'avoir su se conduire qu'avec lâcheté. Les médailles
mensongères que lui décerna le sénat, qui transforma ce
vaincu, ce fuyard, en un nouveau Germanicus, ne purent
lui faire illusion.

Les injures et les mépris de la multitude, qui trouvèrent à se faire jour, ne lui auraient pas permis d'ailleurs d'ignorer son ignominie.

La conspiration d'un personnage de haute condition,
Antonius Saturninus, qui commandait des légions dans
la Germanie supérieure, et dont le complot eut peut-
être des ramifications dangereuses à Rome même, contribua aussi à le jeter dans la voie des cruautés. La peur,
le soupçon, la débauche, l'habitude de faire céder tout

obstacle, eurent leurs effets habituels sur une âme
livrée au mécontentement d'elle-même et à une sourde
fureur.

Le tyran fastueux et cruel que l'histoire nous montre
se déclara donc de plus en plus.

Rien ne dépasse son besoin de représentation et de
pompe, sa passion frénétique pour les jeux de l'amphithéâtre, son désir de popularité : sorte de compensation
de la haine et de la terreur qu'il sentait chez les grands
autour de lui. La cruauté de ces représentations meur-
trières en égale seule les splendeurs.

Ce ne sont plus en effet seulement des gladiateurs et
des bêtes qui combattent, mais des bataillons entiers
d'infanterie et de cavalerie : des femmes mêmes expo-
sèrent leur vie sur l'arène.

Les atrocités les plus raffinées, les mutilations les plus
odieuses, que ce prince introduisit dans les supplices,
firent partie de ces spectacles. Il fit de l'amphithéâtre,
devenu plus que jamais un lieu de carnage et de pompe,
son séjour de prédilection.

C'est là qu'il étala tout l'éclat du rang impérial.

Les yeux se fixaient sur cet homme petit de taille,
beau de visage, vêtu d'une toge de pourpre à la grecque,
ayant sur la tête une couronne d'or avec les effigies de
Jupiter, de Junon et de Minerve, entouré du collège des
prêtres flaviens, magnifiquement habillés et portant sur
leurs couronnes l'image impériale.

Aux pieds de l'empereur on distingue un nain vêtu
d'écarlate et dont la tête est petite et difforme.

Domitien, qui partage pour le spectacle l'ardente

curiosité de la foule, est lui-même attentif, immobile.
Il ne quitte pas sa place, même quand la pluie tombe
à flots. Les spectateurs n'osent pas sortir par peur d'encourir la colère du prince.

Au reste, il aime à laisser des intervalles entre les
cris des gladiateurs et les gémissements des mourants :
la musique et le chant ont leur tour, et ces lieux de combat s'ouvrent aussi pour les joutes pacifiques de la poésie
et de l'art oratoire.

Martial a fait honneur à Domitien d'avoir mis à la
portée du public les jardins qui formaient le domaine
réservé de l'empereur. L'excellent Domitien répare ainsi
aux yeux du poëte adulateur l'égoïsme du tyran Néron :
« Dans ce quartier où la statue colossale du Soleil touche
aux nues, dans le milieu de cette rue où de hautes ma-
chines s'élèvent à volonté, brillait le palais odieux d'un
prince cruel, palais immense, qui remplissait toute la
ville; les étangs de Néron tenaient la place de ce magnifique amphithéâtre. Dans cette place où vous admirez ces
bains bâtis avec tant de célérité, un parc orgueilleux pri-
vait de leurs habitations les infortunés Romains. Le portique de Claudia couvre de ses ombres les restes de ce
palais qui n'est plus. Rome est rendue à elle-même; et
sous votre empire, César, les délices d'un tyran sont les
délices du peuple [1]. »

Martial met au-dessus de tous les travaux merveilleux
dont s'enorgueillissent les autres peuples l'amphithéâtre
de Domitien.

[1] Épigr 2. *De spectaculis.*

Il s'écrie sur le ton de l'enthousiasme : « Que la barbare Memphis garde le silence sur ses pyramides mira-
culeuses, que Babylone ne vante plus ses hautes murailles, que la molle Ionie ne soit plus célèbre pour son
temple de Diane, que l'on n'attribue plus à un Dieu
l'autel d'Apollon construit avec des cornes de chèvres;
que les Cariens n'élèvent plus aux astres, par des éloges
inconsidérés, leurs mausolées suspendus dans les airs.
Tous ces ouvrages illustres ne peuvent se comparer à
l'amphithéâtre de César : ce chef-d'œuvre doit seul occuper la renommée [1]. »

Plus que jamais les étrangers affluaient à Rome.
« Est-il, s'écrie le même poëte de cour, est-il des contrées assez éloignées, assez barbares, dont quelque habitant ne soit à Rome? Le cultivateur de Thrace quitte le
mont Hémus, patrie d'Orphée; le Sarmate, qui se nour-
rit de cheval, celui qui boit les premières eaux du Nil,
celui qui demeure sur les bords de la mer, l'Arabe, le
Sabéen, le Silicien, le Sicambre aux cheveux noués,
l'Éthiopien crépu, accourent de toutes parts et sont
mouillés par les nuages odoriférants de l'amphithéâtre [1]. »

Domitien voulut avoir un palais digne de lui. Devait-
il prendre la Maison dorée? Othon, dans son court passage, y avait songé : il y avait mis les ouvriers; le temps
lui manqua. La Maison d'or était impopulaire, odieuse
à tous. Les Flaviens, jaloux de se distinguer des Césars
— on vient de voir combien Martial sait habilement flat-

---

[1] Épigr. prim. *De spectaculis.*
[1] Épigr. 3. *De spectaculis.*

ter ce sentiment — prirent donc le parti de détruire cet immense palais. Le siége de l'empire revint par suite au Palatin.

Ce que fut ce palais de Domitien, nous le savons par les fouilles de M. Rosa, qui en a retrouvé la place et les débris. Tout y annonce la grandeur et la magnificence. On y trouve une basilique, où l'empereur rendait la justice; une salle du trône, où il recevait les ambassadeurs et les corps de l'État. On voit sur le sol les marbres vantés par les poëtes du temps, marbres de Libye, de Phrygie, de Laconie, marbres de Syrène, de Chio, de Luni. Ici était le trône; là un immense péristyle, qui peut contenir plus de mille personnes debout, occupe l'intérieur; c'est là qu'attendait et se pressait la foule des courtisans. Des bases et des chapiteaux de colonnes ont été recueillis ou sont en place sur les dalles de marbre blanc. La salle de festin est d'une si belle proportion qu'elle ne pouvait servir qu'à ces repas publics dans lesquels Domitien donnait l'exemple de la sobriété. Comme les rangées de tables et de lits étaient adossées et forçaient les convives à regarder de deux côtés différents, on avait ménagé de chaque côté de la salle une nymphée, c'est à-dire une petite cour communiquant par d'immenses fenêtres et ornée d'un bassin, de jets d'eau, de statues, de vasques pleines de fleurs; les invités du césar ne respirent ainsi que fraîcheur et parfums. Voici le *lararium*, c'est-à-dire le sanctuaire où l'on venait adorer les dieux protecteurs de la famille impériale, les chambre en formes d'exèdre où l'on pouvait se retirer et causer secrètement, le portique et les petites salles de service qui ont vue sur la vallée de l'Aventin et le grand cirque[1].

Domitien aimait la gloire. Il avait déployé un faste tout à fait inouï dans la guerre des Daces. Les épithalames des poëtes courtisans avaient célébré son triomphe. Il fit consister cette gloire de son règne dans la volonté d'éclipser la libéralité de ses prédécesseurs. On n'avait jamais vu tant de repas publics, jamais tant de distributions au peuple.

On distribua dans les jeux jusqu'à des paniers remplis de mets, auxquels l'empereur goûtait le premier.

On distribua des sommes d'argent souvent considérables ; trois fois sous ce règne chacun reçut une somme de trois cents sesterces.

Rome se couvrit de nombreux édifices, de théâtres, de temples, de places, d'odéons, de portiques, d'arcs de triomphe, de basiliques, de bains de marbre. On évalue à environ soixante-six ou soixante-dix millions de notre monnaie la restauration du Capitole. C'est même à une somme analogue que Plutarque évalue, sans doute avec exagération, les seules dépenses pour les dorures.

Le culte de l'empereur déclaré dieu fut célébré avec des pompes jusqu'alors inconnues. On lui éleva des temples magnifiques. Les offrandes à Jupiter, à Minerve dont il s'était déclaré le fils, furent multipliées et portées à un degré de richesse extraordinaire.

Stace et Martial ont chanté ces grandeurs éblouissantes du plus pompeux comme du plus sinistre des règnes.

[1] V. les études de MM. Beulé et G. Boissier sur les restes de ce palais.

Ces poëtes de cour ont couvert des fleurs de leur enthousiasme factice, et mal rétribué, ce prince qui fit couler à flots le sang des philosophes comme des chrétiens,
et ne réserva quelques maigres faveurs qu'aux lettres adu-
latrices.

Tous les historiens mettent sous les yeux l'épouvan-
table fiscalité qui fut la conséquence de ces exigences
accrues sans aucune mesure. Les bourgs et les villes
en devinrent la proie. L'arbitraire prit les formes les plus
atroces et les plus bizarres, avec la captation des testaments, le règne des délateurs, et des inventions ingénieusement horribles. Cette histoire de crimes conçus
et exécutés avec une férocité réfléchie, épouvante et glace.
La pensée ne se rafraîchit un peu qu'au spectacle de
vertus énergiques et touchantes suscitées par ces persécutions mêmes. Ces dévouements courageux de quelques
citoyens d'une fermeté stoïque, ces beaux caractères de
femmes, ces exemples d'une fidélité à toute épreuve de
la part d'esclaves, représentent en ces horribles temps la
protestation de la vertu. On voit ici avec bonheur la
preuve que même, au sein de ces sociétés perverties, il
se cache des trésors de noblesse morale, trop relégués
dans l'ombre par la peinture qui s'attache au mal et à
d'épouvantables excès.

Ce règne finit, comme la plupart des précédents, dans
une révolte de palais. L'excès de la peur, à la veille
d'une proscription en masse, rendit le courage à un
petit nombre de citoyens. Domitien clôt une période.
Bien qu'appartenant à la famille flavienne, il eut les
vices et rappelle les crimes des pires Césars.

Nous verrons plus tard quels furent, quant au luxe,
le rôle et la politique des Antonins et de leurs successeurs : rôle et politique à certains égards différents et
meilleurs, lorsque le monde a la chance de tomber sur
ce qu'on nomme un « bon empereur », mais dont les
vices ne manquent jamais de reparaître et d'accuser le
mal essentiel des institutions. Tantôt ceux qui personnifient le pouvoir valent mieux que la société qu'ils
gouvernent ou paraissent gouverner, tantôt ils valent
moins et calomnient cette société elle-même par l'excès
de leurs vices. Les Césars nous ont montré ce qu'on peut
appeler la « psychologie morale » du luxe et du despotisme joints ensemble. Les Antonins et leurs successeurs
nous en réservent plus d'une expérience encore et plus
d'un type différemment caractéristique. — Laissons pour
un instant les hommes et les mœurs pour jeter un coup
d'œil sur les sources diverses où le luxe public s'alimentait.

CHAPITRE III

I

Les empereurs contribuèrent au luxe public avec leurs revenus et ceux de l'État, d'une manière considérable, mais ils n'y contribuèrent pas seuls, il s'en faut.

Ce n'est pas que cette participation des empereurs ait cessé d'être énorme dans certains règnes surtout, bons ou mauvais; car les bons regardèrent aussi comme une de leurs attributions le luxe public, notamment sous la forme des jeux.

On pourra juger des dépenses en ce genre d'un Probus, par exemple, lorsqu'on le verra montrer dans l'amphithéâtre cent lions, cent léopards de Libye, cent de Syrie, cent lionnes, trois cents ours et six cents gladiateurs; et, dans une chasse, qui a pour théâtre le cirque planté de grands arbres, faire lâcher mille autruches, mille cerfs, mille sangliers, mille daims, dont le peuple

eut à se partager les morceaux[1]. Les charges qui retom-
bent sur Antonin, par exemple, n'étaient pas moindres
quand il exhibait des éléphants, une quantité de tigres,
d'hyènes, de rhinocéros, de crocodiles, d'hippopotames,
de lions, dont cent furent tués dans une seule représentation. Les Césars avaient donné l'exemple d'entrer
dans ces dépenses même pour les provinces. Hérode
ayant établi en Judée un spectacle solennel qui devait
revenir tous les quatre ans, Auguste et Livie fournirent
près de 5 millions de nos francs. Qu'on se représente
dans ces fêtes de Titus, dont il a été parlé plus haut,
les frais de telles représentations, le seul prix des achats
des animaux, lorsqu'on voit que neuf mille bêtes sauvages tombèrent sur l'arène ! Que sera-ce, lorsqu'à ces
dépenses qui continuent, il se joindra de grands travaux
publics exécutés dans tout l'empire, comme sous un
Adrien.

Déjà sous l'ancienne république le montant des
dépenses affectées aux plaisirs publics était exorbitant,
et se distribuait entre divers participants. Ainsi on voit
qu'il y avait une allocation de 200 000 as ou près de
54 000 francs sur les fonds de l'État pour la fête du mois
de septembre, qui durait quatre jours. Les autres jeux
publics étaient aussi défrayés par l'État sur le produit de
l'impôt et des dotations. Mais cela n'avait pu suffire au
luxe croissant des fêtes. Les édiles avaient été obligés d'y
ajouter des subventions considérables, de leurs propres
deniers, ou de recourir à la bourse de leurs amis. Au

[1] Vopiscus. *Vie de Probus.*

milieu du deuxième siècle avant Jésus-Christ, on voit
que de brillants jeux de gladiateurs coûtaient trente talents, soit plus de 176 000 francs[1]. Cette somme paraît
faible elle même en comparaison de la prodigalité inouïe
que l'on déploya dans les spectacles, vers la fin de la république. M. Friedlænder, dans son savant ouvrage sur
les *Mœurs romaines*, pense, fidèle en cela à son point de
vue, qui tend à réduire plus qu'à augmenter le luxe impérial, que la magnificence des jeux donnés par les
Scaurus, les Pompée, les Jules César, ne fut guère dépassée, même sous l'empire. Milon dissipa trois héritages
en spectacles, pour plaire à la populace. Mais M. Frœd-
lander ne conteste pas que le nombre et la durée de ces
jeux magnifiques s'accrurent sous l'empire très-sensi-
blement, ce qui suffit pour résoudre la question sous le
rapport financier.

On fut obligé d'élever le tarif des sommes à payer par
le trésor de l'État pour les jeux publics. En l'an 511,
on trouve, en convertissant les sesterces en francs, pour
les jeux dits *romains*, plus de 206 000 francs; pour les
jeux dits *plébéiens*, plus de 103 700 francs; et seulement 27 000 francs pour les jeux *augustaux* nouvellement institués.

Le simple énoncé de ces chiffres indique suffisamment
qu'ils sont loin de donner l'idée de la totalité des dépenses, et laisse soupçonner que ce que les magistrats
ordonnateurs y ajoutaient et ce que les particuliers y
mettaient du leur échappe au calcul.

[1] Polybe, l. XXXII.

Nous voyons, par exemple, que dans une ville moyenne de l'Italie, où tout était moins cher qu'à Rome, de bons jeux ordinaires de gladiateurs, durant trois jours, coûtaient 140 000 francs. Or, quelles villes se contentaient d'une seule de ces représentaions? et combien de spectacles dispendieux, autres que ceux des gladiateurs, et plus fréquemment répétés!

La participation des riches, sans égaler, on va le voir, celle des villes, était énorme. Ils entraient dans les dépenses de travaux de luxe et dans celles des plaisirs publics, soit par des dons faits de leur vivant, soit par des legs.

Après que les villes eurent reçu de l'empereur Nerva la permission d'accepter des legs, ils devinrent, pour les travaux publics, extrêmement fréquents, et il ne fut pas rare de voir des testaments imposer à des héritiers l'obligation de faire construire des thermes, un théâtre ou un stade.

On en trouve d'assez nombreux exemples cités par Tacite, Pline le Jeune et Pline l'Ancien.

Après la destruction de Crémone en l'an 69, c'est la munificence des citoyens qui restaure les places publiques et les temples de cette ville.

Le grand-père de la troisième femme de Pline le Jeune fait ériger à Côme, en son propre nom comme en celui de son fils, une superbe colonnade, et il donne à la ville un capital affecté à l'embellissement de ses portes.

A Oretum, dans la Tarraconaise, un citoyen fait construire, à la requête du conseil et de la bourgeoisie, en l'honneur de la *divine* maison impériale, un pont qui lui coûte 80,000 sesterces (21,750 fr.), et qu'il inaugure par des jeux du cirque, également à ses frais.

Le médecin Crinas dépense près de 10 millions de sesterces ou 2,720,000 francs en murailles, qu'il fait élever à Marseille, sa ville natale, et ailleurs. Les deux frères Stertinius épuisent leur fortune par les constructions dont ils dotent la ville de Naples. Dion de Pruse, dont le grand-père avait sacrifié toute sa fortune aux intérêts de sa ville, y bâtit lui-même une colonnade près des thermes, avec boutiques et ateliers ; le terrain seul coûtait environ 50,000 drachmes.

Quelques riches font plus encore. Nicétès établit à Smyrne des rues splendides ; il élargit la ville jusqu'à la porte d'Éphèse. Le rhéteur Aristide exagère sans nul doute, lorsqu'il affirme qu'Alexandre de Cotyœum fit rebâtir sa ville presque entièrement à neuf ; de telles exagérations supposent du moins un grand fonds de réalité. Mais rien n'égale les libéralités célèbres d'Hérode Atticus (né à Marathon en 101, consul en 143, mort en 177). Ses magnifiques constructions n'ont pas moins fait pour sa renommée que ses talents de rhéteur. Il en subsiste des restes imposants, et de nombreuses inscriptions les mentionnent. Il dota la Troade de 5 millions de drachmes nécessaires pour l'achèvement de grands travaux publics. L'Italie et la Grèce éprouvent également ses bienfaits : il construit à Corinthe un théâtre couvert, à Olympie un aqueduc, aux Thermopyles des bassins pour des bains sulfureux ; il orne le stade, à Delphes, de marbre du Pentélique ; il songe même au percement de l'isthme corinthien. Il restaure un temple de Minerve ; fait revêtir, à Athènes même, le stade des Panathénées, de Lycurgue, de marbre du Pentélique ; érige, sur le rocher qui en domine les côtés, un temple à la Fortune avec une statue de la déesse en ivoire, et bâtit au pied de l'Acropole, en l'honneur de son épouse Régilla, un théâtre couvert en bois de cèdre, qui pouvait contenir environ six mille personnes.

Nous bornerons là ces exemples. Les inscriptions subsistantes et maints témoignages permettraient de les multiplier pendant toute la durée de l'empire.

La part des villes dans le luxe public et d'abord dans leurs propres divertissements était en définitive la plus considérable : c'était peut-être de tous les impôts celui qu'on acquittait avec le moins de regret. Elles contribuaient pour les spectacles et pour les courses de chars si passionnément recherchées. Quelquefois la contribution était fixée par l'empereur : c'était le cas quand il s'agissait de faire venir de Rome des objets qu'on ne pouvait trouver ailleurs. Ainsi Capoue voulut donner des fêtes où les chevaux figuraient ; Gratien fixa l'indemnité due par cette ville à deux mille *modii* de fèves, au profit de chacune des écuries des quatre factions de cochers, *prasina*, *russata*, *albata* et *venata*, nommées ainsi selon qu'elles portaient la couleur verte, rouge, blanche ou bleue. Le trésor public intervenait lorsque les ressources des magistrats étaient insuffisantes, ou que l'empereur avait lui-même besoin d'y recourir pour les fêtes extraordinaires. Il prenait à

son compte les frais de nourriture et d'entretien
des chevaux curules. Mais plus lourde encore était
la charge imposée aux magistrats des cités, aux duum-
virs, à la curie, dans les villes de province. La même
charge devait retomber à Rome, et plus tard à Constantinople, sur les préteurs, sur les questeurs et sur
les consuls.

Une foule de dépenses accessoires étaient entraînées
par ces grandes représentations du cirque.

Il fallait faire venir des provinces éloignées ces
animaux qui faisaient par leur nombre ou par leur
singularité l'admiration des spectateurs. C'étaient des
magistrats urbains qui les conduisaient. Le transport
s'en opérait au moyen de réquisitions ou par la poste
publique. C'étaient encore les villes qui faisaient les
frais du séjour, si longtemps prolongé parfois, des
animaux et de leurs conducteurs. C'étaient elles qui
fournissaient les cages pour les bêtes féroces, et d'autres
accessoires. Honorius dut chercher à limiter ces contributions abusives.

C'étaient encore les villes qui, dût tout l'honneur
en revenir à tel gouverneur de province, prodigue aux
dépens de l'impôt, payaient les prix offerts aux vainqueurs des courses et aux acteurs.

Pour renfermer l'abus dans des bornes infranchis-
sables, on avait empêché les prix décernés par les gouverneurs de dépasser deux *solidi*. On laissait au prince
seul le privilége d'offrir en prix une robe de soie,
aux seuls consuls celui de distribuer de l'or, ainsi
que ces tablettes d'ivoire, sur lesquelles étaient, on le

suppose, inscrits les programmes des représentations.
Pourtant les prêtres eurent aussi, jusqu'à Théodose, le
privilège d'élever aussi haut qu'ils voudraient le chiffre
de la dépense et la valeur des prix.

Les gladiateurs étaient la grosse dépense. Aussi les
villes cherchaient-elles à s'en affranchir et laissaient-
elles le sacrifice se partager entre l'État et les particuliers.

L'État nourrissait les prisonniers aux frais du trésor
ou des provinces, dans les prisons publiques où ils
étaient instruits et exercés à cet art si périlleux. On
sait pourtant qu'un tel métier exerçait un certain
attrait sur certains hommes qu'on voyait s'y livrer volontairement : lorsque ceux-ci n'étaient pas entretenus
par des particuliers opulents, c'était encore le trésor
public qui faisait les frais de leur salaire.

Le luxe public ne se composait pas seulement, sous
l'empire, de ce genre de dépenses.

Il y en avait heureusement d'autres d'une nature
plus élevée qui contribuaient à l'éclat des villes comme
à l'utilité publique.

Telles étaient des écoles de tous les degrés, les bibliothèques, noble décoration des villes et foyer de
toutes les connaissances humaines.

Ces grands dépôts étaient alimentés de toutes sortes
de livres, ils étaient ornés avec goût de bustes, de
sculptures et quelquefois de portraits.

Le culte et ses magnificences recevaient aussi des sub-
sides empruntés aux mêmes sources.

Les *sacerdotes* en voyaient peser sur eux une bonne

partie. Ils payaient les spectacles qui accompagnaient les fêtes religieuses.

Les dotations consistaient en allocations fournies par le trésor public ou en produit des terres, bois et autres propriétés du domaine sacré. Elles servaient à l'entretien du personnel inférieur des temples, et subvenaient aussi, avec l'aide de la générosité privée, à la célébration des sacrifices et des fêtes.

Pour les travaux fastueux, marqués pourtant le plus souvent d'un caractère utile, on rencontre aussi une répartition des charges entre les riches qui les prennent à leur compte, les caisses des villes ou de certaines corporations, la caisse dite du vin, par exemple, où l'État puise abondamment.

C'est ainsi qu'on verra l'empereur Adrien délivrer à Atticus, pour la construction de l'aqueduc de la ville de Troade, trois cents myriades de drachmes, ou environ deux millions de francs; Théodose, allouer au préfet du prétoire une somme de quatre cents *solidi*, pour faire opérer le curage du Nil; Alexandre Sévère, employer le montant des droits perçus sur les courtisanes et les gens de mauvaise vie à la restauration du théâtre, du cirque, de l'amphithéâtre et du temple de Saturne.

Pourtant, même à ces époques où l'aristocratie n'a plus la même ambition ni le même intérêt à la popularité, il se trouve encore des citoyens assez riches et assez désireux de la renommée et de l'influence pour lutter même avec les empereurs de magnificence et de générosité.

II

LUXE ET MAGNIFICENCE DES GRANDES VILLES.

Ce serait assurément tracer une peinture peu fidèle du luxe répandu dans le monde romain, que de s'en tenir, comme on le fait trop souvent, à la seule capitale.

L'empire avait lui-même conçu de ses propres progrès, de son propre bien-être, malgré les causes de trouble et de souffrance, de sa civilisation en un mot, comme on dirait aujourd'hui, une haute idée qui ne se concentrait pas seulement sur la ville des empereurs. A côté des peintres chagrins, des moralistes attristés à juste titre, qui voyaient les vices, des historiens qui signalaient le mal dans les hautes régions de la société, il y avait des apologistes qui parlaient de leur temps avec un enthousiasme assez analogue à celui avec lequel nous parlons souvent du nôtre.

Dans le panégyrique de Rome, prononcé en l'an 145 de notre ère, par le rhéteur Aristide, on ne saurait, au milieu des hyperboles de ces discours de circonstance, méconnaître une grande et triomphante expression de ces progrès « Quand vit-on jamais, s'écrie-il, un aussi grand nombre de villes sur la terre ferme et sur les bords de la mer, et tant de villes si parées? Quel souverain du temps jadis a pu jamais se flatter, en voyageant dans son empire, d'en rencontrer chaque jour une autre,

souvent même d'en traverser deux ou trois sur sa route,
dans la même journée ? On serait tenté de dire que les
princes d'autrefois ne régnaient que sur des déserts
garnis de places fortes, tandis que vous, Romains, vous
régnez seuls sur des villes. Sous votre domination, toutes
les villes grecques refleurissent, et les monuments, les
œuvres d'art dont elles sont ornées, concourent tous
également à votre gloire. Les côtes et l'intérieur des
terres fourmillent de villes, bâties et agrandies par vous.
L'Ionie est au premier rang pour l'éclat et la beauté de
ses cités ; autant elle excellait, auparavant déjà, sur
les autres pays, par les grâces naturelles, autant elle a
encore gagné depuis par la comparaison du présent avec
le passé. La grande et superbe ville d'Alexandrie est devenue comme le collier qui étincelle sur la gorge d'une
femme opulente, un des joyaux de votre empire. Toute
la terre est en habits de fête ; elle a quitté son ancien
costume bardé de fer, et ne rêve que magnificence, parures et plaisirs de toute espèce. Toutes les villes sont
possédées de la même ambition ; chacune n'aspire qu'à
paraître, sinon la plus belle, au moins la plus jolie.
Tout est rempli de stades, d'aqueducs, de propylées, de
temples, d'ateliers et d'écoles ; tout autorise à dire que
la terre, cette malade d'autrefois, est maintenant re-
venue à une santé florissante. Lorsqu'on voit comment
vos dons affluent de tous côtés, on ne saurait affirmer
d'aucune de ces villes qu'elle est plus favorisée que les
autres. Toutes sont radieuses d'élégance et de splendeur ;
toute la terre est ornée comme un vaste jardin. »

Combien les splendeurs matérielles de ces cités, **qui**

reproduisaient presque toutes les édifices et les divertissements comme les pompes de Rome, prise par elles comme modèle, justifièrent souvent cet éloge!

Les misères de cette longue période ne doivent pas nous cacher ce qui s'y mêle d'éclat extraordinaire et, dans les grandes villes, de moyens de satisfaction et de bien-être matériel.

Si général que soit cet éloge du rhéteur Aristide, il s'appliquait pourtant plus particulièrement à certaines villes, en Italie et dans d'autres provinces.

Dix-huit villes d'Italie avaient été désignées comme les plus belles sous le rapport de leur situation, de leur aspect architectural et de leur opulence, par les triumvirs qui permettaient de les livrer aux soldats en gage de leur paye.

Appien[1] mentionne parmi celles-ci, comme les plus importantes, Capoue, Rhégium, Bénévent, Vénusie, Nucérie, Ariminium, Hipponium.

Au temps de Strabon, c'était la haute Italie ou Gaule cisalpine qui l'emportait sur toutes les autres parties de la péninsule pour la grandeur et la richesse des villes. Vérone, Milan, Padoue, Ravenne, Aquilée, Plaisance, Crémone, Parme, Modène, Bologne, Pavie (Ticinum) et Tortose, avaient une importance considérable.

Dans la moyenne Italie, Ocriculum et Assise témoignent aussi de l'éclat des villes, et, dans la basse Italie, Herculanum, Pompéi, montrent que même les villes moyennes étaient pourvues d'édifices publics et d'un

---

[1] *Bell. civ.*, IV, 3.

luxe de décoration qui frappe, eu égard au médiocre développement de ces villes elles-mêmes.

La Gaule, du moins dans sa partie méridionale, présentait nombre de cités riches et ornées : telles que Arles, Narbonne, Orange, dans la Narbonnaise.

De même en Espagne, la Bétique, formée des provinces de Séville, de Cordoue et de Grenade, ainsi que de parcelles des provinces limitrophes, comptait des villes comme Gadès (Cadix), où il y avait, du temps de Strabon, cinq cents notables possédant un revenu d'au moins un million six cent mille sesterces.

Dans les provinces de Numidie et d'Afrique, plus de vingt villes présentent des ruines imposantes, des vestiges d'amphithéâtre, en pierre. Au troisième siècle, Carthage relevée devait éclipser presque toutes les autres cités.

La capitale de la Syrie, Antioche, offrait une splendeur incomparable.

La magnificence architecturale d'Héliopolis et de Palmyre date en partie du deuxième siècle.

Il faudrait parcourir ainsi la Phrygie, la Mysie, la Carie et la Lydie ; nommer, sinon décrire, Halycarnasse, Pergame, Éphèse, Milet, Sardes et Smyrne, s'arrêter en Bithynie, à Nicée et à Nicomédie, en Cappadoce, à Césarée, chercher dans la Grèce, quoique bien déchue, tout ce qui rappelait avec éclat l'ancien état, et passant au nord, signaler avec une légitime admiration jusque dans les provinces germaniques, des cités comme Cologne et Trèves.

Partout où s'étend la conquête, où rayonne le génie

romain, une multitude de débris atteste la grandeur
du luxe de décoration et d'embellissement.

Mais quel nom attire plus l'attention que celui
d'Alexandrie, dont le rhéteur Aristide donne une si magnifique idée?

C'est l'Athènes et c'est la Rome tout ensemble de
l'Égypte.

Alexandrie, ville de sciences, de richesses et de plaisirs; voluptueuse comme l'Asie, philosophique et éru-
dite comme le vieil Occident : intermédiaire entre deux
temps, lieu de passage entre deux mondes.

« Voyez ces fêtes sur le Nil, ce bras du fleuve semé
de villas et de lieux de plaisir; ces milliers de barques,
qui montent illuminées, portant aux joies de la voluptueuse Canope le peuple tout entier d'Alexandrie. Voyez
ces stades, ces odéons, ces théâtres où tous, hommes,
femmes, enfants, poussent l'enthousiasme jusqu'au délire, si bien qu'un jour de spectacle est, dans tout
Alexandrie, comme un jour d'émeute; — cette passion
surtout de la musique, pour laquelle on meurt écrasé
dans la foule, ne regrettant rien, si ce n'est de ne pouvoir plus entendre; ces virtuoses qu'on porte en triomphe,
qu'on appelle sauveurs, qu'on appelle dieux; — ces
journées de cirque d'où chacun revient insensé, criant,
maudissant les dieux, ayant perdu parfois jusqu'à ses
vêtements. — Le trafic et le plaisir feront-ils négliger
la science? Voyez ces gymnases, ces musées, ces bibliothèques, ces écoles où la jeunesse de tout l'Orient vient
demander le savoir que l'on cherchait autrefois dans
Athènes. Dans le palais même des rois, une savante aca-

démie a ses conférences, ses studieuses promenades, ses doctes banquets. — Plus loin, sont des monuments, des temples, un hippodrome; la Nécropolis, cité des morts, grande et magnifique comme la cité des vivants. La rue la plus étroite d'Alexandrie suffit au passage des chars; au centre de la ville se croisent deux rues, larges de cent pieds chacune et bordées de colonnes, sur une longueur de six stades pour l'une, de trente stades (environ une lieue un quart) pour l'autre [1]. »

Ce qu'on vient de dire suffit à montrer combien le luxe rayonnait au loin dans le monde romain, et quels foyers représentaient la splendeur de la civilisation matérielle, intellectuelle même.

Ce qu'il fallait renouveler, c'était le fonds moral.

Les écoles, elles abondaient.

Les divertissements, quelle ville en manquait?

L'amphithéâtre de Nîmes pouvait contenir 17,000 spectateurs, celui de Vérone 22,000.

Partout des arcs de triomphe, partout d'incomparables théâtres, partout des monuments grandioses, partout des milliers d'hommes qui, protégés par les plis ondoyants d'un voile de pourpre, jouissaient gratuitement et en plein jour, des plus pompeux spectacles et des plus émouvants plaisirs.

Ces abris d'une joie frivole étaient comme des temples bâtis pour l'éternité.

La pierre, les briques cimentées, le marbre répandu à profusion, formaient ces monuments indestructibles.

[1] Frantz de Champagny, *Les Césars*, l. II.

L'action du temps est restée presque toujours impuissante sur ces masses colossales.

La main de la barbarie s'est trouvée seule assez forte pour ébranler ce que la civilisation romaine avait fondé.

Mais la société, cet édifice formé de pierres vivantes, cette œuvre mille fois plus compliquée et plus savante que toutes les constructions de l'art, — qui ne peut se passer pour se soutenir, si habilement organisée qu'elle soit, du souffle moral qui l'anime, — la société donnait des signes nombreux de décomposition, au milieu même des progrès les plus brillants de la civilisation matérielle. Progrès, décadence, mots fuyants, termes qui parfois semblent se confondre! La civilisation matérielle avance. La civilisation morale en profite-t-elle ou s'y corrompt-elle? Question qui se résout par l'accord dans les hauteurs de la théorie et dans la vérité historique envisagée d'une vue d'ensemble, mais combien de discordances à chaque moment particulier de la vie des nations! Le caractère des vieilles sociétés en train de s'user est de se dissoudre non-seulement par leurs vices, mais par leurs progrès mêmes.

CHAPITRE IV.

PROGRÈS DU LUXE PRIVÉ SOUS L'EMPIRE

Le développement du luxe de la cour et celui du luxe
public devaient exercer sur le luxe des particuliers une
influence dont on a pu déjà pressentir l'étendue.

En signalant la corruption générale de ce luxe privé,
nous signalerons aussi certains perfectionnements amenés
à cette époque par le développement même de la civilisation.

Ce n'est pas en vain que tant d'écrivains, qui tous
n'étaient pas de vils adulateurs, ont célébré la *paix romaine*.

Le lecteur fera facilement le discernement de ce qui
peut être approuvé, seulement toléré ou admis, et de ce
qui doit être flétri par la conscience et l'opinion, dans le
tableau qu'on va lire.

La magnificence accrue de la ville devait engager les
contructions privées dans la voie où marchait avec tant
d'éclat le luxe public.

Les belles maisons se multiplièrent à Rome sous Auguste, et bien plus encore sous Néron, après l'incendie [1].

Nous donnerons une idée rapide de ce qu'étaient à Rome ces demeures habitées par les riches citoyens.

On les a décrites en prenant pour type le palais de Scaurus. D'autres écrits, dans de plus vastes tableaux de la Rome des empereurs, ont pris tel autre type, ou bien recherché ce qui distinguait ces belles demeures, sans faire mention d'aucune en particulier.

Nous mettrons à profit ces savants travaux, en nous attachant seulement aux traits qui s'appliquent au luxe, et même en évitant cette profusion de détails qui risquerait ici de fatiguer la mémoire sans profit sérieux pour l'esprit.

On a rappelé souvent qu'au temps d'Auguste ces riches demeures allaient se placer sur le mont Cœlius. Une petite place s'ouvrait parfois devant elles; c'était l'area ou le vestibule, au milieu duquel se dressait la statue du maître de la maison, en airain ou en marbre, si ce maître avait quelque illustration. On sait que c'est dans ce vestibule qu'attendaient les clients.

La porte de la maison présente déjà une ornementation digne d'être remarquée. Elle offrait un double battant, en bois de chêne, encadré entre deux pilastres surmontés d'une élégante corniche, revêtu d'airain et orné de bulles, gros clous à tête dorée et ciselée.

---

(1) V. sur les maisons à Rome et sur une foule de faits relatifs à la vie romaine l'ouvrage de M. Dezobry, qui est dans toutes les mains : *Rome au siècle d'Auguste.*

Un petit couloir conduisait à l'*atrium*, belle cour carrée, ornée sur toutes ses faces d'une colonnade en marbre blanc formant portiques. Sous ces portiques couverts adossés à la maison, on pouvait se promener à l'ombre, jouir d'un bassin de marbre placé au centre, et de la vue d'une légère nappe d'eau qui s'étendait sur de jolis carreaux de marbre blanc, bleu et rouge, taillés en losange.

Trois pièces s'ouvraient sur l'atrium. La première était celle qui contenait les archives de la famille. Puis venaient les *ailes*, sorte de complément des archives, où se trouvaient les portraits de famille, exécutés en cire, avec les inscriptions commémoratives qui mettaient sous les yeux les titres et les faits honorables des ancêtres. Parmi les pièces qui entouraient l'*atrium*, se plaçaient les *triclinia*, salles du festin, où brillait tout le luxe de l'ameublement, et qui elles-mêmes étaient disposées et multipliées suivant les saisons de l'année, tellement qu'il y avait des *triclinia* d'hiver, exposés à l'occident; de printemps et d'automne, à l'orient; d'été au septentrion. Chacun portait un nom particulier, celui d'Apollon, de Mercure, etc.

Comment oublier même que ce nom de *triclinium* indique un luxe particulier, une salle à trois lits? Ces lits, sur lesquels on s'étendait pour prendre ses repas, et même pour lire ou écrire, étaient ornés de plaques d'argent, d'écailles de tortues, ou incrustés d'or et d'ivoire.

Dans la même salle on rencontre des meubles de bois précieux, érable, citre, etc., avec des encoignures et des jointures dessinées par des baguettes d'argent.

Mais les lits forment surtout un luxe éminemment romain ! On y trouve des matelas rembourrés de laine des
Gaules, de plume ou de duvet de cygne ; des coussins recouverts de soie, des housses magnifiques, les unes en
pourpre, les autres brodées de différentes couleurs, d'autres couvertes de dessins représentant des chasses. Ces
housses, qu'on faisait venir souvent de Babylone, étaient
payées jusqu'à huit cent mille sesterces.

La magnificence des tentures qui décoraient les murs
était à l'avenant.

Qui n'eût été frappé, en entrant dans le *triclinium*, à
la vue de ces vases, étalés sur l'*abaque*, meuble en airain, et de ce pavage en marbre qui formait souvent des
dessins charmants et variés ? Qui n'eût admiré cette vaisselle d'or et d'argent, enrichie de pierres fines, ornée de
dessins en relief, scintillant aux yeux ? Les candélabres,
formés par les statues elles-mêmes, ornement doré de
ces salles, les tables sculptées, l'éclat des lumières, la
splendeur des habillements, le rayonnement des pierreries qui jetaient mille feux, quelle magnificence n'était-ce
pas là, et ne faisait-elle pas de ces *triclinia* une des
grandes images du luxe romain, lorsque les festins nocturnes y réunissaient de nombreux convives ?

Dans l'intérieur de la maison, les appartements des
femmes sont ceux qui frappent le plus par leurs ornements. On admire dans les colonnes cette variété de
marbres, marbre de Lima, marbre de Caryste aux longues ondulations vertes, des stucs, des portes revêtues
d'écailles de tortues ou d'un riche métal.

Après les appartements des femmes, la bibliothèque,

placée à l'orient, parce qu'on y travaille le matin ; d'ailleurs cette exposition préserve les livres de l'humidité.

Au couchant, l'*exèdre*, grande galerie, où le maître reçoit les visiteurs, les philosophes, les rhéteurs, les poëtes. C'est souvent une sorte de musée. Les bains et les salles de jeux appellent l'attention par leurs ornements.

Les *cubicula* ou chambres à coucher offrent des lits en bois de citre, de cèdre, de térébinthe, garnis de coussins de plumes enveloppés dans des étoffes de soie, des portes recouvertes d'étoffes aux couleurs variées.

Dans le *sacrarium*, d'élégantes statues des dieux ou déesses, quelquefois des chefs-d'œuvre de la sculpture grecque.

Une terrasse sert de promenoir.

Mais rien ne donne l'idée d'un luxe plus noble et plus relevé que la pinacothèque ou galerie de tableaux. Nous reviendrons sur ces richesses d'art.

Faut-il ajouter que ce luxe se déployait souvent au milieu de maisons à peine solides, et d'une triste apparence ?

Auguste l'encouragea. Il abandonna parfois aux triomphateurs le butin de leurs triomphes, à la condition de l'employer pour embellir Rome par quelque monument, et ce fut aussi un moyen de lui plaire pour les citoyens que d'orner magnifiquement leurs propres maisons.

L'agrément des jardins, même à la ville, venait compléter ce luxe élégant. Pline le Jeune a laissé de son jardin une agréable et célèbre description. On y voit ce qu'étaient ces jardins, mélange de nature et d'un art souvent tourmenté.

La maison, dont nous parle Pline, quoique bâtie au bas de la colline, a la même vue que si elle était placée au sommet. Cette colline, d'ailleurs, s'élève par une pente si douce, qu'on s'aperçoit que l'on est monté sans avoir senti même qu'on montait. Derrière la maison on voit l'Apennin, mais assez éloigné ! Dans les jours calmes et sereins, elle en reçoit les fraîches haleines. Son exposition est presque entièrement au midi, mais combien d'agréables abris en tempèrent les ardeurs dans les appartements et dans les jardins ! Quelles épaisses retraites offrent ces arbres riants, ces lauriers, ces cyprès ! Comme les eaux jaillissantes ou en repos rendent la température délicieuse, en même temps qu'elles reposent et charment la vue ! Ces fontaines pleines de murmures, ces bassins de marbre, sur lesquels retentit en tombant l'onde écumante, ces tuyaux par lesquels elle s'épanche pour aller porter la vie aux innombrables rosiers, aux fleurs de tout genre, aux verdoyants arbustes, avec quelle grâce Pline décrit tout cela ! on y sent la complaisance du propriétaire, mais aussi un ami des ombrages propices à la pensée et à l'étude.

Il faut se reporter à nos jardins français pour se former une idée de la manière dont les arbres étaient taillés et façonnés à l'excès.

Les buis étaient maniérés étrangement. « Ils sont taillés en mille figures différentes, quelquefois en lettres qui expriment tantôt le nom du maître, tantôt celui de l'ouvrier. Entre les buis, vous voyez successivement de petites pyramides et des pommiers, et cette beauté rustique d'un champ que l'on dirait avoir été tout à coup transportée dans un endroit si soigné. »

Ainsi on ménageait les contrastes, on s'efforçait de ne pas étouffer la nature sous l'art, mais celui-ci tenait sa place non sans excès, et le factice coûteux se plaçait avec des agréments d'un goût recherché à côté de beautés plus vraies.

Il y avait dans les villes même de ces jardins de luxe ; mais le défaut d'espace les faisait placer en général dans les abords des villes. Ils étaient surtout l'accessoire obligé de ces villas que l'on bâtissait dans les lieux recommandés par la beauté du site.

La villégiature était un des besoins du riche, d'autant plus impérieux, que l'insalubrité de Rome était plus grande en été et au commencement de l'automne.

Déjà ce goût s'était développé vers la fin de la république. On citait, entre autres résidences des champs, les belles villas de Pompée, d'Hortensius, de Lucullus, de Cicéron.

Cette passion s'accrut dans toute l'Italie à partir de la bataille d'Actium, et de vastes espaces furent consacrés à la satisfaire. *Villarum infinita spatia*, dit Tacite [5].

Horace se plaint aussi de ce faste. « Bientôt nos royales constructions ne laisseront plus à la charrue du laboureur qu'à peine quelques arpents. On verra s'étendre de toutes parts des piscines plus spacieuses que le lac Lucrin. Devant l'inutile platane se retirera l'ormeau auquel se mariait la vigne. Ici des parterres de violettes,

---

[5] *Ann.,* l. III.

des plants de myrtes, vaines richesses de l'odorat, rempliront de leurs parfums des champs où croissaient naguère pour un maître plus sage de fertiles oliviers; là des bosquets de lauriers arrêteront les traits brûlants du jour, etc. [1]. »

Il y avait donc, dans cette passion, en elle-même innocente et salubre de la villégiature, un réel abus de développement si l'on considère la manière dont elle arrivait à se satisfaire.

Ce qui devait y contribuer encore, c'est que les sénateurs furent, à plusieurs reprises, obligés, par des sénatus-consultes et des édits, d'acheter des terres en Italie.

De là bien des constructions nouvelles.

Plusieurs de ces habitations furent belles sans excès de magnificence; d'autres furent de véritables palais, bâtis de marbre, ornés avec somptuosité.

Elles étaient tantôt placées sur le penchant d'une montagne, dans les régions albanaises ou sabines, tantôt sur le bord de quelque lac de la haute Italie, tantôt sur le rivage de la mer.

Salluste avait fait un grief aux patriciens de « bâtir la mer » (*ædificant mare*).

C'est un mérite aux yeux de Stace : il est charmé de voir une plaine où il y avait une montagne, des arbres et un palais dans un espace où la terre même manquait [2]. Tel était, nous dit-il, un des mérites de la villa de Pol-

---

[1] *Odes*, l. II. — xv.
[2] *Silves*, l. II.

lius Felix, près de Sorrente. Le poëte n'admire rien tant que ces récifs transformés en vignobles, où les Néréides cueillent des raisins dorés à l'ombre de la nuit.

Dans Ovide, dans Horace, dans les lettres de Sénèque, il est question de ces constructions maritimes. Des murs en pierre de taille comblaient la mer. On trouve des digues, des ports ménagés pour abriter les navires, etc

Les villas les plus magnifiques offraient de véritables réunions d'édifices : on y voyait non-seulement des thermes, mais quelquefois des temples. Les marbres les plus précieux, de couleurs variées, sont prodigués pour ces constructions. On trouve des forêts de haute futaie à l'entour de ces palais, d'une richesse de décoration au dedans comme au dehors, dont nul château moderne ne paraît avoir dépassé la magnificence intérieure. La vue était ménagée de chacune des parties de l'édifice qui embrassait divers horizons.

En un mot, tout ce qui fait la splendeur de nos demeures princières paraissait dans ces palais d'une opulente aristocratie.

Sur un point seulement peut-être ces vastes villas étaient inférieures aux plus superbes châteaux anglais : les parcs et les jardins n'y avaient pas le même développement et la même beauté.

L'imitation des grands paysages était moins développée chez les anciens, qui se contentaient des embellissements que l'art ajoute aux jardins, et s'appliquaient même à supprimer en général les accidents de terrain que nous conservons soigneusement.

Cette passion ruineuse des belles villas atteint son apogée en même temps que les autres sortes de luxe.

On s'endette pour les bâtir. Juvénal crée un mot pour désigner tel homme atteint de cette manie : *ædificator erat*.

Avec quelle énergie il parle de ces villas d'un particulier, plus riches que des temples renommés pour leur splendeur, et de ces dépenses pour ces marbres de toute provenance ! Par là ce *bâtisseur* diminue beaucoup son avoir. Mais son fils renchérit sur son père, ajoute des villas nouvelles, achète des marbres encore plus précieux : il s'y ruine[1]. Juvénal cite encore l'eunuque Posidès, qui, dit-il, dans ses constructions splendides, rivalisa de faste avec le Capitole.

Citons un luxe plus agreste, luxe charmant, celui des fleurs.

Il s'accrut encore depuis le temps de Varron.

Avec quelle grâce y figurent les lis, les roses, les violettes ! Les roses et les violettes furent cultivées avec succès et grand profit, non-seulement aux environs de Rome, mais jusque dans la Campanie et à Pœstum, pour les besoins de la capitale.

Demandées même en hiver, les roses, au temps de Sénèque, s'importaient par navires de l'Égypte, où, dans cette saison, elles étaient cultivées sous verre comme le lis.

Le faste trouve moyen de faire des folies avec ce luxe aimable qu'il est facile de satisfaire sans excès dispendieux.

[1] *Sat.* X, IV.

Les roses figuraient pour une grande part dans le festin de quatre millions de sesterces donné à Néron.

De tels accessoires figurent pour une bonne partie dans le chiffre insensé de certains repas.

On lit que Lucius Verus dépensa pour un festin une somme évaluée à plusieurs millions. Cela surprend moins lorsque l'on voit quels magnifiques présents il fait aux convives — tels que beaux esclaves, animaux vivants, vases faits des matières les plus précieuses, chars à garniture d'argent avec des attelages de mules et leurs guides[1].

Cette observation doit s'appliquer même à certains festins antérieurs à l'empire; les accessoires, dans certains repas célèbres, donnés par Metellus Pius en Espagne, par Lucullus et par d'autres personnages fastueux, doivent comprendre, pour une part qui demeure inconnue, les couronnes, les fleurs, les illuminations, la décoration du local, les représentations de circonstance, etc.[2].

Le luxe des fleurs et celui des essences, des parfums artificiels, qui servait à la personne, servit aussi d'ailleurs à l'ornement et aux délices de la demeure.

[1] Hist. Auguste. — Lucius Verus, ch. v.

[2] Il en est souvent ainsi chez les modernes, où, même dans les festins, le luxe gastronomique est loin d'être toujours le principal. M. Friedlœnder, qui fait la même remarque pour les repas, rappelle à ce propos les somptueux banquets du lord-maire. Autrefois la dépense de la cave et de la cuisine formait la moitié de la dépense totale. Elle n'y figure plus que pour un tiers sous George III. Elle ne figurait que pour un quart à un banquet qui fut, en 1855, offert à l'empereur Napoléon III par la Cité de Londres. Le même auteur entre dans d'assez grands détails de chiffres pour les sièges, pour la décoration de la salle, etc.

Je viens d'indiquer l'emploi des fleurs dans les repas, et la place qu'elles occupaient dans les jardins. On les faisait croître aussi sur les toits plats en terrasse et sur les balcons.

Cette sorte de luxe était déjà même à l'usage de maisons plus modestes : le goût de mêler la verdure et la vie de la nature à la vie renfermée et sans horizon des villes est de tous les temps.

Quant à la passion des parfums, elle avait commencé avec la conquête des provinces asiatiques.

Elle se développa dans le sexe masculin et encore plus dans le sexe féminin; nous en dirons un mot à part dans un chapitre consacré aux femmes romaines.

Parlant des gens à la mode de son temps, Pline dit : « Ils se plaisaient à être, je ne dis pas arrosés, mais enduits de parfums. J'en ai vu qui se faisaient oindre la plante des pieds. On a prétendu qu'Othon enseigna ce raffinement à l'empereur Néron. On dit qu'un simple particulier fit parfumer les murs de ses étuves, et que Caligula versait des essences dans ses baignoires. Ce n'était pas là une jouissance réservée au maître de l'empire : un des esclaves de Néron s'est donné dans la suite le même plaisir. Mais ce qui étonne le plus, c'est que ce goût ait pénétré jusque dans les camps. Les aigles et les enseignes poudreuses, entourées de soldats, sont frottées d'essence aux jours de fêtes[1]. »

Pline traite avec un dédain particulier ce genre de luxe. « C'est, dit-il, le plus frivole. Les perles et les

[1] Plin., l. XIII.

pierreries passent du moins à un héritier. Les étoffes ont une certaine durée. Mais les parfums s'exhalent sur-le-champ et périssent au moment même. Leur plus grand mérite est d'attirer sur une femme qui passe les regards de ceux qui pensent le moins à elle, et ils se vendent plus de quatre cents deniers la livre. »

L'air même est tout imprégné des odeurs les plus péné-trantes, tantôt brûlant dans des cassolettes, tantôt s'exhalant de fontaines jaillissantes.

Un art ingénieux, poussé à un degré de perfection auquel nous atteignons à peine, donnait aux fleurs artificielles l'odeur des fleurs naturelles qu'elles imi-taient. Le nard et le lotus mariaient leurs parfums si heureusement, dit Pline, que vous auriez pu croire qu'on les avait cueillis, le matin même, sur les bords du Gange et de l'Indus. La violette de Parme et les roses de Pœstum imprégnaient les couronnes des convives de leurs plus frais parfums.

Nous signalerons maintenant ce qui, dans le luxe domestique, est destiné à orner l'intérieur de la maison, soit dans les occasions solennelles, soit à l'ordinaire. C'est là que la mode devait faire monter les prix à des taux fabuleux.

La vaisselle d'or joue un rôle assez limité dans la Rome des empereurs, relativement à la vaisselle d'argent.

Tibère limite la première, pour les particuliers, aux cérémonies des sacrifices.

Il y avait toutefois exception pour les tables impé-riales et pour quelques cas chez les particuliers.

Il est plus que douteux que la loi ait été observée très-rigoureusement. L'interdiction devait être levée par Aurélien.

L'emploi de l'argent dans les vases se présente sous deux formes essentiellement différentes : les vases d'art sculptés et ciselés ; les vases et plats d'argent pour l'usage : ceux-ci étaient susceptibles aussi de décoration, mais la matière en faisait la principale valeur.

On ne commença à les produire avec un peu d'abondance qu'après la conquête de l'Espagne, qui procurait aux Romains des mines fécondes. La conquête de Carthage, de la Grèce et de l'Asie jeta aussi dans Rome et l'Italie des masses considérables de métal précieux.

M. Friedlænder pense, et cette supposition n'a rien que de vraisemblable, qu'à l'époque impériale ces monceaux d'argenterie constituaient, outre les besoins exagérés d'ostentation, un fonds de réserve disponible en cas de besoin.

Une tendance analogue se retrouve au moyen âge et dans les premiers siècles modernes.

On le verra plus tard, même en France, en Angleterre, en Allemagne, peut-être partout en une certaine mesure.

Cette richesse métallique chez les grands à l'époque des empereurs est un fait avéré ; on la rencontre même dans les classes moyennes et inférieures.

Les femmes riches, au rapport du même Pline, ne se servaient que de baignoires d'argent.

Des soldats même avaient la poignée du glaive et le ceinturon garnis d'argent, le fourreau orné de chaî-

nettes du même métal ; on a trouvé une masse d'objets
en argent dans les fouilles de Pompéi.

Les vases d'art, vraie passion romaine, atteignent
sous l'empire des prix extraordinaires et présentent
d'autres particularités dignes de remarque.

Pline l'Ancien dit à ce sujet : « Le plus beau vase que
j'aie vu est celui que l'impératrice Livie avait dédié dans
le Capitole. Il pesait près de 50 livres. Voici une nouvelle extravagance de ce genre. Une seule coupe a été
payée ces dernières années 150 000 sesterces (trente-
trois mille sept cent cinquante fr.) par une mère de famille qui n'était pas opulente. Néron, apprenant qu'il
était perdu sans ressources, jeta dans son dernier désespoir et brisa un vase de cristal. La vengeance qu'il tira
de son siècle fut d'empêcher que nul autre n'y pût boire. »

On voit sous l'empire payer 1520 fr. de notre monnaie pour deux petits gobelets d'un verre nouveau,
payer 427 000 de nos francs (soixante-dix talents) un
de ces vases myrrhins, que Rome estimait si précieux !

Il y avait chez Néron une coupe de cette matière payée,
dit-on, trois cents talents (1 830 000 fr.) Il paye cent
talents une seule tasse à deux anses. Des vases, payés
des sommes de cent, deux et trois cent mille francs
de notre monnaie, cela se voit assez fréquemment. On ne
peut guère que croire ici encore Pline et, avant lui,
Sénèque. Ils écrivent pour les contemporains qui n'auraient pas supporté qu'on leur présentât des chiffres de
fantaisie.

Il en est du haut prix de ces vases comme de toutes
les dépenses de cette époque. Des personnages riches

payèrent des *triclinaires*, coussins destinés à orner les
lits, des prix d'un demi-million de nos francs, d'un
million et plus !

On paye des candélabres d'Égire 7000 fr.

Le cristal de roche joue aussi un assez grand rôle
dans les ornements. Telle femme, qui n'avait pas une
fortune extraordinaire, achète un objet de ce cristal
qui lui coûte 61 000 fr. [1].

On a cité déjà d'autres prix de fantaisie, et l'occasion
d'en citer d'autres ne manquera pas de se présenter.
Nous n'avons voulu ici que montrer par quelques
exemples combien le luxe sous l'empire tendit à exagérer les prix de certains objets rares et précieux au delà
presque de toute vraisemblance.

III

PROGRÈS DES ARTS DÉCORATIFS.

Nous avons signalé les progrès des arts décoratifs,
mais, réduit à ces proportions, le tableau resterait trop
incomplet. Nous devons y ajouter quelques détails.

Un des arts de luxe les plus répandus est la mosaïque.

Winkelmann la définit : une sorte de peinture composée de plusieurs petites pierres dures ou de plusieurs
petites pièces de verre de différentes couleurs. Il distingue en conséquence des mosaïques de deux sortes.

---

[1] Plin., *Hist. nat.*, lib. XXXII.

Les mosaïques les plus ordinaires de la première espèce
sont celles qui consistent en petites pierres carrées blanches et noires. Dans les ouvrages les plus fins de cette
nature, composés de simples pierres, le même historien
fait observer qu'on évitait les couleurs vives, comme
le rouge, le vert etc. ; il ne se trouve point de marbre
coloré d'une de ces couleurs uniques. Dans la mosaïque
du Capitole représentant des colombes, l'artiste n'a
mis en œuvre que des couleurs mates. Quant aux mosaïques de la seconde espèce, elles sont de toutes les
couleurs possibles, et en pâte de verre. C'est ainsi
que sont exécutés les deux morceaux du cabinet d'Herculanum, composés par Dioscoride de Samos. Cependant
Winkelmann ne prétend pas que les peintures en mosaïque ne renferment pas des couleurs jaunes, rouges
et autres, ce qui est démenti à la seule inspection des
yeux ; il parle seulement du plus haut degré de force de
quelques-unes de ces couleurs [1].

On doit signaler aussi les progrès d'un art comme la
glyptique. Rarement on fit de plus charmants camées
que sous les Césars : témoins ceux de Julie, d'Alexandre
Auguste, d'Octavie, sa femme, etc.

La sculpture et la peinture, devaient se ressentir de
la prépondérance du mauvais luxe, c'est-à-dire du
goût riche et fastueux à l'excès qui prévalait sous
Néron.

Sensible en effet sous ce dernier prince, la décadence
de la sculpture devait se manifester par l'oubli même

---

[1] Winkelmann, *Hist. de l'art*. liv. IV.

de certains procédés matériels. Pline[1] affirme que, sous
cet empereur, on n'entendait plus l'art de fondre l'airain; il cite pour exemple la statue colossale en bronze
de Néron, de la main de Zénodore, statue dont la fonte
ne réussit pas. Même dans cette époque de décadence à
laquelle devait succéder une ère meilleure sous les
Antonins, les bustes paraissent garder encore un rare
mérite. Les bustes forment une des parties importantes
de la sculpture romaine. On est frappé de leur élégance
et de leur noblesse. Ils étaient employés à l'ornementation
de lieux publics, comme les théâtres, et des demeures
particulières.

Ces œuvres furent souvent romaines, tandis que la
plupart des statues, empreintes encore d'une réelle
beauté, furent dues à des mains grecques.

La peinture, comme grand art, est en quelque sorte
inconnue aux Romains. Elle est chez eux un art éminemment décoratif. .

Par là elle s'exposait, au lieu d'exprimer le beau dans
de larges compositions, librement inspirées, à se mettre
à la suite du luxe et à en subir les fantaisies.

C'est ce qui arriva en effet.

Mais si elle ne produisit point d'œuvres belles et grandes, elle en produisit de charmantes.

On a retrouvé récemment (1869) sur le Palatin, les
restes d'une curieuse et charmante maison romaine que
les uns pensent, comme M. Léon Renier, avoir été habitée par Livie après la mort de son mari, tandis que les

---

[1] Plin., l. XXXIV, ch. xviii.

autres, comme MM. Visconti et Lanciani, n'hésitent pas
à appeler la maison de Germanicus. Des juges compétents estiment qu'il ne serait peut-être pas impossible
de concilier ces opinions.

Peu importe au reste : cette maison donne l'idée de
la peinture décorative avant qu'elle n'ait été poussée à
l'excès de la mollesse efféminée et de l'enluminure.
« Autour de l'*atrium*, auquel on arrive en descendant
quelques marches, écrit un juge savant et délicat,
sont disposées quatre salles que couvrent encore aujour-
d'hui les plus belles peintures et les plus intactes qu'on
ait découvertes à Rome. Le long des corniches courent
des arabesques élégantes, des guirlandes de feuilles et
de fleurs entrelacées de génies ailés, des paysages fantas-
tiques d'un goût charmant. Sur le milieu des panneaux on
voit cinq grandes fresques qui forment des sujets dis-
tincts. Les deux moins importants par les dimensions
et le mérite sont des scènes d'initiation et de magie....

« Une peinture, qui a près de trois mètres de hauteur, représente une rue de Rome qu'on est censé
apercevoir par une fenêtre ouverte. C'était une manière
d'agrandir ou d'égayer un appartement, et de donner
aux maisons romaines ces jours sur la rue qui leur
manquent d'ordinaire. Cet usage existe encore aujour-
d'hui.... Les deux autres tableaux sont mythologiques.
Dans l'un, on voit Polyphème qui poursuit Galatée. Le
géant est à moitié plongé dans les flots, et, pour montrer
qu'il est dominé par sa passion, le peintre a représenté
derrière lui un petit Amour sans ailes, debout sur son
épaule, et qui le tient en laisse avec deux rubans.

Galatée s'enfuit assise sur un hippocampe; elle se re-
tourne du côté du Cyclope; son bras doit est appuyé
sur la croupe du cheval, tandis que la main gauche, qui
étreint le col de la monture, retient un manteau rouge
qui glisse jusqu'au bas des reins. La draperie rouge et la
crinière noire du cheval font ressortir la blancheur des
chairs de la nymphe. A l'arrière-plan, on aperçoit un
bras de mer enfermé entre de hautes falaises. Les
montagnes sont couronnées d'arbres, les eaux ont con-
servé leur transparence : « Je ne me rappelle pas de
paysage antique, dit M. Perrot, où il y ait une plus
heureuse et plus large interprétation de la nature. »
L'autre fresque, la plus belle de toutes par l'exécution,
représente Io au moment où Hermès va la délivrer
d'Argus. Rien de plus élégant et de plus gracieux que
l'attitude de la jeune fille désolée, dont les yeux sont
tournés vers le ciel, et qui, dans le désordre de sa
douleur, retient à peine sur sa poitrine un manteau prêt
à s'échapper. Derrière elle, Hermès arrive en silence,
dérobé par un rocher aux regards d'Io et de son gardien,
tandis que le vigilant Argus ne perd pas des yeux sa
victime, et, comme ramassé sur lui-même, semble prêt
à s'élancer sur ce libérateur qu'il redoute. « Ce tableau,
dit un des meilleurs juges de la peinture ancienne,
M. Helbig, révèle une main extraordinairement habile
et sûre; les contours en sont très-finement nuancés et
pourtant bien arrêtés; la gamme des couleurs, qui se
tient dans des tons relativement clairs, produit une
impression harmonieuse et qui repose l'œil. On trou-
verait difficilement à Pompéi une figure qui égalât

celle d'Io au Palatin ; les proportions en sont plus élan-
cées et plus délicates, le coloris plus transparent et plus
doux que chez les peintres campaniens. Faut-il expliquer
cette finesse supérieure de la conception et de l'exécution en disant que les peintres de Rome avaient bien
plus d'occasions que ceux de province de voir et d'étudier
de près les originaux grecs? Faut-il songer surtout à
l'influence que devaient exercer sur les artistes romains
les réalités qui les entouraient et l'élégance des femmes
du monde dans la grande cité? C'est ce que je n'ose
décider [1]. »

Nous devons dire un mot de la fabrication de ces
objets de luxe qui tiennent alors tant de place.

Elle était livrée soit aux corporations d'artisans, soit
à des esclaves, soit à des producteurs libres, soit enfin
à l'État.

Dans ce dernier cas elle relevait des deux ministères
des Largesses sacrées et de la Chose privée.

Ainsi l'État avait dans sa dépendance les Gynécées,
où l'on tissait, où l'on apprêtait et façonnait toutes
sortes d'étoffes. Bien que le nom de Gynécées fût
dû aux femmes, qui étaient principalement employées à
ces travaux, les ouvriers des deux sexes formaient une
corporation sous le titre de *Gynæciarii*. Ils confection-
naient les vêtements et les robes de soie d'or destinés,
à l'empereur, ainsi que les habits nécessaires aux
services publics, aux libéralités du prince et à l'usage
de l'armée. On cite les ateliers de teinture qui fonction-

---

[1] G. Boissier, *Promenades archéologiques*.

naient à Tarente, à Salone, à Cissa, à Syracuse, à Girba
dans la province de Tripoli, aux îles Baléares, à Narbonne. Une flottille leur était attachée, pour la pêche du
coquillage qui donnait la pourpre.

On voit en outre qu'il y avait, dans le palais même,
des ateliers d'orfévrerie, où l'on fabriquait les vases,
ornements et bijoux destinés à la parure du prince et
de sa famille, et à l'ameublement des appartements
impériaux.

Mais la grande majorité de ces fabrications était entre
les mains des ouvriers organisés en corporation.

On peut affirmer que l'art à bon marché, en vue de
la décoration, fut une création romaine.

Il est facile d'en juger par la masse innombrable,
chez les particuliers, de bas-reliefs et d'autres ornements
en stuc ou en argile peints : car rien n'est plus romain
alors que l'habitude de peindre même les bâtiments.

Les meubles et ustensiles portent ce cachet d'art qui
se ressent souvent encore de l'heureux goût de la Grèce.

Partout on rencontre des ornements : les tombeaux
en sont couverts, et il en est qui sont parfaitement exécutés. On fabriquait une foule d'objets sur des modèles
tout faits et indéfiniment reproduits.

En tout genre, l'empire offre le triomphe de l'industrie d'art. Elle emploie des milliers d'hommes, artistes
et artisans.

Le polythéisme y pousse aussi fortement. Il devait
multiplier, à l'usage de la plupart des familles, d'innombrables idoles et des images de toute sorte.

C'est ce qui expliquera plus tard la fureur des

fabricants d'images de plâtre, de marbre et de toute matière, contre saint Paul. L'apôtre les ruinait en raison même des succès que sa prédication obtenait contre l'idolâtrie.

Un petit nombre d'artistes obtint une rémunération honorable, rarement fort élevée, pour des travaux originaux ou de restauration.

Le fait général est l'avilissement des prix en ce genre.

Les maîtres tournèrent vers les industries d'art le travail d'une multitude d'esclaves : et on vient de voir qu'il y avait des esclaves artistes dans la domesticité impériale.

Que ces peintres, ces stucateurs, ces modeleurs d'argile, ces fondeurs de statues, fussent payés médiocrement, on peut s'en convaincre par le célèbre édit sur le maximum.

Au temps de Dioclétien [1], le salaire de l'ouvrier mosaïste dépasse d'un sixième seulement celui d'un maçon ou d'un charron.

Les peintres de tableaux sont payés le triple, ce qui n'est guère pour marquer la distance de l'art à l'industrie.

On ne parle ici au surplus que des artisans. Nous savons peu de chose sur les honoraires des artistes d'un ordre supérieur ; mais ce que l'on peut recueillir de renseignements montre que ce genre de travaux, très-demandé par le goût décoratif des Romains, mais aussi extrêmement offert, en avait ramené le taux aux proportions ordinaires des prix déterminés par la loi économique.

[1] Édit de Dioclétien, publié par M. Waddington.

Nous avons parlé des divers objets et jouissances du luxe. Nous devons maintenant compléter ce tableau en ajoutant quelques observations sur l'objet le plus brillant et le plus dispendieux de cette société : la femme. Elle n'a cessé, depuis le vieux Caton, de voir s'accroître son rôle et sa place dans la société. Révolution qui a ses bons côtés, mais aussi ses inconvénients, et à laquelle se rattachent, sous l'empire, à la fois d'importantes considérations et de piquants détails.

CHAPITRE V

LE LUXE DES FEMMES SOUS L'EMPIRE.

I

PROGRÈS DU LUXE DES FEMMES SOUS L'EMPIRE.

A Rome, pour la première fois dans le monde, et ce fait déjà visible sous la république, se développe, éclate en quelque sorte sous l'empire, les femmes exercent une sorte de puissance intellectuelle et morale, jouent un rôle dans le mouvement général des croyances, des idées, des goûts, des habitudes.

C'était un progrès à bien des égards, progrès auquel les idées philosophiques et le mouvement de la société contribuèrent, et un pas considérable vers une juste égalité.

Malheureusement, en raison de la corruption du temps, cette influence devait être souvent très-funeste.

Les nouvelles émancipées devaient, on l'a vu déjà, se donner toutes leurs aises et licences. Il y eut comme un défi dans la manière dont elles se posèrent et semblèrent s'afficher.

Les femmes, sous l'empire, deviennent de plus en plus maîtresses de leurs dépenses comme de leurs actions. Elles se font une vie à part, ont une société à elles, un luxe à elles. Peu d'obstacles s'opposent à leurs fantaisies les plus déréglées.

Il ne suffirait pas d'expliquer cela par le relâchement des mœurs. La raison immédiate est dans les lois elles-mêmes qui modifiaient la situation de la femme vis-à-vis du mari.

La dot avait été une cause d'émancipation. Un pas décisif acheva la révolution. Je veux parler de la loi qui, dans l'union conjugale, attribuait à la femme la propriété de ses apports. Sous l'empire, la dot seule fut réunie à la fortune du mari, dont les droits, même à cet égard, n'étaient pas sans restriction.

Quant à ses autres biens, meubles et immeubles, souvent fort considérables, la femme en conservait la propriété sans avoir de comptes à rendre.

Aussi les femmes riches se montrent-elles très-ingénieuses à en tirer parti. Elles n'ont qu'une idée, être ou devenir indépendantes du mari.

Il y avait pour elles un moyen héroïque : épouser un homme pauvre.

Elles y recoururent assez souvent. En ce cas, l'intérêt produisait un des effets habituels du désintéressement.

La pauvreté du mari assurait son asservissement.

Le mari pauvre ne manquait pas de moyens de prouver sa reconnaissance, il en laissait même le choix à son épouse.

Celle qui épousait un riche n'était pas non plus sans moyens d'empire sur son mari. Un de ses expédients était de faire participer, à l'aide d'artifices légaux, la fortune de son époux à l'inviolabilité de ses propres biens, déclarés insaisissables dans les cas de banqueroute.

Le soin d'administrer elles-mêmes leurs biens, la liberté de dépenser à leur gré, était pour beaucoup de femmes une idée fixe, et c'est pour cela qu'on les voit de plus en plus prendre à demeure un homme d'affaires dont elles font leur commensal et leur favori. C'est le *procurator*.

Cet usage, non inconnu du temps de Cicéron, — et dont l'orateur, on l'a vu, pouvait parler en connaissance de cause, sa propre femme ayant avec elle son *procurator*, — s'était fort répandu sous l'empire.

Ces *procuratores* étaient des hommes de loi d'un genre assez singulier. La plupart étaient jeunes, parés, frisés, *calamistrati*. Vous trouverez le portrait de ce beau procureur, *procurator formosus*, dans Sénèque, dans Martial, dans saint Jérôme, chez d'autres encore.

Il jouait des rôles fort variés, outre celui de légiste. Il était conseiller, oracle, amant de la dame : *rumor erat de adulterio procuratoris*, etc., dit Sénèque.

Il avait enfin toutes sortes de talents de société.

J'ai dit que le grand luxe des femmes romaines était fixé dans ses traits principaux dès le temps de Sylla.

Pourtant sous l'empire il s'aggrava.

La cour devait aussi y contribuer.

Gardons-nous de comparer le rôle des dames romaines à la cour des Césars avec celui que jouent les femmes dans les cours de Louis XIV et de Louis XV.

Elles se mêlent bien à quelques intrigues politiques; mais le rôle des femmes n'approche point à cet égard de ce qu'on verra en France, en Angleterre, en Espagne.

Il y a un degré de brutalité de mœurs nuisible aux femmes; un certain point de corruption favorise leur influence, un degré plus grand la détruit.

N'en concluons pas pourtant à la nullité des femmes à la cour des Césars et de leurs successeurs.

Faisant partie elles-mêmes de ce luxe du palais, elles y paraissaient avec tout l'éclat de leurs parures. Influentes dans la distribution des dons et des emplois, on les voit plus d'une fois s'employer pour ces familles sénatoriales, lesquelles succombaient sous les charges des jeux publics et de la clientèle, à cause de l'impossibilité où étaient ces familles de réparer leur fortune ou de la renouveler, des empêchements légaux n'autorisant pour ces hauts dignitaires que les placements en terre et certains prêts.

Esclaves du luxe elles-mêmes, les femmes se faisaient payer par les plus riches présents leur intervention officieuse.

Leur influence à l'égard du luxe se marque par une institution singulière, l'établissement d'un tribunal de femmes chargé de décider des questions de luxe et d'éti-

quette : *Conventus matronarum*, dit Suétone, qui en
marque l'existence au temps de Galba.

Héliogabale consulta cette assemblée, en augmenta
l'importance, lui donna de graves questions à décider,
la préséance, la voiture et l'attelage des femmes de la
cour, la chaise à porteurs, garnie ou non d'argent et
d'ivoire, selon le rang, l'emploi des chaussures ornées
d'or et de pierreries, le droit pour les hommes, qu'elles
leur contestèrent, de porter des chaussures en peaux de
chevreau. Véritable sénat des modes, gouvernement
représentatif du faste, qui ne siégea pas toujours, mais
que des empereurs moins fous qu'Héliogabale, Aurélien,
par exemple, maintinrent ou rétablirent.

Le système d'éducation en honneur poussait au luxe
la jeune Romaine de famille patricienne ou riche. Elle
en rencontrait sous ses yeux et sous sa main les images
et les usages, dès sa plus tendre enfance.

Excepté dans les provinces, et encore faut-il mettre à
part les grandes villes, le salutaire travail à la main
avait fort diminué. Déjà Columelle s'en plaignait, dans
la *préface* de son grand ouvrage. Non que de nombreuses
épitaphes n'attestent la fidélité de plus d'une femme
d'illustre naissance à ce travail de la laine, honneur et
tradition des vieilles familles. Mais, outre que ce sont des
épitaphes, il faut s'enquérir du lieu et de la date en face
de ces témoignages; il faut, en tout cas, ne pas prendre
l'exception, fût-elle assez fréquente, pour la règle des
familles opulentes; il était rare que la jeune fille et la
femme y fissent œuvre de leurs mains.

Frivolité, indolence, et pour science principale, les

arts d'agrément, voilà l'éducation des jeunes filles.

Ovide veut que les jeunes filles apprennent à chanter. Ce législateur des élégances et des corruptions, ajoute, avec non moins de sérieux :

Quis dubitet quin scire velim saltare puellam?

Chanter, danser, appeler en ce genre les maîtres les plus renommés, était-ce tout? N'oublions pas la musique instrumentale. Les instruments à cordes tenaient grande place dans cette éducation. Des juges sévères, ou plutôt clairvoyants, s'en inquiètent. Voyez ce que dit Horace, dans son ode célèbre *ad Romanos*, sur cette vierge « mûre » *quæ motus doceri gaudet ionicos*, assouplit ses membres à ces mouvements voluptueux, et « médite des incestes ».

Quintilien veut qu'on interdise aux jeunes filles ces danses et cette musique, énervantes et excitantes à la fois.

Certes, c'était d'ailleurs un spectacle qui avait sa grâce et sa beauté, quand, dans les grands jours de prières et de fêtes religieuses, des chœurs de neuf vierges de noble famille, marchant par trois, en tête de la procession, chantaient les hymnes d'une voix exercée et pure. La culture musicale, chez une race aussi bien douée, avait en outre, nous ne le contestons pas, sa place naturelle dans l'éducation. Mais, puisqu'on aime à rappeler, à citer comme modèle, la part faite à la musique dans l'éducation des jeunes gens et des jeunes filles chez les anciens, il faut dire le mal à côté du bien. Combien de temps employé au préjudice de solides études, meilleures pour l'esprit, meilleures pour l'âme!

La musique s'était énervée comme tout le reste.

Si on s'était proposé de rendre plus légères encore des créatures bien frivoles déjà, et de dépraver une jeunesse naturellement portée vers les passions, on n'aurait pas fait autrement.

La musique n'était plus que la distraction des esprits désœuvrés, une sorte de charme amollissant.

Les chanteurs et les musiciens, de mœurs plus que suspectes, devinrent à la mode.

Les jeunes gens de la naissance la plus distinguée se mêlaient avec eux, les admiraient comme des types qui sortaient de la vie vulgaire, partageaient leurs orgies la nuit, se paraient le jour de leur familiarité, empruntaient leurs gestes, imitaient leur voix, fredonnaient les airs qu'ils leurs avaient entendu chanter. L'engouement des femmes ne devait pas avoir de bornes.

Les germes qu'une telle éducation pouvait déposer en elles, leur instruction littéraire n'était pas de nature à les combattre. Loin de là : à part quelques éléments de grammaire et de langage, elle était fort superficielle, et souvent corruptrice. Des fragments d'auteurs grecs et latins, des morceaux d'Homère, appris par cœur, mais surtout les poëtes à la mode lus ouvertement ou à la dérobée, tel était le fonds de cette instruction, toute d'apparence.

Elle livrait la femme désarmée aux séductions de plaisir, de faste et de dépenses qui la saisissaient au sortir de la maison paternelle, où les exemples vivants n'avaient pas souvent valu mieux que les leçons apprises.

Ce moment arrivait vite. Les mariages étaient précoces. Pour une jeune fille, se marier à dix-neuf ou vingt ans, c'était se marier tard. Et quelle était la grande raison de ces mariages? Les écrivains contemporains ne nous laissent pas ignorer qu'ils étaient presque toujours fondés sur les convenances d'argent.

Horace, parlant de cette royauté de l'argent, *regina pecunia*, avait remarqué qu'il tient lieu aux femmes de qualités morales et de beauté. Ce mal était destiné à s'accroître et il finit presque par exclure toutes les convenances morales et même physiques au profit du calcul intéressé.

Sénèque dira : *Nulla uxoris electio;* il ajoute : *Si iracunda, si fatua, si deformis, si fœtida, quodcumque vitium est, post nuptias discimus.*

Cette plainte n'avait fait que s'accroître.

Au quatrième siècle, saint Jérôme la répète avec énergie. Il compare le mariage à un marché, mais à un marché où, à la différence de tous les autres, on ne jette même pas un coup d'œil sur la marchandise.

C'est par un chemin marqué pour ainsi dire, à chaque pas, de ce qui réveille l'idée du luxe, que la jeune Romaine arrivait à ce mariage tout d'intérêt.

Les fiançailles, qui précédaient quelquefois les noces de plusieurs années, étaient célébrées avec la pompe d'une grande fête. Vainement quelques traces de l'ancienne simplicité subsistaient dans les cadeaux faits à cette occasion. La bague de fer, hommage rendu au

souvenir des aïeux, ne faisait guère obstacle à la richesse
des autres présents, que devait d'ailleurs surpasser de
beaucoup celle des cadeaux de noces.

Il n'est pas nécessaire d'aller jusqu'au quatrième
siècle et jusqu'au temps des épithalames de Claudien
sur le mariage d'Honorius avec Marcie, fille de Stilicon,
et de Palladius avec Celerina, pour trouver décrites par
les poëtes les magnificences des noces et la splendeur
de ces pierreries, de ces toilettes, de ces parures, dont la
valeur eût payé plusieurs domaines.

Tout, jusqu'à l'entrée de la jeune fille dans la maison
conjugale, se faisait avec luxe. Les maisons des deux
époux étaient splendidement illuminées; l'atrium brillait
de mille feux; il était orné, outre les images des aïeux,
de tentures en tapisserie, beaucoup moins simples que
la ramée verte que la coutume était de placer là de
temps immémorial. La fiancée était conduite, à la lueur
des flambeaux, avec un nombreux cortége, au domicile
conjugal. C'est là qu'avaient lieu ces festins de noces
si souvent décrits. Puis venaient les distributions d'argent aux clients et même des cadeaux de même nature
aux convives. Bien que l'on échappât quelquefois à ces
fêtes par un voyage ou un départ à la campagne, trop
de gens avaient intérêt à ce que les riches ne pussent se
soustraire à cette espèce de dette obligatoire pour que
l'opinion rendît toujours faciles ces disparitions momen-
tanées.

A l'intérieur la vie de luxe ne tardait pas à commencer, la grande vie romaine! Quel frein eût retenu
la jeune femme? L'époux qu'elle avait accepté au hasard

ne pouvait que perdre à se faire connaître et ne tardait
pas à lui ôter toute illusion.

Elle avait son monde à elle, sa cour, qui la saluait
du nom de *domina*, du titre même de *regina*, cour de
lettrés, de poëtes, d'artistes, d'hommes à la mode, de
parasites.

On se fatigue à énumérer les professions employées à
sa toilette, — le foulon, le brodeur, le bijoutier, le lainier, le fabricant de bordures pailletées, le faiseur de
tuniques intérieures, les teinturiers en couleur de feu,
en violet, en jaune de cire, les tailleurs de robes à manches, les parfumeurs de chaussures, les revendeurs, les
lingers, les cordonniers de toute espèce pour les souliers
de ville, pour les souliers de table, pour les souliers fleur
de mauve, les dégraisseurs, les raccommodeurs, les faiseurs de gorgerettes, les couturiers, les tisserands, les
bordeurs de robes, les tabletiers, les teinturiers en
safran, etc.

Ce monde de futilité aura beau s'accroître encore,
il ne pouvait à lui seul satisfaire tous les besoins d'imagination de la jeune Romaine.

D'autres distractions, de plus grands désordres l'atti-
raient.

La facilité de divorcer achevait de la perdre.

Sans doute, Sénèque ne parlait que d'exceptions assez
rares, lorsqu'il signale ces femmes qui comptaient leurs
années non d'après les consulats, mais en supputant par
les dots de leurs maris ; et Juvénal se laissait aller à un
excès d'humeur satirique, en disant que beaucoup de
femmes ne se faisaient pas scrupule de divorcer, avant

que la ramée verte ne fût desséchée à leur porte, et comptaient jusqu'à huit maris en cinq ans. De telles exagérations ne se seraient pas pourtant fait accepter sans un fonds de réalité.

La vie oisive fut le péril de la femme riche. L'été venu, elle allait aux eaux, aux bains de mer. C'était le moindre de ses caprices dispendieux. Il est vrai qu'elle y menait grande vie : musique, festins, fêtes de tout genre.

Elle allait à Baïa, lieu de plaisirs et d'aventures, rendez-vous de poëtes et d'hommes de loisir. Plus encore qu'au temps de Properce et de Cynthie, qu'en ces années de la république finissante où Baïa devenait à la mode, on voyait sur cette mer aux souffles amollissants glisser chaque soir des quantités de barques chargées de musiciens qui jetaient aux échos les douces mélodies et les chants d'amour.

Elle allait à tous ces endroits d'eau qui eurent la vogue pendant l'empire. Je n'ai pas à décrire tous les excès de cette corruption ; ces scènes appartiennent à l'histoire, il faudrait dire plutôt à la chronique scandaleuse, si le pinceau de Tacite n'avait daigné en immortaliser quelques-unes.

Le luxe de parure des femmes riches sous l'empire ajoute des traits curieux à ceux que nous avons notés. On signale surtout alors l'accroissement des pierres précieuses. C'est particulièrement une profusion inouïe et un prix extraordinaire des perles. Ces ornements, au surplus, prenaient les formes les plus différentes. Néron fit décorer ses petits appartements pour les rendez-vous d'amour (*cubilia amatoria*), dans la Maison-d'Or probablement, tout en perles. Les dames romaines en portaient, surtout comme pendants d'oreilles. On en appliquait même aux chaussures. Sénèque dit que les dames portaient quelquefois à leurs oreilles le prix de deux ou trois terres[1]. On a vu à quel prix prodigieux montait le cadeau fait par César à Servilia. La parure de Lollia Paulina, l'une des épouses de Caligula, a acquis une célébrité particulière. Cette parure d'émeraudes et de perles, garnissant toute la tête, les cheveux, les oreilles, la gorge, les doigts, représentait une valeur de près de 11 millions de nos francs.

C'était le prix des rapines de Marcus Lollius, le grand-père de la brillante dame.

Parmi les pierres précieuses de la plus grande beauté, qui entraient dans les toilettes, le diamant figure peu. Il commençait seulement à être connu à Rome pour l'usage des bagues dans les derniers siècles avant notre ère, et, bien qu'usité sous l'empire, il n'eut pas l'importance qu'il devait prendre chez les modernes dans la parure. L'Inde et un petit nombre d'autres contrées orientales, l'Éthiopie et l'Arabie, la Macédoine, Chypre et même, dit-on, la Sarmatie, produisaient dès longtemps ce précieux joyau, mais elles l'offraient en très-faible quantité aux opulentes Romaines.

On ne peut en être surpris, puisque dans l'Inde elle-même, les mines les plus fécondes qu'on exploite aujourd'hui, outre les anciennes, ne datent que de quelques siècles : il s'y est ajouté les mines du Brésil, dé-

---

[1] Senec., De Benef.

couvertes par les Portugais en 1728, époque à laquelle
ces pierres devenaient un peu moins rares ; le prix
baissait au milieu du dix-huitième siècle, tout en res-
tant fort élevé ; il devait remonter ensuite, mais en se
maintenant à un taux inférieur à la valeur qu'il avait
au dix-septième. Ce luxe de parure ne se répandit qu'au
quinzième siècle, qui inventa la taille du diamant, et
dans la durée du seizième[1].

Les Romaines n'avaient donc pu apprendre à apprécier
la perfection de cette gemme, qui dépend de sa grosseur
et de la pureté de l'*eau*. C'était aux femmes chrétiennes
et au luxe moderne de renchérir sur ce point. Il établit une immensité de différences dans les prix, fondées
sur des nuances. Sauf variations, un diamant de 1 carat
(4 grains des anciens poids ou, dans le système actuel
de mesure, $0^{gr},205,5$) se vendit par exemple 529 francs,
un diamant de 2 carats se vendit 2,017 francs ; un diamant de 5 carats se vendit 5,529 francs, etc., etc.[2].

Ces différences finirent par s'évaluer par des millions,
elles s'accusèrent, pour certaines grosseurs tout à fait
exceptionnelles, par des écarts de prix fabuleux. Tous
ces calculs fondés sur la vanité humaine n'existaient pas
encore au temps des Claude et des Néron.

En revanche, les jeunes Romaines se couvraient de la

---

[1] Le diamant n'a été mis que tard à son rang. Les Persans, au treizième
siècle, ne lui assignaient que le cinquième rang, au-dessous de la perle,
du rubis, de l'émeraude et de la chrysolithe, pierre jaune à teinte verdâtre.
Benvenuto Cellini ne le met aussi qu'après le rubis et l'émeraude, et ne
lui reconnaît que la huitième partie de la valeur du rubis.

[2] M. Babinet : *Lectures scientifiques*, *Le Diamant*.

plupart des autres gemmes antérieures à la découverte
du Nouveau Monde. Elles se paraient des rubis orientaux, la première des pierres de couleur, dont le rouge
éclatant a été comparé au sang qui jaillit de l'artère, ou
au rayon rouge du spectre solaire [1]. A défaut des va-
riétés que nous a fait connaître le Brésil, les rubis
orientaux offraient à la fois une parure splendide et
une matière admirable pour la gravure. Ces pierreries,
auxquelles les Romains attribuaient des propriétés sur-
naturelles, étaient désignées par eux, ainsi que quelques
autres gemmes, sous le nom d'*escarboucles*.

Le saphir d'Orient et l'améthyste jouent de même leur
rôle dans le luxe romain du temps de l'empire. Le saphir, qui déjà brillait sur le vêtement sacerdotal du
grand prêtre Aaron, était très-recherché. On grava aussi
sur cette pierre précieuse, ainsi que sur l'améthyste, qui
tenait également sa place dans le costume du grand prêtre
hébreu. Les gravures anciennes sur améthyste sont
nombreuses, et on admire aujourd'hui, entre toutes,
celle qui dans notre collection française représente
Cérès Antonia, femme de Drusus. Une œuvre de Dioscoride, un superbe travail sur améthyste, représentant
peut-être Mécène, se fait également remarquer dans la
collection de notre Bibliothèque nationale.

Toutes ces pierreries le cédaient à l'émeraude, dont
les hommes ne se faisaient faute aussi de se parer.
Les riches mettaient à profit sa transparence pour en
former une espèce de lorgnette. L'empereur Néron re-

---

[1] V. le livre de M. Dieulafait sur les *Pierres précieuses*.

gardait le combat des gladiateurs avec une émeraude.
Pline s'étend sur la description de cette pierre, particulièrement admirée par les Romains. Il insiste pour
montrer qu'elle est de toutes la plus agréable à l'œil;
elle surpasse par son vert celui des herbes et des arbres;
la vue la contemple sans se lasser; bien plus, elle repose,
soulage et fortifie les yeux; enfin elle ne perd jamais son
lustre, ni au soleil, ni à l'ombre, ni aux lumières artificielles, etc.

On trouve au reste beaucoup d'exagération et des
confusions assez singulières au sujet de cette pierrerie
chez d'autres écrivains antiques, comme Théophraste ou
Appien.

L'un nous entretient d'une émeraude de quatre coudées envoyée par le roi de Babylone, d'un obélisque en
Égypte fait de quatre émeraudes, d'un pilier formé d'une
seule émeraude, à Tyr, dans le temple d'Hercule; l'autre
parle d'une statue colossale de Sérapis, d'une hauteur de
9 coudées et toute d'une émeraude. Erreurs avérées, qui
prouvent seulement que ces historiens ne distinguaient
pas l'émeraude d'une autre pierre beaucoup moins précieuse, artificiellement colorée.

II

COMMENT LE LUXE DES FEMMES DE L'ARISTOCRATIE S'ÉTENDIT A
CELLES DES AUTRES CLASSES. — ÉMULATION DES DEUX SEXES DANS
LE MÊME LUXE ET DANS LES MÊMES MODES.

L'esprit d'imitation, l'émulation fiévreuse qui dès
longtemps régnaient à Rome entre les différentes classes
en fait de luxe, devaient s'établir aussi sous l'empire
entre les deux sexes. On les verra tantôt s'emprunter
telle ou telle nature spéciale de luxe qui paraît réservée
plus particulièrement à l'un des deux, tantôt rivaliser
dans les genres qui leur sont communs.

Cette émulation s'était développée toutefois d'abord
entre femmes de conditions différentes.

La femme de la classe moyenne jette sur la femme
riche un œil plein d'envie, la fille des classes pauvres
éprouve le même sentiment à l'égard de la femme du
chevalier dans cette société fondée sur la richesse.

A Rome, on vit des femmes arrivées à la fortune rivaliser avec les patriciennes, et les femmes de ce qu'on
peut y nommer la classe moyenne lutter autant qu'elles
le purent avec les femmes riches.

La révolution qui s'était opérée au profit de l'argent
ne permettait plus de distinguer par le train de maison
celle qui avait des aïeux de celle qui n'en avait pas. Les
femmes de la classe intermédiaire visaient au luxe ou
pour le moins à s'en donner les apparences. Celles qui

ne pouvaient avoir à elles de beaux vêtements, des bijoux, ni même une domesticité suffisante, louaient ces objets pour certaines circonstances.

L'argent fut dans toutes les classes très-recherché comme ornement. Même des plébéiennes portaient aux pieds des anneaux d'argent. Pétrone[1] en attribue à Fortunata, femme de Trimulcien, du poids de six livres et demie. Enfin, il n'est pas jusqu'à des esclaves qui n'eussent des miroirs portatifs en argent[2].

De nos jours l'imitation des pierreries et de l'or, poussée si loin que des yeux exercés peuvent s'y laisser prendre, a contribué à vulgariser le luxe ou si l'on veut son apparence mensongère, et à rendre les distinctions de fortune plus difficiles à saisir du premier coup d'œil. Les Romains connaissaient aussi cet art, quoique à un degré moins avancé.

Il y avait des industries qui fabriquaient des émeraudes en cristal doré et des sardoines en cornaline. On prétend même que les vitrifications imitant l'émeraude surpassent nos imitations modernes.

Pour certaines femmes, à Rome, ce luxe en quelque sorte besoigneux était une affaire de position : je veux parler surtout de celles dont les maris remplissaient des professions libérales obligées à garder le décorum.

Ces professions étaient encombrées. Elles étaient, en outre, remplies d'intrigants et de charlatans. Rome comptait, au temps des Césars et des Antonins, un grand

---

[1] Cap. LXVII.
[2] Becker, *Gallus*, II.

nombre d'employés, de fonctionnaires, de médecins, d'avocats, d'hommes de loi, gens fort embarrassés pour vivre, et surtout pour soutenir un rang convenable, en face des parvenus de l'argent. Ces derniers, grâce aux grands travaux industriels, de plus en plus développés sous une foule de formes, grâce à la spéculation commerciale, qui prit, sous les premiers empereurs, un essor remarqué par plusieurs écrivains de cette époque, avaient entre les mains des moyens souvent rapides de s'enrichir. Les autres étaient réduits aux voies lentes d'un travail mal rétribué le plus souvent.

Un luxe de parade, et en tout cas fort supérieur à la réalité des fortunes, servit à appeler l'attention.

Le mari se fit accompagner par un cortége d'esclaves.

Avocat, on le vit se parer d'un superbe brillant qu'il avait loué et qu'il faisait scintiller en plaidant. Il s'entoura de tout l'extérieur de l'aisance au risque de s'endetter. La femme recourut au même éclat factice. Elle y trouva un double avantage : elle secondait son époux dans ses calculs, elle suivait son instinct qui la portait à briller, à se laisser éclipser le moins possible.

Juvénal a tracé ce saisissant tableau.

Un trait qu'il relève, et que l'économiste peut envier au poëte, c'est l'enchérissement produit par les habitudes de luxe.

Ce n'était pas la dernière fois qu'on devait voir les dépenses exagérées d'un certain nombre rendre pour tous la vie difficile et chère. Et quand je dis la vie, je ne parle pas seulement de la vie de luxe, mais de la vie simple.

Le prix des loyers avait énormément augmenté. Les

provinciaux se moquaient des citadins. Ils s'étonnaient
que le prix d'un logement souvent mal situé coûtât plus
cher que toute une agréable maison en province.

Une telle situation, grave pour les hommes, dut avoir
des conséquences particulièrement fâcheuses pour les
femmes placées sur cette limite intermédiaire des rangs
et des fortunes. Plus l'aisance est difficile à trouver dans
la vie régulière, plus il est tentant de chercher le luxe
dans le désordre, genre de facilités qui ne manquent
guère dans une société riche et corrompue.

Le célibat des hommes y contribua.

Ce célibat était souvent lui-même l'effet de ces habitudes de dépenses. Les hommes voulaient échapper à
ces charges de maison impérieusement déterminées par
les exigences du luxe régnant.

Ils gardèrent pour eux seuls ces aises dont ils crai-
gnaient de voir diminuer la somme.

Exclues du mariage, les femmes qui se dépravent et
vivent de la corruption augmentèrent en nombre.

La difficulté de suffire à l'entretien des familles pour
le vivre, le couvert, les diverses dépenses, en y compre-
nant les plus obligatoires de toutes, tendit à jeter une
foule d'hommes et de femmes dans les rêves illimités de
la richesse poursuivie par tous les moyens.

On avait pu voir déjà comment, à Rome aussi bien
qu'à Athènes, l'exemple et les leçons du luxe avaient été
donnés par les mères elles-mêmes aux jeunes héritiers
d'une grande fortune. La scène dans laquelle Aristo-
phane retrace ce curieux et triste tableau a été reproduite à Rome bien des fois dans la vie réelle. L'orgueil

maternel, chez des femmes habituées à ne considérer
que le luxe et à le voir prendre autour d'elles pour mesure de l'estime et de l'éclat, aimait pour les jeunes
hommes ce genre de distinction.

Peu à peu l'imitation des parures, la recherche des
parfums à l'usage des femmes, avaient gagné l'autre
sexe.

Historiens, poëtes satiriques, moralistes, s'accordent
dans cette peinture du luxe *efféminé*. On avait vu les
hommes élégants adopter les vêtements larges, flottants.
Ils se chaussaient comme les femmes. Ils prenaient
presque les mêmes soins de leur chevelure abandonnée
à la croissance naturelle. Ils portaient à chacun de leurs
doigts des anneaux d'or ou des bagues du plus grand
prix. Certains empereurs ne firent qu'exagérer cette
folie, lorsqu'ils s'habillèrent d'une manière analogue
aux femmes, et quelquefois même tout à fait en femmes.

Ammien Marcellin nous a laissé le portrait d'un sénateur efféminé au quatrième siècle. Ce personnage, qui
affecte la noblesse la plus antique, porte une robe de
soie flottante et se sert d'ombrelles et d'éventails. Un
rayon de soleil qui perce l'épais rideau destiné à protéger ses yeux lui arrache des plaintes et des gémissements..... Il ne se rend plus à la chasse que dans une
gondole, dont les mouvements doux ne peuvent lui causer aucune fatigue, et il ne chasse que par le moyen de
ses esclaves; encore se plaint-il, à son retour, d'avoir
le corps brisé par des travaux dignes d'Hercule ou
d'Alexandre..... Est-ce un homme, est-ce une femme que
ce personnage qu'on peut à peine apercevoir au fond de

sa voiture, qu'escorte un nombre énorme d'eunuques,
de cavaliers et de marmitons, et qui, de sa main
gauche, agite un pan de sa robe pour en faire admirer
au peuple la finesse et l'éclat?

Non moins curieux sont les emprunts faits par les
femmes au luxe des hommes. Et je ne parle pas ici de
quelques emprunts de costumes, comme les vêtements
d'amazone, mais des cas nombreux où elles les imi-
tèrent et les surpassèrent en suivant les mêmes usages.

Ce qu'une femme opulente eut chez elle d'eunuques,
surtout à mesure que l'influence orientale s'exerce davantage, est incroyable.

Il faut un effort de mémoire pour donner une idée de
ce personnel de serviteurs des deux sexes qui se pressent
autour de la femme riche dans la Rome impériale.

Elle a d'abord, signe de son indépendance du mari,
son esclave *dotal*, réservé, *receptitius*, inviolable comme
la dot. Elle a ses esclaves préposés à la garde de ses
pierreries, de ses bijoux, de ses divers objets de parure.
Elle a, pour l'enfant à naître ou déjà né, la sage-femme,
obstetrix; la garde, *adstetrix;* la nourrice, *nutrix;* les
berceurs, *uncarii;* les porteurs, *bajuli, geruci;* les nour-
riciers, *nutritores, nutricii.* Elle a quantité de femmes
occupées, ou censées occupées, à filer, *quasillariæ;* à tis-
ser, *textrices;* à coudre, *sarcinatrices.* Elle a ses esclaves
qu'on appelle les *silentiaires*, parce que leur fonction
consiste à faire régner le silence dans ce troupeau servile. Elle a toutes les femmes employées aux vêtements,
vestiplicæ, sous la direction d'une inspectrice de la
garde-robe. — Elle a toute la catégorie merveil-

leusement dressée de servantes qui se partagent les soins
infinis de sa toilette ; œuvre compliquée, savante, qui
absorbe plusieurs heures [1].

Combien de tâches différentes et combien de mains
pour remplir ces tâches ! Que de spécialités distinctes !
C'est le chef-d'œuvre de la division du travail ; disons
plutôt que c'en est le ridicule abus.

Combien d'esclaves emploie la coiffure ! C'est tout un
art dont on parle avec une sorte de respect.

Outre celles qui construisent ce haut échafaudage,
qui mêlent aux cheveux les tresses d'or, les unes avec
des doigts d'une souplesse infinie, les autres armées
d'un fer rouge, voici celles qui teignent les cheveux, de
combien de façons ! celles qui soufflent sur ces boucles,
brunes ou blondes par nature ou par artifice, la fine
fleur des plus exquis et des plus enivrants parfums. Ces
servantes spéciales s'appelaient *ciniflores*. On n'en a pas
fini encore. A celle-ci la tâche de peindre les sourcils.
A celle-là le soin délicat de poser les dents, qu'une esclave chaque soir plaçait dans un écrin. Les *ornatrices*
ajustent la parure. Les *flabelliferæ* agitent l'éventail. Les
ombelliferæ tendent l'ombrelle. Les *sandaligerulæ* portent les sandales.

Le cortége composait une des parties principales du
luxe des riches Romains quand ils sortaient à pied ou
dans un char. Les riches Romaines voulurent aussi avoir
leur cortége encore plus nombreux, plus brillant.

C'était l'élite même des esclaves.

---

[1] V. le livre de Bötinger : *Sabine, ou la Matinée d'une dame romaine.*

C'étaient des courriers et des valets de pied féminins, *anteambulatrices*, *pedisequæ*.

C'étaient des messagers, des émissaires de courtoisie, *salutigeruli*, *pueri internuncii*; de beaux jeunes gens, bouclés, frisés, servant de gardes d'honneur, *asseclæ calamistrati*, *cincinnati*.

Dans le même cortège se trouvaient ceux qui pouvaient le mieux faire figure parmi la nombreuse cohorte des cochers et des porteurs. Il s'y rencontrait des hommes de toute couleur et de toute race. Des Cappadociens, des Syriens, des Mèdes, faisaient l'office de porteurs. Des Liburniens tenaient les marchepieds. Les noirs Numides couraient par devant; des plaques d'argent brillaient sur leurs poitrines.

Il y avait en outre une sorte de luxe de domesticité où l'on vit les femmes rivaliser avec l'autre sexe.

Les hommes riches avaient des esclaves savants, des individus libres à leurs gages, grammairiens et lettrés [1]. Sabinus, encore plus ignorant que riche, se piquait d'érudition; il aimait à citer ses auteurs, et malheureusement il ne les savait pas, n'ayant même jamais pu retenir les noms de Priam, d'Achille ou d'Ulysse. Sabinus voulut des esclaves érudits qui vinssent en aide aux défaillances de sa mémoire; il en fit instruire deux fort intelligents, auxquels on apprit les poëmes d'Homère et d'Hésiode. Ils prirent le nom de ces deux poëtes, et se tenaient près de la table aux pieds du riche vaniteux,

---

[1] Voir *Histoire de l'esclavage*, t. II, de M. Wallon, *Sur l'emploi des esclaves*.

pourvus de citations toujours prêtes, que le maître sai-
sissait au vol, et répétait rarement sans les estropier.

Les femmes riches ne pouvaient se laisser surpasser
par un Sabinus dans l'usage d'un tel luxe.

Elles voulurent avoir des esclaves lettrés, même des
gens de condition libre d'une science complaisante.

Ce fut chez elles une mode d'avoir à domicile un philosophe. Elles aimaient à le conduire avec elles en voiture, où il prenait place habituellement entre leur nain
et leur singe. C'était pour elles une autre façon de
s'amuser. Rien de plus plaisant que la façon dont ces
mondaines prenaient leurs leçons de philosophie — en
général pendant qu'on faisait leur toilette. « Souvent,
dit Lucien, le grand moqueur, tandis que le philosophe
traite à fond quelque question de morale, survient une
jeune esclave qui s'approche de sa maîtresse et lui
remet un billet de la part de quelque galant. Les discours sur la sagesse demeurent suspendus, et ce n'est
qu'après avoir répondu à son amant qu'elle revient les
entendre [1]. »

A ces femmes qui jouaient avec les idées comme avec
les plaisirs, Tacite oppose les Germaines, *septæ pudicitiâ,
nullis spectaculorum illecebris, nullis conviviorum irri-
tationibus corruptæ*. Les femmes avaient peu contribué
à ces festins : triste honneur qui revient tout entier aux
maîtres du monde, exploité pour leur gourmandise.
Les femmes, par un reste de respect des vieilles mœurs,
étaient demeurées éloignées de ces repas scandaleux.

---

[1] Lucien, *De mercen. condit.*

Mais une telle réserve pouvait-elle durer? Elles aspirèrent à y prendre place. — Elles y furent admises dans les derniers temps de la république, mais d'abord assises. Enfin vers le commencement de la période impériale, elles eurent, ou plutôt usurpèrent le droit de se coucher sur des lits comme les hommes. Nouveau progrès de l'égalité!

Il n'y eut plus dès lors un seul de ces excès auxquels elles ne prirent part. Le festin devint une réunion de plaisirs, parfois une orgie — la grande orgie romaine!

Combien elles ajoutèrent à quelques-uns des raffinements les plus coûteux, les plus extraordinaires, qui accompagnaient ces repas! Moins gloutonnes peut-être que les dominateurs de l'univers, elles furent plus sensuelles. Elles luttèrent avec eux de passion pour les vins de Grèce et d'Italie; elles y puisèrent l'impudicité sans frein et les emportements de la débauche.

La finesse de leur goût développa toutes les délicatesses des mets, et la pâtisserie fut un art! Peut-on louer assez le talent de ces artistes véritables, de ces *pistores* qui formaient à Rome une imposante corporation? Combien le penchant propre de la femme, le goût qui la porte à s'occuper de l'intérieur, de l'ameublement, ne dut-il pas augmenter le nombre, la richesse des services de table! La splendeur de ces services alla croissant. La vaisselle d'apparat resplendit de plus en plus d'or et de pierres précieuses. Les troupes d'enfants de toute provenance, de toute couleur, qui jouaient autour des tables, ou formaient des groupes, devinrent plus nombreuses. On raffina sur les raffinements mêmes.

Leur influence devait se faire sentir sur un autre genre d'accessoires, sur ces chants, sur ces chœurs de danse, sur ces représentations scéniques, divertissements qui versent l'ivresse à l'âme par tous les sens.

Le mélange de femmes belles, vêtues parfois à peine de légers voiles, rendues plus séduisantes par les ornements et les parfums, avec des hommes pour la plupart débauchés, quelle cause nouvelle de corruption! quelles excitations dans ces danses licencieuses et dans ces chants dissolus!

Les scènes dramatiques jouées au vrai par des pantomimes dont le talent d'imitation était, paraît-il, prodigieux, devinrent plus passionnées, plus voisines de la nature, la nature même.

Qu'elles paraissent maintenant, pour plonger les sens dans une douce torpeur ou pour les ranimer violemment, ces joueuses de harpe syriennes et ces musiciennes venues d'Asie-Mineure! qu'elles accourent ces danseuses andalouses et égyptiennes, dont les danses sont encore aujourd'hui rappelées par les danses lascives des almées d'Égypte!

Elles s'engouèrent des pantomimes à un point qu'on ne saurait dire. Beaucoup en eurent à domicile, comme la riche et vieille matrone Quadratilla. Elle partageait son temps entre les dés et les représentations, — et faisait jouer au dehors à son profit la troupe de pantomimes qu'elle entretenait chez elle pour son plaisir.

La mimique, la mise en scène étaient tellement devenues l'accompagnement de ces festins avec la musique, que tout s'y passait en cadence. Des esclaves égyptiens versaient à boire en cadence et en chantant. Les plats extraordinaires étaient introduits en cadence au bruit des instruments. L'office des découpeurs était rempli par des pantomimes. Ils s'approchaient de la table en réglant leur entrée sur la musique. La chose fut même poussée si loin que chaque mets avait son pas et son air particuliers, et que les gestes étaient différents pour découper un poulet ou dépecer un lièvre.

Le comble du raffinement était, répétons-le, dans les représentations mimiques. Vous vous en ferez une idée assez nette et saisissante par un petit drame connu sous le nom d'*Hélène et Pâris*, qui fut longtemps en possession de la vogue. Dans cette série de scènes, la passion passait par tous les degrés. C'était tantôt un ingénieux badinage, tantôt une tendresse gracieuse et vive, puis les derniers emportements de l'amour.

Quelquefois, l'imitation ne suffisant plus, on vit commencer de vraies scènes de débauche. Ovide fait entendre que la même pièce fut une occasion de chute pour des Hélènes qui n'avaient rien de fabuleux, et tel mari, sans s'en douter, y joua, trop au naturel, le rôle du bon Ménélas.

Le mal n'eut plus de bornes quand s'ouvrirent aux femmes les portes des théâtres, devenus pour les yeux mêmes des écoles de dépravation. Et ce n'est pas la pièce seule qui les corrompait! Quelle avidité d'attirer les regards d'une foule curieuse! Autour d'elles quel cercle se presse d'hommes à la mode! Quelles chroniques de scandales au sujet des acteurs et des femmes de théâtre y défrayent les conversations!

Les impératrices, et les femmes qui appartenaient à la famille des empereurs, déployèrent pour ces solennités un faste particulier. Tacite rappelle qu'Agrippine fit briller, aux regards émerveillés de la multitude, le plus splendide manteau tissu d'or, à la représentation d'un combat naval.

Les orgueilleuses patriciennes s'élancent dans les mêmes voies, et les femmes riches, quelle que soit leur naissance, suivent les mêmes traces avec une ardeur empressée.

Assister parées au théâtre, quelle tentation pour les femmes des gens de loi, des marchands, etc.! C'est surtout dans cette sorte d'occasions qu'on les voit recourir à un luxe d'emprunt, et louer des costumes dont la richesse pouvait faire illusion sur le rang de celles qui les portaient. Elles louaient, au dire de Juvénal [1], des coussins, et jusqu'à une vieille duègne, une femme de chambre blonde, et tout un personnel d'escorte.

Qu'ajouterai-je pour montrer l'action de ce théâtre sur les femmes? Elles en sortaient disposées aux excès, non-seulement du luxe et des raffinements, mais de tous les vices, avec le plus impérieux besoin d'émotions factices et violentes : au cirque, ardentes à la cabale : à la vue des ballets pantomimes, gagnées par le poison qui troublait leurs sens. La représentation des farces atellanes acheva de souiller leur âme et de leur ôter tout scrupule par le cynisme effréné des plaisanteries et l'obscénité des tableaux.

[1] Juven., sat. vii.

On avait vu des hommes d'illustre naissance se déshonorer jusqu'à monter eux-mêmes sur la scène. Quoique le fait ait été plus rare, des femmes, se piquant d'émulation, jouèrent aussi un rôle publiquement.

Il fallut qu'Auguste défendît aux femmes d'une naissance distinguée de paraître sur le théâtre.

Néron admit des femmes et même de vieilles matrones dans les jeux juvénaux [1].

Comme si tout ce qui inspire le respect devait avoir son tour d'être avili, la vieillesse y fut livrée aux regards et aux risées. Ælia Catella, femme d'une grande richesse, à l'âge de quatre-vingts ans, dansa sur le théâtre.

Les spectacles de débauche ne suffisaient pas. Il fallait la vue du sang. Le théâtre donna l'essor à ces instincts de cruauté qui se développent avec le besoin des émotions et les excès du libertinage.

On a rappelé mille fois à l'aide de quel geste, aussi simple qu'impératif, elles demandaient la mort du gladiateur étendu sur l'arène.

Ce ne fut pas assez : on les vit applaudir à des morts réelles, à de véritables supplices introduits par la barbarie commune aux deux sexes dans des représentations fictives.

Et ne croyez pas que cela eût lieu seulement dans les théâtres publics! Cela se vit jusque dans ces scènes qui transportaient à l'intérieur des maisons les infamies du dehors. Ces meurtres terminèrent plus d'une fois de joyeux festins.

J'en citerai quelques exemples trop frappants :

[1] Suet., *Nero*, cap. 11.

Ainsi le trait célèbre d'héroïsme de Mucius Scévola fut rendu au vif par un malheureux condamné dans une pièce où tout le reste était imaginaire. Il fut obligé, sous peine de mort, de se brûler la main aux flammes d'un foyer.

On jouait une pièce intitulée : *Hercule furieux*. On voulait un vrai bûcher, un véritable supplicié. On prenait un criminel. On le revêtait du costume d'Hercule. Il était placé sur le bûcher, et les flammes le consumaient vivant. Les femmes assistaient à ces spectacles. Elles en suivaient les péripéties, elles en goûtaient les affreuses délices, haletantes d'émotion.

Martial, entre autres, parle de ces horreurs avec le plus grand sang-froid. Il termine ce qu'il dit de ce supplice imitant la mort d'Hercule par ces mots d'une parfaite tranquillité : *Quod fuerat fabula, pœna fuit*[1].

Cet engouement pour les représentations dans les théâtres et dans les demeures eut une conséquence particulière digne de remarque.

L'importance accordée de plus en plus aux pantomimes, aux acteurs, aux danseurs et aux danseuses, aux musiciens et aux musiciennes, devait amener l'enchérissement extraordinaire de cette catégorie d'occupations et de talents.

On pourrait n'attacher que peu de gravité à ce fait, s'il ne se traduisait d'ordinaire par l'avilissement correspondant de services plus profitables à la société. Le revenu des riches eux-mêmes a des limites. L'excédant qu'ils emploient à solder un luxe vicieux, ils cherche-

[1] Martial, *De spectac.*, ép. 9, 7.

ront à se le restituer en abaissant le salaire des professions utiles et modestes.

Cela aura lieu d'autant plus sûrement qu'une concurrence trop nombreuse semble livrer naturellement ces dernières professions à l'avilissement des rétributions.

Une cause toute morale pousse à produire le même résultat. Dans les sociétés trop livrées au luxe, les riches n'ont même plus l'estime des talents qui ne se rapportent pas aux jouissances matérielles, et il n'est que trop naturel que le *mépris* engendre le *bas prix*.

On trouvera qu'à Rome, comparaison faite des chiffres qui nous ont été laissés par des contemporains, un bon cuisinier était payé dix fois plus qu'un précepteur, auquel un père confiait le soin de ses enfants. Mais, sans doute pour humilier l'orgueil de ce cuisinier si enflé de son importance, le prix d'un seul poisson équivalait parfois aux émoluments du cuisinier lui-même et souvent au delà.

Un savant, un homme de loi, à moins de jouir d'une célébrité exceptionnelle, ou d'être adopté par le caprice d'un homme opulent ou la fantaisie d'une femme riche, ne valait pas cher à Rome. Au contraire le salaire des danseuses, — et, si elles étaient en vente, — leur prix d'achat était considérable.

Dyonisia gagnait 200000 sesterces; le pauvre professeur dont parle Lucien en gagnait 200, logé et nourri.

De riches propriétaires de danseuses douées de talents [1]

---

[1] Senec., *Consol. ad Helviam.*

exceptionnels allaient, au rapport de Sénèque, jusqu'à
leur assurer un million de sesterces comme dot. Martial
parle d'héritages entiers consumés dans l'achat d'esclaves de luxe, danseuses, joueuses de lyre, pantomimes.
Les pantomimes Bathylle et Pylade possédaient une
grande fortune. Leurs maisons s'élevaient à Rome parmi les plus fières. Les fonctions et les distinctions dont
ils furent revêtus prouvent que leur considération
était égale à leur richesse[1].

Les recherches luxueuses des femmes devaient contribuer de même à faire de la beauté des esclaves et des
serviteurs gagés une cause déterminante de haut salaire
ou de prix élevé. Avoir de beaux esclaves dans leurs appartements, de jeunes garçons achetés en tout lieu à cause
de la perfection des traits du visage et des formes corpo-
relles, devint une passion des femmes opulentes et un
des scandales de la Rome de la décadence; mais voici
plus encore : lorsqu'elles se furent engouées des nains
et des êtres difformes, pour en orner leurs appartements
et leurs salles de festins, la laideur extraordinaire, devenue aussi un singulier objet de luxe, put monter à
des prix que la beauté elle-même n'atteignit pas toujours.

Même en ces temps sombres, Dieu pourtant n'a pas
voulu que le monde demeurât vide de vertus.

La lumière morale qui éclairait l'humanité n'est jamais
aussi complétement éteinte qu'on pourrait le croire, et
on calomnierait même la société romaine, si on étendait
à la masse des familles et des individus les horribles

---

[1] V. *Histoire de l'Esclavage dans l'Antiquité*, par M. Wallon, T. II,
Partie II, Chap. iv.

peintures qu'en ont laissées les poëtes satiriques et de véridiques historiens. La société n'est tout entière ni dans une partie de la classe riche, brillante et dépravée, ni dans l'ignoble lie qui, sous le nom de plèbe, est le résidu de toutes les impuretés.

Les mœurs étaient en général meilleures dans les provinces, sauf quelques grandes villes. Dans les classes élevées elles-mêmes, plusieurs règnes virent renaître comme un retour heureux à une simplicité d'habitudes et une pureté de mœurs relativement plus grandes. Ce retour, les contemporains, abusés plus d'une fois par le mirage qui fait croire à l'éternité du présent, le proclamèrent définitif, comme si une force irrésistible n'emportait pas cette société vers sa fin, suivie d'une transformation inévitable.

Saluons, en ces époques mêmes, si corrompues, ces belles vertus subsistantes! Inclinons-nous devant de nobles stoïciennes, chastes, sévères, intrépides!

Non, il serait trop injuste, en traçant cette peinture des femmes romaines, de l'étendre sans mesure au sexe féminin dans les rangs élevés, même aux plus mauvaises époques. Le palais des empereurs vit lui-même nombre de femmes vertueuses ou du moins honnêtes. Sous Auguste, les mœurs de Livie restèrent pures. Jamais un soupçon n'effleura la chaste renommée d'Octavie. Sous Tibère, Antonia et Agrippine furent dignes du respect public; sous Trajan, la vertu de Plotine fut une force pour son époux. Sénèque, né à Cordoue, nous montre sa mère, « élevée dans une sévère maison », et sa tante, durant les seize années que son mari gou-

verna l'Égypte, « comme inconnue dans la province. »
Combien d'autres rappellent les mêmes traits! Plusieurs
font revivre les mœurs antiques, Marcia, par exemple ;
et combien n'en trouvons-nous pas, dans Pline et
dans Tacite, qui, après avoir été, comme dit Hérode
Atticus de sa femme, « la lumière de la maison », resteront à jamais l'honneur de leur sexe! Telles sont Antistia
et Servilia, qui, ne pouvant sauver leur père, meurent
avec lui. L'énumération pourrait être beaucoup plus pro-
longée. Il y eut des dévouements sublimes, d'autant plus
qu'ils se croyaient destinés à rester inconnus, des morts
tragiques, partagées avec un époux, du cœur le plus intrépide, des vertus simples, touchantes ; et combien sont
restées dans l'ombre! L'histoire est ainsi faite : les vices
éclatants suffisent à déshonorer une époque ; peut-être
est-ce justice en un sens, car ces vices traduisent aussi
un état social, et les désordres qui se montrent ne font
eux aussi que déceler les vices qui se cachent.

Ces vertus des femmes sont elles-mêmes destinées à
devenir plus communes et à prendre une autre forme
plus religieuse et moins stoïque. Une foule de chrétiennes, plus tard, auront sur ces vertueuses Romaines
l'avantage inappréciable de trouver dans leur religion
ces deux belles prescriptions clairement écrites : pureté
et miséricorde! N'anticipons pas sur ce grand changement. Disons seulement qu'à la différence du stoïcisme
également impitoyable pour la chair, le christianisme,
en donnant aux femmes la règle inflexible du devoir,
leur laissa la passion. L'amour divin consuma ces instincts maladifs de luxe et de raffinements ; et lorsqu'ils

se révoltèrent, ce qui arriva plus d'une fois dans certaines conversions nouvelles, il finit presque toujours par triompher.

Quant à celles qui, d'un cœur plus ferme et plus haut, s'étaient données sans retour, soulevées au-dessus d'elles-mêmes par la foi, par la charité, par une espérance céleste, elles ne devaient plus demander qu'aux privations acceptées volontairement et souvent au martyre — d'âpres et sublimes voluptés.

CHAPITRE VI

CONTINUATION DU ROLE ET DE LA POLITIQUE
DES EMPEREURS DANS LE LUXE.
LES ANTONINS ET LEURS SUCCESSEURS.

La civilisation romaine touche à son apogée avec quelques beaux règnes qui, sous les Romains, semblent ouvrir au monde une ère nouvelle.

Perspective chimérique que termine une déception inévitable.

De toutes les utopies politiques, la plus folle est une succession ininterrompue de bons despotes. La vertu d'un prince ne remplace pas les institutions et laisse subsister intacts les vices du régime absolu. Toutefois voici des mœurs plus pures, un souffle nouveau dans les idées, une civilisation plus féconde et plus régulière, même dans le développement de la richesse matérielle.

Beaux moments, quoique toujours mêlés de mal, et qu'on vanterait encore plus si le manque de contrôle suffisant, le pouvoir sans limites précises, n'eussent rendu ces biens trop précaires.

A travers tout pourtant, même sous les mauvais empereurs eux-mêmes, on constate la continuité du progrès matériel. Ces princes y portent atteinte par l'arbitraire, les prodigalités, mais rarement ces améliorations cessent de se manifester sous quelque forme. On rencontre de même de notables perfectionnements dans les lois, dans la constitution de la propriété et de la famille. Voyous comment le luxe se ressentit de ces changements.

I

LE LUXE PUBLIC SOUS LES ANTONINS.

Oui, le luxe public s'améliore sous les Antonins, sauf sous quelques empereurs qui firent revivre les excès des pires Césars. Oui, le luxe privé est moins excessif, sans qu'on cesse de remarquer des abus dans l'usage de la richesse. Oui, enfin, l'air moral qu'on respire est plus pur, plus vivifiant : ce n'est plus seulement la magnificence seule qui nous écrase, c'est souvent une vraie grandeur qui se fait admirer.

Les Antonins, même les plus vertueux, pouvaient-ils abolir la partie populaire du luxe public? Je ne le crois pas. Les philosophes eux-mêmes ne l'eussent peut-être pas conseillé. Ils étaient convaincus de la nécessité de développer dans des proportions assez étendues les spectacles et les fêtes. « Il faut, écrivait Fronton à ce sujet, mettre sur le compte de la sagesse politique de Trajan de n'avoir jamais manqué d'attention même pour les danseurs et les autres artistes de la scène, du cirque et

de l'arène, parce qu'il savait bien que le peuple romain
tient surtout à deux choses, au pain et au spectacle.
L'excellence d'un gouvernement ne se révèle pas moins
dans le souci des passe-temps que dans celui des choses
sérieuses; la négligence est, il est vrai, plus préjudi-
ciable dans celles-ci, mais elle mécontente plus dans
ceux-là; le peuple est, à tout prendre, bien moins avide
de largesses en argent que de spectacles; enfin, les distributions d'argent et de blé suffisent bien pour contenter les individus, homme par homme, mais il faut les
spectacles pour le contentement du peuple en masse. »

Ainsi parlaient alors les sages. Aussi ne vit-on pas cesser
les jeux sous Nerva et sous Trajan (96-117). Ces princes
se piquèrent d'en donner, et de fort beaux. Leur mérite fut
de les modérer, de les adoucir et de développer davantage
certaines formes du luxe public plus nobles et plus compatibles avec l'utilité sérieuse.

Au début Nerva dut, non par choix, mais par nécessité, suspendre les jeux et les distributions. Domitien
avait laissé le trésor à sec. Il fallut bientôt rétablir les
frumentationes, mais, en laissant revenir cet usage,
Nerva en diminua la dépense. Il essaya de rendre les
combats de l'amphithéâtre moins meurtriers. Ce règne
trop court continua, grâce à l'adoption : Nerva revécut
plus jeune et plus fort dans Trajan.

Sous Trajan, l'art quitte le gigantesque, la mollesse
raffinée et le faux éclat des temps néroniens. A plus de
vérité, de mesure et de naturel, il joint plus de grandeur.
Le forum de Trajan, l'arc de triomphe qui s'y élève, la
basilique qui fait face à cet arc, le temple et les deux

bibliothèques qui l'environnent, les statues de l'empereur, équestres ou debout, présentent de grandes images
d'un goût magnifique et sévère. La colonne Trajane,
encore debout, éveille de fortes pensées. Cette colonne,
d'ordre dorique, et qui retrace les triomphes de l'empereur, a sa beauté à part, celle que comportent l'époque
et le génie romain, auquel on ne saurait demander la
grâce du génie grec. Bien qu'elle porte 2500 figures,
de deux pieds de hauteur, elle ne semble pas surchar-
gée. Souvenez-vous de la prostitution de la sculpture
comme de la peinture, et vous admirerez ce superbe emploi donné au marbre et au bronze, et vous reconnaî-
trez qu'Apollodore porte bien haut le sentiment de cet art
énergique qui s'empreint sur tant de monuments. Si ce
n'est pas là le pur idéal, c'est un art à la fois sobre et
splendide ; il a la grandeur et la dignité de l'histoire :
l'histoire, la vraie muse de Rome !

Quelle plus magnifique décoration que les grands et
utiles travaux qui témoignent alors avec tant de puissance
du génie architectural des Romains? Qui se lassera jamais de les admirer ces ponts si hardiment jetés, si har-
monieux, d'une solidité à l'épreuve du temps, témoins qui
attestent la puissance romaine, depuis la Lusitanie et
l'Espagne, jusqu'au Rhin et au Danube, à l'Euphrate et
au Tigre; ces aqueducs, ces ports, ces routes majes-
tueuses qui traversent tout l'empire, depuis le Pont-
Euxin jusque dans les Gaules? Quel caractère de luxe solide brille encore dans les constructions municipales
qui se multiplient partout à la même époque! Trajan
contribue à en élever un grand nombre en Grèce, en

Espagne, en Asie, en un mot dans toutes les contrées. Comment ne pas voir enfin dans cet élan des villes vers un luxe monumental de bon goût, la preuve d'une prospérité qui n'avait jamais atteint à un tel degré ?

Ainsi progrès pour l'art et pour la morale : comment ne pas se réjouir de ces résultats ?

En supprimant les folles dépenses, Trajan écarte du même coup les causes les plus puissantes qui avaient produit les mesures d'oppression et de cruauté. Chose rare! Ce luxe public si large fut dû au développement naturel et normal des revenus publics et aux économies du prince.

Pline le Jeune a pu s'exprimer avec vérité, même dans un panégyrique, lorsqu'il dit à Trajan : « Tu restreins les dépenses parce que tu ne voudrais pas suppléer à l'épuisement du trésor par les dépouilles des innocents. »

Les distributions faites au peuple prirent le même caractère honnête. — Elles furent rarement faites en argent. On distribua des terres libres. La petite propriété rurale y gagna d'autant. Trajan mit en pratique plus d'une idée qui reste à l'étude de notre démocratie moderne, le crédit populaire, l'instruction du peuple et l'assistance pour les faibles. Au lieu de jeter l'argent au hasard, on le prêta à un taux modéré, entre 5 et 2 1/2, à des travailleurs libres. On assista la masse des enfants indigents; pensée dont Nerva avait commencé l'exécution. Ces enfants n'eurent pas seulement l'aliment du corps, mais celui de l'esprit dans ces écoles, auxquelles furent jointes des écoles d'apprentissage pour les préparer aux divers métiers. Ces clients du prince s'appelèrent de son nom : *ulpiani*.

Ainsi, sous l'influence d'un stoïcisme devenu plus humain, et de ce souffle moral que le christianisme commençait à répandre, la charité pénétrait dans la loi avec la prévoyance. Ce n'était plus l'aumône jetée au jour le jour à l'appétit brutal. Ces institutions bienfaisantes, cette manière plus sérieuse d'envisager les intérêts populaires, ce progrès en sécurité du commerce et de l'agriculture, cette administration plus sage et plus régulière, n'était-ce pas là l'équivalent d'une réforme du mauvais luxe, beaucoup plus efficace que les lois répressives? Ne perdait-il pas tout ce que perdaient l'oisiveté, la corruption, l'incertitude du lendemain, la frivolité égoïste?

Très-différent, mais non pas assurément sans grandeur, est aussi le spectacle qu'offre le luxe public sous Hadrien.

Un tel empereur marque une date dans l'histoire du luxe romain. Quelle nouveauté il est lui-même ce personnage singulier, brillant, qui nous étonne par ses contrastes! — Mélange, qui ne ressemble à aucun autre, de faiblesse et d'énergie, de vices et de grandes qualités, qui attire tout en repoussant parfois, et dont on a peine à se détacher. Il semble qu'on trouve comme réunie dans le règne de cet empereur l'image même de ce qu'il y a de plus grand dans le luxe public de l'empire!

Ne le croyons lui-même ni amolli, ni faible dans la répression du mauvais luxe, parce que, livré à des faiblesses honteuses, il comblera d'honneurs un Antinoüs, et parce qu'il lui élève après sa mort un fastueux monument. Il se montre simple, dur aux fatigues, plein d'un

mâle courage, et supporte avec fermeté les intempéries
dans les entreprises militaires. Le luxe et la mollesse, il
les chasse des camps qu'ils avaient envahis. Il ose détruire les fastueux logis, les salles de festins des chefs, il
exclut sans pitié les mimes et les baladins des villes de
garnison. Comment contester l'autorité d'un prince qui
donnait l'exemple pendant la guerre, sans luxe dans son
armure et dans son costume, sobre et frugal comme
un soldat, intrépide à manier les armes, infatigable
dans ses marches, et que n'accompagne nul fastueux
cortége?

Hadrien est-il donc un philosophe? Non certes, quoiqu'il sache peut-être en philosophie tout ce que pouvait
savoir un homme de son temps. Mais il n'est étranger à
aucune idée, pas même à celle du devoir. Nature inquiète, esprit actif, curieux, maladif! Très-éclairé et
très-superstitieux, il allait jusqu'à préférer aux savantes
spéculations la magie et l'astrologie.

Mais ce qui rend son rôle incomparable dans le luxe
public, Hadrien est un artiste, un poëte même à sa façon, bien qu'il n'ait fait que des vers médiocres, un
poëte, dis-je, par l'intelligence compréhensive, par le
vif sentiment des beautés de l'art et de la nature même,
par une imagination ardente et jusque par cet ennui blasé
qui semble le rapprocher des hommes de notre temps.

Politique aussi vigilant qu'amateur distingué du beau,
que lui manque-t-il pour être grand? la simplicité. Une
certaine unité fait seule les vrais grands hommes. Mais
quel esprit varié, étendu, — plus peut-être qu'il ne convient aux princes

Quel vaste et curieux éclectisme aussi! Quel voyageur que ce chercheur infatigable qui se laisse conduire au bout du monde par les recherches de l'archéologie! quel restaurateur de monuments de tous les temps! On pourra regretter que l'homme ait été capricieux, souvent bizarre, et ne puisse mériter personnellement la sympathie que tant de dons brillants et séduisants semblent appeler. Qu'il ait été vain, jaloux, parfois cruel, comment le nier? Mais ce qu'il fit pour le luxe public comme pour des réformes vraiment humaines honore la *civilisation* : on peut, sans anachronisme, employer ce mot avec Hadrien.

Rechercher, pendant vingt-deux années, à travers les contrées les plus diverses, Italie, Grèce, Égypte, Syrie, tout ce qui peut contribuer à relever les arts, à réformer les abus, à pourvoir au bien-être des sujets, semer son passage à plusieurs reprises des œuvres les plus brillantes, en rapport avec les besoins des populations; refaire une nouvelle Athènes éclatante et vivante, pleine d'édifices superbes, d'écoles, d'académies, une Athènes qui devait s'appeler pendant des siècles encore l'Athènes d'Hadrien; relever Nicée et Nicomédie des ruines d'un tremblement de terre; couvrir Cyzique et une foule de villes de l'Asie Mineure de places, de cirques, de temples, de musées; laisser partout des ports, des ponts, des aqueducs; donner à Nîmes des monuments splendides et ses admirables arènes; créer, et en prince qui comprend ce qu'il y a d'universel dans son rôle de protecteur, partager ses soins entre Rome embellie, comblée des plus belles fêtes, et les villes de province; faire de sa propre villa le rendez-vous de toutes les

merveilles de l'empire, le plus grandiose des musées, qui
se développait sur un espace de trois milles et reprodui-
sait les monuments et les chefs-d'œuvre de tous les peuples, quel rêve! et n'est-ce pas là la destinée singulière de
cet empereur? L'idée d'une civilisation « cosmopolite » ne
semble-t-elle pas se réaliser ici d'une manière frappante?

Et pourtant cet homme toujours occupé, et qui ne
cesse de se mouvoir, finit par la maladie de l'homme
moderne, le sentiment du vide : la mélancolie!

Il peut après cela paraître secondaire, quoique ce ne
soit pas historiquement sans importance, que nous assis-
tions sous le même règne à un entier renouvellement du
luxe de cour.

En remettant à des chevaliers des charges de palais,
qui avaient été confiées jusqu'alors à des subalternes,
Hadrien devait donner un sens bien plus étendu et
plus précis à ce mot de *maison impériale*.

Il y eut d'ailleurs dans un tel changement quelque
chose de plus qu'une affaire d'étiquette.

Plusieurs écrivains modernes y ont attribué une sérieuse importance [1]. « Adrien, dit M. Amédée Thierry, fit
des emplois du palais un service public, dont les charges
ambitionnées par les personnages les plus élevés se rap-
prochèrent de ce qu'on appellerait aujourd'hui des ministères. Cette institution, développée par les princes qui suivirent, prit peu à peu une grande importance, et finit par
dominer tout le mécanisme administratif de l'empire. »

Je viens de montrer, avec Hadrien, ce que peut faire

---

[1] M. Naudet, *Mémoire sur les changements opérés dans l'administration romaine*. — M. Amédée Thierry, *Tableau de l'Empire romain*.

une époque cultivée d'une intelligence fine et flexible,
très-distinguée, hospitalière à toutes les idées, capable
de goûter tous les génies et tous les styles, assez semblable à cette demeure même de Tibur qui offrait, dans
sa vaste enceinte, une collection d'objets de toute provenance. Mais quoi ? A ce merveilleux entassement de
pierres, de marbres et de bronzes quelque chose manquait, la conscience, l'élévation morale, une foi quelconque en quoi que ce soit.

Qui nous les rendra ces qualités, que l'on désire après
ce lettré qui s'est essayé dans tous les genres, dans la
tragédie, les pièces légères ; après ce sceptique déses-
péré qui donnait congé à son âme, à sa *petite âme*, il
l'a dit lui-même en des vers d'une ironie si glacée?

On respire, on sort de cette atmosphère artificielle
avec un Antonin, avec un Marc-Aurèle, véritables hommes qui eurent une foi, une foi morale !

Le premier mit dans ses réformes plus de simplicité et
peut-être un peu de parcimonie; le second, « d'une
vertu plus austère et plus travaillée, » selon l'expression de Gibbon, y déploya plus d'énergie et d'efforts.

Antonin, pendant vingt-trois ans de règne (158-161),
habitué longtemps à la simplicité campagnarde de sa
villa de Lorium, en Étrurie, revêt tour à tour, avec une
bonhomie supérieure, la pompe impériale et les habitudes d'une vie modeste, sans passion pour le luxe et
n'en affectant pas même le mépris[1].

[1] Les vestiges de sa maison de campagne de Lanuvium en attestent la
splendeur. On a trouvé dans les excavations un coq d'argent, servant de
robinet pour faire couler l'eau dans les bains; il pesait 50 ou 40 livres, et
portait pour inscription : *Faustinæ nostræ.*

C'est avec ses propres deniers qu'Antonin continue les largesses aux soldats et aux peuples.

Les plus somptueux édifices d'Antonin ont un caractère utile. La Grèce, l'Ionie, la Syrie, l'Afrique, voient restaurer et relever leurs anciens monuments. Gaëte, Terracine, Pouzzoles, montrent leurs ports; Antium, son aqueduc; Ostie, son phare; Narbonne restaurée, ses portiques, ses thermes, ses basiliques; Épidaure, ses temples, ses théâtres, ses bains.

Antonin modère aussi les dépenses des combats de gladiateurs, moins par économie que par humanité.

Les circonstances, autant que son caractère, forcèrent Marc-Aurèle à déployer contre le luxe des mesures de sévérité plus directes. L'armée elle-même s'était corrompue au contact des villes de l'Orient, dont elle s'éprenait jusqu'à en adopter les mœurs efféminées. Quand Marc-Aurèle partagea le pouvoir avec Vérus, ce ne fut, de la part de cet associé à l'empire que fêtes, orgies, voluptés de tout genre.

La réforme impitoyable d'Avidius Canius ramena l'armée à la discipline. Elle fut contrainte d'abandonner les molles habitudes, la nourriture délicate, les selles rembourrées de plumes.

Marc-Aurèle s'en remit pour le luxe public aux particuliers : économie pour le trésor et pour les peuples.

C'est le moment de cet Hérode Atticus, dont nous avons déjà parlé.

Le vertueux empereur s'efforçait en outre de corriger ou de réduire les abus d'un tel genre de dépenses.

En même temps qu'il faisait disparaître les scandales des bains publics, il fixait le maximum des salaires des histrions.

Il ne voulut plus que le sang humain coulât dans l'amphithéâtre; il ordonna que les gladiateurs combattissent avec des armes émoussées, il brava les murmures de la foule qui se plaignit qu'on voulût faire du peuple romain « un peuple de philosophes. »

Se fit il pardonner de cette multitude, plus avide encore de jeux que de pain, en augmentant la part de l'assistance publique et par ses secours attribués aux enfants, objets de sa particulière sollicitude? On peut en douter.

Il tenta de réformer aussi les arts.

Cette frénésie, qui portait à ériger des statues à tous ceux qui avaient obtenu une notoriété quelconque, n'exceptait pas les vainqueurs du cirque dans les courses des chars. Ces cochers du cirque, à qui l'on dressait des statues, étaient la plupart du temps des gens du bas peuple, dont le corps était entouré d'une ceinture depuis la poitrine jusqu'au bas-ventre. Lucius Verus faisait faire en or le portrait de son cheval nommé Volucris, et le plaçait dans le cirque. Marc-Aurèle réagit contre cet abus dégradant.

Il semble vouloir ramener l'art à son principe élevé. Lui-même savait le dessin, qu'il avait appris d'un de ses maîtres, Diognète, à la fois peintre et philosophe [1].

[1] « La fameuse statue équestre de Marc-Aurèle devait figurer comme un des ornements de Rome au moyen âge. Elle fut érigée sur la place qui est devant l'église de Saint-Jean de Latran, parce que la maison où était né cet empereur se trouvait située dans ce quartier. Pour la figure de Marc-Aurèle, il faut qu'elle ait été ensevelie sous les ruines de Rome dans le moyen âge; car, dans la vie du fameux Carlo di Rienzo, il n'est parlé que du che-

Il fit servir l'art à perpétuer le souvenir des belles actions.

Cette belle lumière morale qui dans ces temps brilla parfois un quart de siècle, près d'un siècle même, s'éclipsa tout à coup.

Il suffit qu'un Commode remplace sur le trône un Marc-Aurèle pour que le luxe immoral et monstrueux reprenne toute sa vigueur, et pour qu'on se croie revenu aux temps des Néron et des Domitien.

La tyrannie de cet héritier des pires empereurs avait eu pourtant aussi d'heureux débuts.

L'extérieur du prince était plein des meilleures promesses. Sa tenue d'une royale dignité, son corps vigoureux et bien proportionné, la mâle beauté de ses traits, sa chevelure blonde et bouclée, qui semblait, dit Hérodien [1], briller comme la flamme, sous les rayons du soleil, — composaient un ensemble frappant et séduisant tout à la fois. Il avait tout ce qu'il faut pour être une de ces idoles que le peuple encense avec enthousiasme, parce qu'il croit lire sur leur front les signes d'une nature faite pour commander, joints à la bonté qu'on aime volontiers supposer unie à la force.

Cette popularité, qu'il devait chercher à garder ou à

---

val, et on le nommait le cheval de Constantin. Quand il y avait des réjouissances à Rome, dans le temps que les papes siégeaient à Avignon, on faisait couler pour le peuple du vin et de l'eau de la tête de ce cheval : du vin rouge de la narine droite et de l'eau de la narine gauche. Alors on n'avait point d'autre eau dans cette ville que celle du Tibre, parce que les aqueducs étaient détruits; on la vendait dans les rues de Rome comme on fait aujourd'hui dans Paris. » (Winkelmann, *Hist. de l'art.*)

[1] Herod., *in Commod.*, XVIII.

reconquérir par les profusions du luxe public, Commode l'eut un instant grâce à ces apparences.

Au retour d'une courte expédition, le peuple l'accueillit avec une joie sincère par des fêtes, des cris d'allégresse, des couronnes, des fleurs semées sur ses pas.

Commode justifie ce que nous avons dit déjà des Césars, ses prédécesseurs. « Ce n'était point, remarque Gibbon, un tigre né avec la soif insatiable du sang humain, et capable, dès ses premières années, de se porter aux excès les plus cruels ; la nature l'avait formé plutôt faible que méchant. Sa simplicité et sa timidité le rendirent l'esclave des courtisans qui le corrompirent par degrés. Sa cruauté fut d'abord l'effet d'une impulsion étrangère ; elle dégénéra en habitude, et devint la passion dominante de son âme[1]. »

Éternel retour des mêmes fatalités morales et politiques! Toujours la même pente descendue d'abord insensiblement par la débauche, les impérieux caprices, les désirs qui s'irritent à mesure qu'ils se satisfont, l'emportement contre ce qui fait ou semble faire obstacle, pour arriver aux folies du faste, aux excès du crime, aux proscriptions, aux délateurs!

Plus on examine le genre de luxe public ou de jouissances privées de ce misérable empereur, plus on se convainc qu'il tomba au-dessous de Néron lui-même.

Il eut les brutalités de Néron sans ses raffinements, sans les goûts intellectuels qui survivaient chez l'élève de Sénèque, mêlés aux plus grossiers instincts.

---

[1] Gibbon, *Hist. de la décad. de l'Empire romain,* l. I.

Néron n'avait pas spéculé sur la disette du peuple, pour se faire de l'argent, ni poussé jusqu'à ce point le trafic des dignités.

Ses débauches elles-mêmes n'étaient pas tombées aussi bas.

Néron n'avait pas imaginé de créer un ignoble harem de six cents créatures humaines.

Dans l'amphithéâtre, Commode ne joue pas de la lyre, il ne sait que tuer, et tuer encore. Il tue des bêtes, il tue des hommes en masse, il se complaît dans le carnage et dans le massacre sans fin comme sans variété; qu'il tue et voie tuer, cela lui suffit.

Il triomphe du surnom d'Hercule, et, aussi jaloux de se prouver à lui-même qu'il est un excellent gladiateur que Néron pouvait l'être de se convaincre qu'il était un grand artiste, il se fait payer comme les autres gladiateurs chaque fois qu'il descend dans l'arène; mais il se fait payer comme pouvait l'exiger un souverain maître; chaque représentation de Commode coûte près de huit cent mille sesterces au peuple romain!

Il y a peu à dire, au point de vue qui nous occupe, des empereurs militaires qui succèdent aux Antonins, comme Pertinax, Didius Julianus.

Le règne de Septime Sévère, quelle qu'ait été la rigidité, l'austérité personnelle de ce despote militaire, instruit, juste, inexorable, n'est pourtant pas sans importance par rapport au luxe, qui fut réformé quant aux distributions et aux jeux, et augmenté par la construction d'un grand palais impérial.

Septime Sévère, victorieux de ses compétiteurs, ap-

puyé par le sénat et par le peuple, avait dit à ses fils :
« Traitez bien le soldat, et moquez-vous du reste. »

C'est à partir de ce règne, en effet, que le peuple commence à tomber dans le mépris. On lui conserve avec moins de magnificence ses spectacles, ses distributions, on ne lui fait plus la cour avec le luxe.

Cet homme qui passe sa vie à combattre, à administrer avec une énergie indomptable, et une ardeur mêlée d'une cruauté naturelle qui se ressent de son origine africaine, cet empereur qui donnait pour dernier mot d'ordre avant sa mort, ce mot célèbre : *Laboremus*, n'était point certes un homme de plaisir, et le faste du pouvoir comme le luxe privé sembla passer tout entier du côté de son ministre Plautien, moins rigide que lui.

Pourtant il fit entrer aussi le luxe monumental dans sa politique, il voulut un palais qui fût bien à lui : ambition qui travaille toutes les têtes royales depuis les Nabuchodonosor et les Rhamsès jusqu'aux Louis XIV.

Abandonner le vieux palais du Palatin, habité par les Antonins pendant un siècle, pour donner à sa dynastie un palais qui datât de lui, devint son idée fixe; elle devait être réalisée au prix de dépenses immenses. Ce palais égala au moins en magnificence, il dépassa en étendue l'édifice qu'il remplaçait.

Passons sur les règnes de Caracalla, qui mit toute sa joie et son orgueil à satisfaire ses instincts de bête féroce, et de Macrin, qui n'eut qu'une existence effacée.

Mais voici un empereur syrien, un adolescent, Héliogabale, qui va faire renaître sous des formes tout asia-

tiques, et avec plus de bizarrerie encore, les monstrueuses
fantaisies d'un Caligula, d'un Néron.

« Élagabale, dit son historien Lampride, nourrissait
les officiers de son palais d'entrailles de barbeaux, de
cervelles de faisans et de grives, d'œufs de perdrix et
de têtes de perroquets. Il donnait à ses chiens des foies
de canard, à ses chevaux des raisins d'Apomène, à ses
lions des perroquets et des faisans. Il avait, lui, pour
sa part, des talons de chameau, des crêtes arrachées
à des coqs vivants, des langues de paon et de rossignol,
des pois brouillés avec des grains d'or; des fèves fricas-
sées avec des morceaux d'ambre, et du riz mêlé avec
des perles. En été, il donnait des repas dont les ornements changeaient chaque jour de couleur... Les lits
de table, d'argent massif, étaient parsemés de roses,
de violettes, d'hyacinthes et de narcisses. Des lambris
tournants lançaient des fleurs avec une telle profusion
que les convives en étaient presque étouffés. Le nard
et des parfums précieux alimentaient les lampes de ses
festins, qui comptaient quelquefois vingt-deux services.
Jamais Élagabale ne mangeait de poisson auprès de la
mer; mais, lorsqu'il en était éloigné, il faisait distribuer à ses gens des laitances de lamproies et de loups
marins. Élagabale était vêtu de robes de soie brodées
de perles. Il ne portait jamais deux fois la même chaussure, la même bague, la même tunique. Les coussins
sur lesquels il couchait étaient enflés d'un duvet cueilli
sous les ailes des perdrix. Ses chars d'or étaient incrustés de pierres précieuses. »

Ce jeune insensé voulut mettre le luxe jusque dans la

mort : il avait préparé, se sentant menacé, pour accom-
plir son suicide, des cordons de soie et de pourpre, des
poisons renfermés dans une émeraude, des poignards
dorés. Il n'eut pas le courage, et peut-être ses soldats
ne lui donnèrent-ils pas le temps de choisir entre ces
trois élégantes façons de mourir ; ils le massacrèrent
dans ses latrines où il s'était réfugié, le traînèrent
jusqu'à un égout, et, en ayant trouvé l'ouverture trop
étroite, ils précipitèrent son cadavre dans le Tibre.

II

LES DERNIERS TEMPS DE L'EMPIRE ROMAIN

Après ces honteuses folies, qui achèvent de faire
du luxe un délire morbide, les temps des Marc-Aurèle
semblent renaître quelques années avec un prince réformateur.

Alexandre Sévère fut le digne élève d'une mère douée
d'une âme supérieure, et dont l'intelligence était aussi
haute que cultivée. De bonne heure formé par les leçons
de maîtres distingués, qui lui inspirèrent un profond
sentiment moral, il avait été initié à une philosophie d'un
caractère religieux, où se trouvaient mêlées les influences
les plus diverses, y compris le christianisme.

Cet empereur, avec ses vertus fermes et son énergie
guerrière, avec ses qualités aimables et fortes, rele-
vées par la plus mâle beauté, accompli de corps et de
visage, doué des talents distingués du lettré et de l'ar-

tiste, qui semblaient tempérer ce qu'il y avait en lui
d'austère, sembla prendre à tâche de remettre en honneur l'esprit étouffé sous la matière. Il releva l'autorité
des mœurs et des lois effacées par un capricieux despotisme ; il honora par son exemple la simplicité des
habitudes.

Les pierreries d'Héliogabale, il les offrit aux dieux :
les fastueux oripeaux de ce misérable fou, il se hâta de
les vendre ; ses splendides vêtements, il les remplaça par
une toge blanche, avec une bande de pourpre sans pierreries, sans ornement, et dans les cérémonies, par la
chlamyde d'or sur les épaules.

Aux repas splendides de son prédécesseur, Alexandre
substitua un régime d'une frugalité extraordinaire ; à
ses habitudes d'indolence il fit succéder les exercices
physiques avant le repas. La lecture des historiens, des
philosophes, des poëtes, ne cessa même pas entièrement aux heures du dîner, pendant lesquelles il se faisait lire sa correspondance et mettre au courant des affaires urgentes.

Ici, tout est honnête, tout respire la moralité la plus
pure.

Le souper réunit la famille et quelques invités :
nulle recherche, ni de mets ni de service ; les jours so-
lennels, un faisan est ajouté à l'ordinaire, des conversations choisies sont la distraction et le plaisir de ces
moments donnés au repos.

La mère de l'empereur, parée, mais sans faste, comme
toute noble Romaine, de boucles d'oreilles, d'un collier
de perles, d'un manteau semé d'or toujours le même,

et de la même robe de cérémonie, offre le plus parfait contraste avec la mère d'Héliogabale, non moins fastueuse que son fils.

Ce palais, naguère rempli d'eunuques et de bouffons, Sévère le purifia de leur présence; il introduisit à leur place des jurisconsultes, des sénateurs et des conseillers sages, éclairés, comme Ulpien, qui travaillèrent à la réforme des lois et de l'empire.

En diminuant les impôts, cet empereur sut pourvoir sur ses économies à l'entretien des monuments, à l'éclat des villes, aux besoins des provinces, à ces distributions d'huile et de diverses denrées auxquelles il ajouta celles de viande. Il faisait par là moins de libéralités outrées qu'il ne complétait le système d'une assistance éclairée.

Nous ne saurions regarder comme de vrais impôts somptuaires les lois qu'il mit sur le luxe. Du moins l'impôt n'eut-il le caractère somptuaire qu'à un faible degré et par exception.

J'ai déjà fait entendre qu'il ne faut pas confondre l'impôt somptuaire *contre* le luxe avec les impôts établis *sur* le luxe et les jouissances.

Le premier relève d'une idée d'hostilité contre le luxe bon ou mauvais; les seconds se proposent simplement d'atteindre les jouissances facultatives, moins dignes d'être ménagées que les besoins de première nécessité.

Si la pensée somptuaire apparut dans ces impôts, c'est à un degré bien secondaire.

Quant aux impôts que le même prince mit sur des dépenses immorales, le titre de somptuaires leur convient à peine.

Pourtant, Alexandre Sévère institua un *Vectigal artium*, qui portait sur les fabricants ou commerçants de luxe. Ils payèrent une sorte de patente pour le libre exercice de leur profession[1]. Tels furent les tailleurs, faiseurs de braies, les tisserands de toile de lin, *linteones* (car le lin était regardé alors comme étoffe de luxe); les vitriers, les pelletiers, les selliers, les orfévres en or ou argent et autres métiers semblables.

Cet impôt, que l'historien Lampride trouve très-beau, *pulcherrimum*, fut destiné à l'entretien des thermes que Sévère avait bâtis et des autres bains à l'usage du public. Plus tard, Constantin devait transformer ce droit annuel en *redevance quinquennale*[2].

On aurait quelque peine au contraire à assimiler aux impôts sur le luxe ceux qui furent mis sur les courtisanes, sur le célibat, et cet autre, appliqué dans presque tous les États modernes, la taxe sur les chiens.

L'empire romain a connu, en effet, il a pratiqué presque toutes les sortes de taxes.

Le génie fiscal en avait mis jusque sur les latrines et les égouts!.. Vespasien avait imposé l'usage, jusqu'alors gratuit, des tonneaux sciés en deux, *dolia curta*, placés dans les carrefours et aux coins des rues. Le même esprit de fiscalité devait tirer du vice lui-même une source de revenu.

La débauche fut soumise par Caligula à un droit de patente qui ne cessa guère depuis lors de frapper un honteux métier.

Alexandre Sévère ne voulut pas enrichir son trésor

---

[1] *Vie d'Alexandre Sévère*, par Lampride.
[2] Cod. Theod., XIII, 1.

particulier du produit d'une telle taxe, et on voit apparaître ici une politique mesurée dans sa sévérité même : il fit servir cet argent à la restauration des édifices publics, tels que les cirques, l'amphithéâtre, le théâtre et l'ærarium.

Le célibat fut taxé moins comme un vice que comme un luxe. — On crut qu'on pouvait taxer celui qui cherchait à se soustraire aux devoirs et aux charges de la famille, au préjudice de la population qui importait tant à l'empire romain. C'était un véritable impôt que cet *uxorium*, qui avait été infligé comme peine, dès 350, aux célibataires par les censeurs Camille et Posthumius. Il en fut de même du *viduvium* payé par les veuves qui ne voulaient pas se remarier.

Comment parler du luxe dans cette fin agitée du troisième siècle qui n'enfante guère que des tyrans éphémères ?

Et pourtant, s'il n'offre rien sur le trône de particulièrement remarquable, il persiste dans la société. On verra que c'est à cette époque que continuent à se rapporter les vives peintures qu'en ont faites Tertullien et d'autres apologistes du christianisme.

Un Maximin, mangeur et buveur prodigieux, pille l'or des temples pour célébrer des jeux; il est tué par le peuple qui sort en fureur de l'amphithéâtre, devenu plus que jamais la passion publique.

Un empereur arabe, Philippe, célèbre avec des pompes solennelles l'an mil de la fondation de Rome.

Un Décius prétend restaurer la censure.

Un Gallien se livre à des jouissances raffinées qui le

consolent de la perte des provinces, acceptée avec une
indifférence sceptique.

On peut citer pourtant un Aurélien, un Tacite, un
Probus, pour quelques réformes morales qu'ils eurent
l'honneur de tenter du moins.

Avec Dioclétien tout change : on voit s'organiser d'une
façon définitive le faste impérial. Dioclétien reproduit
d'une manière régulière et solennelle ce type des grandes
cours orientales, dont les règnes précédents n'avaient
présenté que d'incomplètes imitations. Cet empereur
paraît environné d'un personnel nombreux, de nobles
que règle une savante hiérarchie, d'une interminable
domesticité, assis sur son trône comme une idole, le
front couvert d'un diadème blanc rehaussé de pierreries. Un tel empereur, couvert de soie et d'or, devant
lequel il faut se prosterner avant de lui adresser la parole, rappelle à peine l'idée qu'on se forme d'un empereur romain.

En transportant son siège impérial à Nicomédie, il ne
fit qu'attester ce passage de l'empire occidental à l'empire oriental. L'Occident eut son représentant impérial
à Milan avec Maximin. La grande ville désertée s'en ressentit dans ce luxe public, qui lui tenait tant à cœur,
comme dans toutes ses autres prérogatives. La part des
distributions et des jeux à Rome fut fort restreinte, et
une ère s'ouvrit de misères souvent sans compensation.

Nous remarquerons que les protestations énergiques,
éloquentes, n'ont jamais manqué à aucune de ces époques, sous l'invocation d'une opposition toute morale.

Lactance reproche à Dioclétien son avidité insatiable

et « une manie de bâtir en quelque sorte infinie. » De
là, ajoute-t-il, les exactions auxquelles les provinces se
voyaient exposées pour fournir les ouvriers, les artisans,
les voitures de transport, en un mot tout ce qui est nécessaire aux travaux de construction. Ici s'élevaient des
basiliques, ici un cirque, ici une monnaie ; ici une manufacture d'armes ; ici un palais pour l'épouse de l'empereur ; ici un autre pour sa fille. Et tout à coup une
grande partie de la ville était abandonnée ; tous émi-
graient avec leurs femmes et leurs enfants, comme on
sort d'une ville prise par l'ennemi. Puis, ces édifices
une fois achevés : « Cela n'est pas bien, disait-on, qu'on
le refasse. » Et il fallait qu'ils fussent jetés à terre et
reconstruits de nouveau[1]. Au tableau de ce luxe Lactance oppose le spectacle de la misère des provinces.
« La terre, dit-il, pour la première fois se vit répudiée
par son possesseur. A chacune des pages du code, il
est question de terres qui n'ont point de maître. C'est en
vain que l'empereur les offre tantôt aux Romains et
tantôt aux Barbares ; elles restent désertes et sans culture
entre les mains du fisc ; personne ne veut de ses largesses intéressées. »

Nous verrons naître un luxe aux formes nouvelles avec
Constantin, le fondateur de la seconde capitale de l'empire, ce luxe *byzantin*, qui a son originalité historique.

Le monde romain garde cependant au quatrième siècle
ses splendeurs, ses superbes villas, sa vie raffinée. Les
riches ne pouvaient éprouver le même déclin dans leur

---

[1] Lactance, *De mortibus persecutorum*, ch. VII.

luxe que les pauvres de Rome, qui recevaient de l'autorité leur part de largesses.

La restauration des anciennes mœurs épurées, le renouvellement de l'ancien paganisme, rapproché de la philosophie ou de la pureté chrétienne, tel fut le rêve de cette société finissante.

L'empereur Julien devait faire porter sur ce point ses efforts énergiques et infructueux. Combien cette pensée est vivement marquée par Libanius, dans le second éloge funèbre qu'il fit de cet empereur ! Il le loue d'avoir réformé le luxe et chassé, en montant sur le trône, toute cette légion de parasites qui en présentaient une des formes les plus odieusement onéreuses. « Après avoir réglé, dit l'orateur, les objets les plus importants de l'administration et de l'empire, il jeta les yeux sur l'intérieur du palais ; il aperçut une multitude innombrable de gens inutiles, esclaves et instruments de luxe, cuisiniers, échansons, eunuques, entassés par milliers, semblables aux essaims dévorants de frélons, ou à ces mouches innombrables que la chaleur du printemps rassemble sous les toits des pasteurs. Cette classe d'hommes, dont l'oisiveté s'engraissait aux dépens du prince, ne lui parut qu'onéreuse, sans être utile, et fut aussitôt chassée du palais. Il chassa en même temps une foule énorme de gens de plume, tyrans domestiques, qui, abusant du crédit de leur place, prétendaient asservir les premières dignités de l'État : on ne pouvait plus ni habiter près d'eux, ni leur parler impunément. Avides de terres, de jardins, de chevaux, d'esclaves, ils volaient, pillaient, forçaient de vendre ; les uns ne dai-

gnaient pas mettre un prix à l'objet de leurs rapines,
d'autres le mettaient au-dessous de la valeur; ceux-ci
différaient de payer de jour en jour; ceux-là, après avoir
dépouillé l'orphelin, comptaient pour payement tout le
mal qu'ils ne lui faisaient pas... C'est par ces voies
qu'ils rendaient pauvres les citoyens riches, et qu'eux-
mêmes devenaient riches de pauvres qu'ils étaient.
Ainsi, multipliant leur fortune par la misère des autres,
ils étendaient leur insatiable avidité aux bornes de la
terre, demandant au nom et sous l'autorité du prince,
tout ce qui flattait leurs désirs, sans qu'il fût jamais
permis de refuser; les villes les plus anciennes étaient
dépouillées; des monuments qui avaient échappé aux
ravages des siècles, étaient conduits à travers les mers
pour embellir les palais destinés à des fils d'artisans, et
leur faire des habitations plus belles que celles des rois!»

Quel vivant tableau! Comme on en sent la vérité a
travers ce que le style a parfois de trop ingénieux et le
ton d'un peu déclamatoire!

Mais là ne se bornaient pas les ravages exercés par
ce luxe parasite. Écoutons ce que dit encore Libanius:
« Ces oppresseurs en avaient d'autres placés sous leurs
ordres, qui les imitaient; l'esclave avait son ambition
comme le maître; à son exemple, il outrageait, tour-
mentait, dépouillait, chargeait de fers, et, pour s'enrichir, reversait sur d'autres le despotisme que son maître
exerçait sur lui. Le croirait-on? Les trésors ne leur suffisaient pas; ils avaient l'audace de s'indigner, s'ils ne
partageaient point la considération attachée à la dignité;
croyant voiler ainsi leur servitude... L'empereur chassa

du palais ces animaux dévorants, ces monstres à cent
têtes, et voulut qu'ils regardassent comme une grâce la
vie qu'il leur laissait. »

Quant à Julien, fidèle à ses doctrines et à cette même
politique de restauration du paganisme, qui affectait
d'opposer à la religion chrétienne une morale austère,
on le vit lui-même dédaigner le faste, puis la mollesse,
se contenter de la nourriture la plus grossière : souvent
il la prenait debout, parfois il se la refusait, dormait
peu, n'avait d'autre lit qu'une peau étendue sur la terre,
et passait une partie des nuits ou dans son cabinet ou dans
sa tente, occupé des soins de l'empire ou livré à l'étude.

Le luxe n'en suivra pas moins son cours jusqu'à la
fin... Ammien Marcellin a peint les Romains vieillis, et
cette peinture, pleine de vigueur et de finesse qu'il applique au quatrième siècle, garde sa part de vérité
pour le siècle suivant : « Ils se distinguent par de hauts
chars; ils suent sous le poids de leur manteau, si léger
pourtant que le moindre vent le soulève. Ils le secouent
proprement du côté gauche pour en étaler les franges et
laisser voir leur tunique où sont brodées diverses figures
d'animaux. Étrangers, allez les voir, ils vous accablent
de caresses et de questions. Retournez-y, il semble qu'ils
ne vous aient jamais vus. Ils parcourent les rues avec
leurs esclaves et leurs bouffons... Devant ces familles
oisives marchent d'abord des cuisiniers, ensuite des
esclaves avec les parasites... Le cortège est fermé par
des eunuques, vieux et jeunes, pâles, livides, affreux.
Ceux qui s'enorgueillissent de porter les noms des
Reburri, des Saburri, sont aux bains, couverts de

soie et accompagnés de cinquante esclaves... Au
milieu des festins on fait apporter des balances pour
peser les poissons, les lièvres et les oiseaux. Trente
secrétaires, les tablettes à la main, font l'énumération
des services. Si un esclave apporte trop tard de l'eau
tiède, on lui administre trois cents coups de fouet. Mais
si un vil favori a commis un meurtre : « Que voulez-
vous, dit le maître, c'est un misérable ; je punirai le
premier de mes gens qui se conduira ainsi. » Ces illustres patrices veulent-ils voir une maison de campagne ou
une chasse que d'autres exécutent devant eux ; se font-
ils transporter dans des barques peintes, par un temps
un peu chaud, de Pouzzoles à Gaëte, ils comparent leurs
voyages à ceux de César et d'Alexandre. Une mouche qui
se pose sur les franges de leur éventail doré, un rayon
de soleil qui passe à travers quelque trou de leur parasol
les désole ; ils voudraient être nés parmi les Cimmé-
riens !..

« Le peuple ne vaut pas mieux que les sénateurs,
ajoute Ammien Marcellin ; il n'a plus de sandales aux
pieds, et il se fait donner des noms retentissants ; il boit,
joue et se plonge dans la débauche ; le grand cirque
est son temple, sa demeure, son forum. Les plus vieux
jurent par leurs rides et leurs cheveux gris, que la république est perdue, si tel cocher ne part le premier et
ne rase habilement la borne. Attirés par l'odeur des
viandes, ces maîtres du monde suivent les femmes qui
crient comme des paons affamés, et se glissent dans la
salle à manger des patrons [1]. »

[1] Amm. Marcel., lib. XIV, XXII et XXVIII.

Un illustre écrivain moderne a caractérisé cette décadence par ces énergiques paroles : « La mollesse du
peuple passa à l'armée : le soldat préférait la chanson
obscène au cri de guerre ; une pierre comme autrefois
ne lui servait plus d'oreiller sur un lit armé, et il buvait
dans des coupes plus pesantes que son épée ; il connaissait le prix de l'or et des pierreries ; le temps n'était
plus où un légionnaire, ayant trouvé dans le camp d'un
roi de Perse, un petit sac de peau rempli de perles, les
jeta, sans savoir ce que c'était, et n'emporta que le sac.
Le soldat romain quitta la cuirasse, abandonna le pilum
et la courte épée ; alors, nu comme le barbare, et inférieur en force, il fut aisément vaincu. Végèce attribue
les défaites successives des légions à l'abandon des
anciennes armes [1]. »

---

[1] Chateaubriand, *Études historiques*.

LIVRE III

LE LUXE BYZANTIN

Des raffinements qui se compliquent de recherches plus raffinées encore, une dépravation subtile qui semble renchérir sur les jouissances de la société la plus ingénieusement corrompue, voilà ce que rappellent ces mots : le « luxe byzantin. »

Est-ce à dire que dans cette longue période du Bas-empire, l'histoire n'aît pas mis en lumière de meilleurs côtés? Non, tout n'est pas dans cette théologie quintessenciée jusqu'à la chimère, intolérante jusqu'à la persécution. La religion survit : elle se manifeste par les vertus qui font les saints, comme par les lumières qui font les docteurs; l'érudition sert de lien entre un glorieux passé et des siècles barbares; l'industrie s'éveille, l'intelligence découvre, invente de toutes parts; la renaissance de l'esprit humain se prépare, et, dans ce foyer de cosmopolitisme, l'Orient et l'Occident s'unissent et se mêlent.

Pour une telle histoire les Procope ne suffisent pas.

Non, mille fois non, si misérable que soit souvent l'homme, il n'est jamais tout misères, — et le

spectacle de l'humanité malade et souillée, s'agitant
dans des intrigues mesquines ou criminelles, n'équivau-
dra jamais à l'histoire tout entière!

Dans les historiens, ou plutôt dans les chroniqueurs
de l'histoire byzantine, les vices et les crimes provo-
quent le regard par leur insolent étalage. Allez au delà
de ce devant de scène, parcourez les divers rangs de
cette société, vous apercevrez aussi le dévouement, la
pureté, la charité qui, en ce moment-là même, couvre
le monde de ses établissements les plus utiles.

Faire tenir une histoire si compliquée dans la for-
mule du mauvais luxe serait donc une idée bien fausse.

Mais, sans méconnaître aucun service réel, aucune de
ces clartés intellectuelles et morales qui semblent
s'échapper de ces temps comme d'un abîme de ténèbres,
il faut maintenir à l'histoire ses sévérités légitimes, hors
desquelles elle n'aurait plus de leçons à donner.

Ah! faisons en sorte que le mal serve à quelque
chose. Nuisible dans le présent, il faut qu'il profite à
l'avenir comme enseignement, surtout quand il s'agit,
comme ici, d'un mal qui n'est pas aussi mort qu'il en a
l'air.

L'esprit et le goût byzantins restent l'écueil des civili-
sations arrivées à un certain degré d'avancement.

Aujourd'hui comme hier, comme il y a quinze cents
ans, dans l'ordre intellectuel l'esprit byzantin signifie
subtilité maladive; dans l'ordre moral, dépravation réfléchie et raffinée; sous le rapport du luxe enfin, corruption du luxe lui-même par les mauvaises mœurs,
et des arts par un faste outré.

Tant qu'il y aura un danger pour le goût à se faus-
ser par l'excès de la recherche, tant que la forme sera
tentée de prendre le pas sur l'idée qu'elle recouvre, et
la matière plus ou moins précieuse de dominer la
forme elle-même, l'esprit byzantin ne sera pas seulement
une curiosité archéologique, mais une menace dont les
esprits sérieux devront se préoccuper.

Plaçons d'abord le luxe byzantin dans son cadre et
dans son milieu, sans perdre de vue ces idées générales.

CHAPITRE Ier

CONSTANTINOPLE.

Bien des capitales sont devenues des foyers de luxe par le seul cours des choses : Constantinople a été bâtie pour être la ville du luxe.

Je ne dis pas que des visées politiques plus hautes n'aient présidé à sa fondation. Il n'est guère d'historiens qui ne souscrivent aujourd'hui à ce jugement : « Vous aurez souvent lu que Constantin avait hâté la chute de la puissance des Césars en détruisant l'unité de leur siège : c'est au contraire, la fondation de Constantinople qui a prolongé jusque dans les siècles modernes l'existence romaine. Rome, demeurée seule métropole, n'en eût pas été mieux défendue ; l'empire se serait écroulé avec elle, lorsqu'elle succomba sous Alaric, si la nouvelle capitale n'eût formé une seconde tête à cet empire, tête qui n'a été abattue que plus de mille ans après la première, par le glaive de Mahomed II.[1] »

---

[1] Chateaubriand. *Études historiques.*

Gardons-nous de réduire la pensée qui bâtit une capitale nouvelle sur l'emplacement de l'antique Byzance, laquelle n'était plus que ruines depuis les dernières guerres, à une pure fantaisie fastueuse. Mais, reconnaissons qu'une fois conçue et décidée, elle eut pour principal objet la magnificence.

Transporter Rome en l'éclipsant dans cette ville sortie tout entière du cerveau d'un homme, fondre les splendeurs de l'Asie dans cette merveille de l'Europe, tel fut l'ambitieux dessein du génie, grandiose plus encore que grand, qui accomplit, sans véritable hauteur intellectuelle, une œuvre historique immense!

Ce dessein, il devait en faire une réalité durable qui a traversé les fortunes les plus diverses, abritant tantôt l'empire des Grecs, tantôt celui des Francs, tantôt celui des Turcs. Œuvre, il est vrai, toute factice; mais, secondée par d'incomparables circonstances, elle a pu survivre à bien d'autres, sorties spontanément d'un concours de nécessités impérieuses.

Une première circonstance décisive faisait du luxe la prédestination de cette ville.

Ce n'était pas comme ailleurs une population mêlée de pauvres et de riches qui venait y planter sa tente, former des agglomérations lentement accrues; c'était la majesté impériale elle-même qui voulait s'y fixer, lasse d'errer de résidence en résidence, ayant en dégoût cette Rome attristée par le souvenir de tant de chutes éclatantes, livrée à tant de désordres, déjà déchue, et qu restait exposée aux coups de la barbarie.

En quête d'une capitale, l'empire songea d'abord au

plus grand nom historique, à cette Troie qui passait pour
l'antique berceau de la Ville éternelle ; mais trop d'obstacles s'y opposèrent, et la géographie avec ses convenances fut plus forte que l'histoire avec ses souvenirs.

On se tira d'embarras par le merveilleux.

Le génie tutélaire de Byzance apparut à Constantin
dans un rêve étrange, indice des volontés du destin.
Ce fut d'abord une vieille matrone accablée par le poids
de l'âge et des infirmités, image de l'ancienne Byzance,
qui devait mourir, mais pour renaître plus belle. En effet,
par un changement soudain, l'apparition devint une
jeune fille fraîche et brillante, que le prince revêtait lui-
même des ornements de la dignité impériale.

Les empires qui naissent ne manquent jamais de ces
visions riantes pleines d'encouragement ; les empires qui
s'en vont en ont de sinistres que la réalité produit sans le
secours des rêves. Mais, par un phénomène qui semble
en contradiction avec les lois ordinaires de la nature, ces
empires, on le voit par Constantinople aujourd'hui
même, sont plus longs à se défaire qu'ils ne le furent à
s'élever.

La despotique volonté qui décrétait Constantinople
avait hâte de parer de ses mains cette vision brillante qui
se réalisait selon les promesses d'un songe surnaturel.

Mais l'art n'obéit point aux volontés humaines : le
beau a ses heures comme il a ses lois. Cette reine des
cités, Constantin aurait voulu la faire belle. — Les
œuvres originales faisant défaut, il dut se borner, comme
cet autre artiste pour la Vénus sortie de ses mains, à la
faireriche et ornée.

L'éclat allait bien, d'ailleurs, à cette ville située sous un ciel radieux, assise près d'une mer pleine d'enchantements.

Tout ce que peut faire l'argent, la force humaine, contrainte d'agir à courte échéance, fut accompli par cette volonté puissante qui semblait supprimer le temps et se jouer des obstacles.

La Phrygie et l'île de Proconèse renfermaient les plus riches carrières de marbre blanc ; on y puisa à pleines mains.

On fit violence à l'histoire, aux souvenirs les plus chers des populations, aux propriétés des villes qui leur tiennent le plus à cœur, en dépouillant de leurs chefs-d'œuvre la Grèce, l'Asie, la Sicile, Rome même, en laissant la pierre des monuments veuve de ses bas-reliefs !

Il n'y eut qu'un mot d'ordre : réaliser la magnificence et faire vite.

« Ecrivez-moi, mandait Constantin aux inspecteurs chargés des travaux publics, non pas que vous avez commencé, mais que vous avez achevé. » — « J'ai besoin d'architectes, écrivait-il à Félix, préfet d'Afrique, et j'en manque. Voyez donc à choisir dans votre province des jeunes gens de vingt à vingt-deux ans qui aient une teinture des lettres libérales. On leur donnera des gages honnêtes pendant leur temps d'étude, et eux, aussi bien que leurs parents, seront exempts de toutes charges. »

On s'attacha tout d'abord à ce qui était apparent, monumental. On construisit trois immenses places publiques, décorées de portiques et bordées d'édifices gigantesques.

Celle qui portait le nom de Constantin, établie au
centre de la ville, était de forme ronde, entourée de portiques à deux étages, terminée par deux arcs de triomphes,
ornée d'une colonne immense composée de dix blocs de
porphyre, et qui reposait sur un piédestal de marbre
blanc de vingt pieds de haut.

Mais il faut aller au plus pressé : qu'un cirque s'élève
pour le peuple, un cirque plus vaste que celui de Rome,
avec ses jardins et ses dépendances, ses obélisques, ses
statues et ses innombrables colonnes!

Que des bains somptueux soient le luxe de cette Rome
orientale comme de celle de l'Occident, superbes édifices
remplis de colonnes de marbre aux couleurs variées et
de statues de bronze !

Que partout on voie s'ouvrir des églises brillantes ; que
surtout de nombreux théâtres offrent leurs décorations et
leurs plaisirs variés à un peuple affamé de spectacles !

On ne sait s'il fallut quinze ans ou trois ans pour construire cette cité dont l'enceinte comprenait quinze stades
de plus que l'ancienne Byzance, divisée en quatorze
quartiers, et où les bâtiments privés luttaient souvent de
magnificence avec les monuments publics. La richesse
des demeures devait en effet, dans la pensée du fondateur, appeler à l'intérieur les développements de la vie
luxueuse.

Un historien grec raconte qu'au moment où il cons-
truisait sa ville *Bien-aimée*, comme il la surnomma,
Constantin fit choix de douze patriciens qu'il envoya en
ambassade auprès de Sapor, roi de Perse. Ils ne passèrent
pas moins de seize mois dans ce voyage. « A leur retour

dans la ville nouvelle, l'empereur leur donna un festin
et leur dit : « Eh bien, quand retournerez-vous à Rome ?—
Nous n'y serons pas avant deux mois, dirent les députés.
— Je vous dis, repartit l'empereur, que vous y serez ce
soir même. » En effet, en sortant de table, chacun fut con-
duit par un garde impérial dans une maison en tout point
semblable, portes, fenêtres, salles et meubles, à celle
qu'il avait laissée à Rome ; et, pour comble de surprise,
trouva en entrant sa femme, ses enfants et ses esclaves
qui l'attendaient. Ils ne pouvaient en croire leurs yeux
et pensaient rêver. C'était l'empereur qui, en leur absence, avait fait lever exactement copie de leurs demeures
et fait venir tout leur monde. Ils comprirent enfin ce que
signifiait cette merveille, et virent bien que Rome désormais devait être à Byzance[1]. »

Le luxe hâtif se concilie peu avec la solidité. Il devait ici communiquer à nombre de ces constructions
splendides un caractère caduc et presque éphémère.
Après vingt ans à peine, beaucoup de ces palais superbes,
de ces maisons somptueuses, présentaient des signes de
décadence et parfois le spectacle d'une ruine prématurée.

Que serait une ville fastueuse par ses monuments
sans une population faite à son image pour l'habiter, la
vivifier et l'entretenir ?

Le dehors commande pour ainsi dire : l'intérieur doit
se modeler sur l'extérieur.

Peupler en un clin d'œil une ville bâtie d'un coup
de baguette fut le second dessein de Constantin.

---

[1] V. *L'Église et l'Empire romain au quatrième siècle*, par M. A. de
Broglie, t. II, ch. vi.

Sans doute cet éclat même, ces plaisirs d'une ville naissante, étaient un puissant appât. On y joignit les distributions de vivres abondantes et périodiques en pain, en viande, en huile, en toutes sortes de denrées ; mais l'affluence d'une population accourant de tous les points de l'univers n'eût pas suffi à cette capitale : il fallait y attirer les riches.

La province de Constantinople fut tout entière exemptée de l'impôt foncier et de la capitation, comme cela avait lieu pour le sol italien.

Les plus opulents sénateurs de Rome, les plus riches familles des provinces orientales reçurent l'invitation, équivalente à un ordre, de se fixer dans la ville nouvelle.

Aux uns, les frais de déplacement furent payés par la libéralité impériale ; d'autres reçurent différents genres de dons extraordinaires : ceux-ci eurent des palais, ceux-là des terres ; des domaines entiers furent aliénés dans le Pont et différentes provinces de l'Asie.

Dans son arbitraire sans bornes, le prince ordonna que les possesseurs de domaines dans les provinces asiatiques ne pourraient faire de dispositions testamentaires en faveur de leurs héritiers, s'ils ne bâtissaient une maison à Constantinople.

Trait décisif à noter ici dès le début : la cour regarde le prince ; la ville regarde la cour pour s'y conformer ; le pauvre tourne sa vue vers le riche et veut avoir sa part de luxe gratuit.

Ainsi, plus encore qu'à Rome, le faste descend du trône de proche en proche pour rayonner et pour pénétrer partout.

Celui de l'empereur Constantin transmis à ses successeurs a laissé plus d'une trace dans l'histoire.

Au moment où il venait d'abattre Maxence, non con-
tent que des villes d'Afrique consacrassent des temples
aux princes de la maison Flavienne, il permit que le sénat de Rome lui décernât à lui-même les honneurs divins.

Plus fastueux encore que Dioclétien, qui avait en cela
surpassé tous ses prédécesseurs, on vit ce nouveau chrétien, soit par une fausse politique, soit par une vanité
puérile, porter journellement, à la manière des rois
orientaux, une robe tissue d'or, un diadème orné de
perles, des colliers, des bracelets et des perles jusque
sur sa chaussure.

Les princes ses fils étaient élevés dans les mêmes habitudes orgueilleuses et efféminées.

Le palais que Constantin se fit construire en vue de la
mer, composé de plusieurs bâtiments réunis, contenant
des bibliothèques, des salles de gardes et de fêtes sans
nombre, joignant la mer d'un côté et s'étendant assez
pour que, par une autre issue, il communiquât avec le
centre de la ville sur le Forum, était d'une merveilleuse
splendeur. A cette superbe habitation de ville, il joignit
une demeure de plaisance que les écrivains désignent
sous le nom de Magnaure.

Ce fut dans l'aristocratie comme une émulation de
somptueux bâtiments.

Le même goût pour le grandiose devait marquer la
solennité des fêtes.

La première eut pour objet la fondation de la ville
(11 mai 330). Elle dura quarante jours. Chaque année

la vit se renouveler pendant plusieurs siècles. La statue
dorée de Constantin — les années suivantes comme la
première — était enlevée de la colonne de porphyre et
traînée dans un char de triomphe, tenant à la main
l'image du génie tutélaire de la ville, escortée par les
gardes revêtus de longues chlamydes, portant de longs
cierges, et formant un immense cortège. Le peuple à
genoux saluait de ses acclamations la statue impériale,
et, quand elle arrivait près du trône, l'empereur régnant
se levait et s'inclinait devant elle. Lorsqu'on allait pour
la replacer sur la colonne, un prêtre précédait le cortège en répétant *Kirie eleison*. Les jeux qui l'accompagnaient, les étrangers qui y affluaient, donnaient à cette
fête de la *Dédicace* un éclat extraordinaire.

L'appareil militaire, la beauté des costumes et des
armes, constituaient aussi un des éléments de cette
pompe monarchique.

C'était un superbe spectacle que ces troupes marchant
derrière le magnifique *labarum*, étincelant d'or et de
pierreries, en forme de croix, surmonté du mono-
gramme du Christ dans une couronne d'or.

La préoccupation du luxe contribua certainement à
donner à cette capitale du christianisme d'État, à ce
centre nouveau du catholicisme officiel institué par Constantin, un air de paganisme qui formait avec l'esprit
de la religion nouvelle un contraste dont plus d'une âme
simple devait se scandaliser.

La nécessité d'emprunter les éléments de ce luxe au
passé lui imposait ce caractère païen qui faisait concurrence, pour ainsi dire, aux ornements et aux symboles

de la vieille religion battue en brèche. — Saint Jérôme dit que Constantinople s'était parée de la nudité des autres villes, dépouillées de leurs idoles et de leurs statues.

Parmi les objets d'art transportés à Constantinople on admira les trois serpents qui soutenaient, à Delphes, le trépied d'or consacré en mémoire de la défaite de Xercès, le Pan également consacré par toutes les villes de la Grèce, et les muses d'Hélicon. La statue de Rhée ou Cybèle fut enlevée au mont de Dindyme; mais, par une barbarie digne de ce siècle, on changea la position des mains de la déesse, pour lui donner une attitude suppliante, et on la sépara des lions dont elle était accompagnée. Le trépied d'or de Delphes et les statues de Castor et de Pollux ornèrent le nouvel hippodrome. Une statue de la Fortune de Rome s'offrait aux regards du peuple.

Si ce furent là de simples curiosités précieuses, ou des objets de vénération, on a beaucoup disserté sur ce point. — On peut supposer qu'un mélange de ces deux sentiments se produisit. Il subsista aussi longtemps que, par une sorte de confusion d'idées, l'ancienne religion conserva quelqu'empire sur l'habitude et sur la mémoire. Et comment plusieurs de ces monuments n'eussent-ils pas répondu pour les esprits cultivés à d'anciens souvenirs historiques et patriotiques encore dignes de respect ? On n'en jugea pas plus tard ainsi ; mais, dans ce moment de transition, la fureur iconoclaste n'était pas encore surexcitée.

C'était l'œuvre, d.t l'historien Socrate, d'un « christianisme encore hellénisant. »

Comment s'en étonner? N'avons-nous pas nous-mêmes, en plein christianisme, présenté dans nos emblèmes un paganisme qui ne tirait pas à conséquence?

Ce luxe de décoration, qui ornait les places et les rues de Constantinople, avec son caractère allégorique, lequel n'impliquait pas un hommage religieux de la part des spectateurs, ces victoires, ces chimères ailées, ces fleuves avec leur corne d'abondance, purent orner la ville sans causer alors un pénible étonnement aux fidèles.

Avec plus de raison critiquera-t-on dans ce faste une sorte d'idolâtrie impériale qui blesse justement de la part du prince néophyte, et qu'acceptèrent trop facilement ses sujets nouvellement convertis. Dans une ville où la croix éclatait partout, où le labarum sculpté en or brillait aux regards, comme le symbole d'une société nouvelle qui rompait avec les anciens errements; où, dans la salle du palais lui-même, le plafond était traversé par une croix gigantesque taillée en pierreries; où, enfin, les églises étalaient une pieuse magnificence, il semble qu'on n'eût dû voir qu'avec scandale la statue d'Apollon offerte aux hommages sous le nom de Constantin, avec cette inscription au-dessous : *Constantino solis instar fulgenti.*

Si le culte s'adressait à l'empereur et non au dieu, était-il plus justifiable? mais ce genre d'hommages, que des chrétiens scrupuleux auraient dû lui refuser, on l'accordait sans hésiter au puissant fondateur, qui, lui-même en se vouant au culte d'un dieu né dans une crèche, ne s'était pas désaccoutumé pourtant de la divinité usurpée par ses prédécesseurs.

CHAPITRE II

LE CÉRÉMONIAL ET SON INFLUENCE SUR LE LUXE A BYZANCE. INSTRUCTION ET IMMORALITÉ.

Le cérémonial, ce luxe de l'étiquette, devait effacer dans la pompe officielle de la cour les dernières limites qui séparaient l'Occident et l'Orient. Une hiérarchie dite *divine* étala, en les étageant, les titres les plus pompeux.

Ce fut comme une obligation d'y mesurer le luxe de représentation, d'autant plus que des privilèges considérables y étaient attachés.

Les *nobilissimes* se groupèrent comme des satellites autour de l'astre impérial.

Les patriciens ou *patrices* composèrent le conseil du prince.

Ensuite vinrent les illustres, les respectables, les clarissimes, puis les perfectissimes, etc.

Les gradations qui marquaient ces titres superbes indiquaient celles du train de vie.

Mais si, de son côté, le *clarissime* devait tenir à maintenir sa nuance supérieure par rapport à l'*illustrissime*, comment celui-ci aurait-il été moins tenté de se rappro-

cher du *perfectissime* le plus qu'il pourrait ?... Ainsi
s'établit encore ici cette perpétuelle lutte de faste, trop
secondée d'ailleurs par l'état moral de la société.

Ajoutez que les titres, d'abord attachés à la personne,
devinrent peu à peu héréditaires et que, par là encore,
le besoin de représentation dut s'accroître de toute la
force de l'esprit de famille.

Une telle cour n'était guère que le luxe officiellement
constitué.

Le *grand chambellan* régla le cérémonial des fêtes
comme des audiences.

Les soins de la représentation monarchique et la
dispensation des prodigalités impériales occupèrent plus
ou moins le *maître des offices*, les *comtes des domestiques*, ceux du *domaine privé* et des *largesses sacrées*.

Ce fut la monarchie administrative apparaissant dans
toute sa pompe et dans toute sa gloire. On songe, malgré
soi, à Versailles. Mais Constantinople éclipse Versailles,
autant que le maître de l'univers qui y siège, en se
faisant appeler « Votre Éternité », efface un simple
roi de France, de quelque pompe qu'il s'environne.

Plus encore que Constantin et Théodose, Arcadius
ouvrit la marche de ces monarques orientaux.

Vrai prince de bas-empire, il ne paraît en public qu'au
milieu d'un cortège de gardes revêtus d'habits magnifiques, portant des boucliers et des lances dorés. Il monte
sur un char attelé de mules blanches et tout incrusté de
lames d'or et de pierreries. Il porte de riches bracelets,
des boucles d'oreilles du plus grand prix, un diadème
orné de diamants; sa robe en est couverte, sa chaussure

même est d'une singulière magnificence. Les salles, les escaliers, les cours du palais sont sablés de poudre d'or. Dans ces cours du palais, le premier objet qui frappe, ce sont les deux compagnies de gardes du corps à pied ou à cheval, à la stature imposante, aux armures d'or et d'argent, élite d'une garde qui compte trois mille cinq cents hommes.

Une magnificence extraordinaire et parfois bizarre éclate dans les costumes de cette cour. Les étoffes splendides, aux dessins compliqués, dites à *personnages*, deviennent d'un usage habituel. La toge d'un sénateur renferme quelquefois jusqu'à six cents figures, parmi lesquelles on peut contempler la vie entière du Christ, les Noces de Cana, la Résurrection de Lazare, etc. Le contre-coup de cette mode devait se faire sentir à Rome, à la cour d'Honorius, où les poëtes ne manquèrent pas de la célébrer. Claudien la chante lorsqu'il décrit, avec des détails dignes d'un brodeur et d'un orfévre, la robe de Proserpine.

Dans cette société née de l'imitation de la cour et des mauvaises mœurs du temps, tous dès l'enfance visent au paraître. Les adolescents, en robe de soie flottante, sont ornés de bracelets et de colliers d'or. Instruits, cultivés, ils le sont sans doute, mais comment? Les plus intelligents deviendront des sophistes, des grammairiens, des ergoteurs, presque jamais des esprits solides et des citoyens.

Qu'on ne croie pas que l'instruction soit alors négligée à Constantinople.

Et d'abord on ne déploya jamais tant de luxe dans la partie matérielle de l'éducation.

Huit portiques aérés, soutenus par des colonnes de marbre, conduisaient à de grandes salles, avec une chaire pour le professeur et des bancs pour les élèves. Des peintures à fresque ornaient les murailles.

En 425, deux professeurs enseignaient la grammaire grecque, un la grammaire latine, un la rhétorique, enfin un cinquième la législation.

Le nombre des professeurs chrétiens devait être porté jusqu'à trente et un par Théodose. Treize de ces professeurs eurent pour domaine la langue latine et quinze la langue grecque; les subtilités de la grammaire eurent vingt chaires à elles seules, l'art des sophistes grecs en eut cinq.

L'enseignement plus solide, mêlé pourtant de mille arguties, fut représenté par l'éloquence romaine et par la philosophie, puis par deux chaires de jurisprudence. Dans cette dernière science du moins, il était réservé à Constantinople de déployer un certain génie, non de création, mais de coordination, lequel correspondit d'ailleurs à des améliorations réelles dans la manière de rendre la justice, comme si cette ville était appelée à démontrer que la corruption n'exclut pas toujours les progrès civils, non plus que les progrès matériels.

Les mœurs de cour, les vices qui se cachent dans l'intérieur des palais, les complots qui s'y ourdissent, les crimes qui s'y commettent, l'esprit qui s'y rétrécit et s'y étiole, contribuèrent à cette corruption, et la décadence trouva un auxiliaire de plus dans cette instruction presque toujours sans sérieux et dans cette éducation sans virilité.

CHAPITRE III

LE ROLE DES FEMMES DANS LA SOCIÉTÉ BYZANTINE. — LUTTE DE SAINT CHRYSOSTOME CONTRE LEUR LUXE. — LES JEUX ET LES FÊTES

Le rôle des femmes devait être capital dans le luxe et les mœurs de cette société byzantine, sensuelle, superficielle et fastueuse.

On ne trouve pas à Rome de favorites qui donnent le ton à la haute société. La Rome orientale nous réservait le spectacle de ces courtisanes couronnées.

On les voit afficher une brutale effronterie. Leurs fantaisies hautaines font loi dans ce monde dépravé. L'affaiblissement de l'aristocratie achève l'abaissement. Les grands ne cherchent pas plus dans les unions la naissance que la vertu. Le genre d'attraits, qui donne du piquant aux comédiennes même sans beauté, prend alors un empire sans bornes sur des hommes grossiers et sottement vaniteux. Les femmes de théâtre furent recherchées en mariage même par les nobles. En vain une loi défendit aux sénateurs et aux grands officiers d'épouser des comédiennes ; quelle efficacité pouvait-elle avoir quand les empereurs n'en tenaient nul compte? Mariées, ces femmes gardèrent leurs mœurs, et de telles unions ne firent qu'encourager le vice élégant ou cynique. Ce fut comme un appel aux ambitions malsaines de ces courtisanes qui, nées dans les rangs inférieurs, pouvaient gravir d'un bond tous les degrés de la société.

Tel fut le ton général, ce qui ne veut pas dire que là même on n'ait pu trouver encore nombre de matrones dignes de respect. Mais ce n'est pas à elles qu'il faut songer si l'on veut avoir le tableau exact de la société byzantine.

Nulle part les femmes n'ont poussé si loin qu'à Byzance les recherches et les ruses savantes de la toilette et les inventions de la parure. Les formes artificielles, les fards mensongers altérèrent plus qu'à Rome même le culte de la beauté, sacrifiée à de trompeuses apparences et à des grâces maniérées. Les Byzantins sensuels en vinrent eux-mêmes à préférer à cette beauté proportionnée, qu'accompagnent le charme et une noble harmonie, un grossier embonpoint, entretenu par la vie sédentaire.

La Byzantine mondaine trouva dans la paresse, les bains, les parfums et les lits de plume, — outre cet embonpoint désiré — un assoupissement habituel et l'abêtissement moral.

Cette langueur alimentait parfois, loin de les éteindre, les plus terribles passions.

La femme opulente ne sortait qu'entourée d'une armée d'eunuques, race mutilée qui exerça sur la politique elle-même la plus énervante influence.

Pour qu'une femme fût à la mode, il fallait que ses

esclaves fussent nombreuses et belles. Les vices des maîtresses et des servantes forment un des sujets où s'est
exercée avec le plus de verve la censure des prédicateurs
qui reprochent à ces femmes riches et cruelles de battre
avec emportement des malheureuses qu'elles font attacher à des colonnes.

Ce sont ces mêmes dames, d'une élégance achevée,
qu'on voyait au théâtre et dans les églises étaler les
plis flottants de leurs manteaux et montrer l'éclat lustré
de leurs cheveux.

Ces cheveux, dont elles étaient vaines, n'étaient
qu'une parure d'emprunt. L'abus que les Romaines
avaient déjà fait de ces chevelures postiches devint chez
les Byzantines une véritable fureur. La blonde chevelure des femmes barbares fut plus que jamais leur
ornement favori.

Les hommes recoururent au même artifice, soit pour
déguiser leur calvitie, soit pour se parer d'une beauté
artificielle de plus. En tout ils se rapprochaient des
modes féminines. Ils aimaient à s'habiller en femmes
les jours de réjouissances.

L'évêque d'Amasie en Cappadoce, saint Astère, à la
fin du quatrième siècle, décrit ces folies. On voit dans
ses écrits comment les hommes s'amusaient le premier
jour de l'année à prendre une robe traînante jusqu'au
talon, s'entouraient d'une ceinture, chaussaient des
souliers de femme, enfin mettaient sur leur tête une
longue chevelure.

Ce n'est que plus tard pourtant que les amples
perruques devaient devenir pour les hommes une mode

régnante. On vit un concile tenu à Constantinople dans
le palais impérial condamner ceux qui portaient des
cheveux bouclés, teints, frisés, artificiels. Dès le quatrième siècle, cet abus déjà porté au comble chez les
Byzantines, produisait des modes que la fantaisie des
femmes françaises n'a guère fait que ressusciter dans
les temps modernes.

Parmi les éloges que saint Grégoire de Nazyance
donne à sa sœur sainte Gorgonie, il dit qu'elle ne portait
point « de ces cheveux frisés, ni de ces perruques, qui
ne pouvaient que déshonorer une tête vénérable par
leurs vains déguisements. » Il défend [1] aux femmes chrétiennes « de bâtir des tours sur leurs têtes avec des
cheveux étrangers. »

J'ai nommé saint Chrysostome. Son nom personnifie
la lutte héroïque contre le faste couronné. Il rappelle
une guerre impitoyable faite au luxe féminin dans les
classes élevées. C'est de là que le saint archevêque tire
en partie les plus grands effets de son éloquence; c'est
aussi la cause des persécutions qu'il subit. Qu'on relise
ces homélies où l'énergie du trait se mêle, quand la
passion emporte l'orateur, à l'abondance fleurie de sa
diction. A la sainte indignation de l'Évangile se joint un
accent qu'il faut appeler de son vrai nom, l'accent démocratique. Chrysostome est un tribun chrétien. Pénétré
d'amertume à la vue des misères du pauvre, il foudroie
le faste insolent du riche oppresseur. Ce langage est
trop souvent justifié par le spectacle d'une pareille so-

---

[1] Poëme contre les ornements des femmes.

ciété. On ne pourrait aujourd'hui en supporter toujours la colère et l'âpreté. Mais quelle émotion généreuse! Quelle âme dans ce grand orateur et quel invincible courage! Chrysostome sacrifie sa personne à sa cause, et cette cause est celle de la morale elle-même contre laquelle ici tout est ligué, le trône, la cour, les plus hauts personnages de l'Église d'Orient!

Cette lutte contre le luxe impérial et mondain, qui forme la plus émouvante histoire, a été retracée de main de maître par M. Amédée Thierry; nous nous bornerons à en détacher quelques traits. Aussi bien ce terrible combat, entre la hautaine et vindicative impératrice Eudoxie et l'orateur qui n'a que sa vertu et son infatigable volonté, est le prélude d'autres luttes du même genre. Le moyen âge et les temps modernes entendront les mêmes protestations religieuses et morales contre des abus renaissant toujours sous la censure qui les frappe. Sous ce rapport Chrysostome a eu de nombreux disciples et quelques émules, il n'a pas d'égal.

Faut-il ajouter que, dans ce conflit qui remplit d'agitation et de tumulte le monde byzantin, la brillante et belle épouse du faible Arcadius, cette fille de Franc qui retient sa férocité native sous un charme perfide, n'est pas la seule femme qui joue un rôle important?

Eudoxie marche à la tête de toute une coalition, formée et conduite en sous-ordre par des femmes occupant une grande situation. Chacune a sa partie dans le complot, et représente quelque trait spécial d'un luxe dissolu. Un trait est commun à toutes, c'est la soif de l'or avec celle du plaisir.

Afin de satisfaire à ses besoins dispendieux, Eudoxie
dépouille les faibles, force la main aux officiers du fisc
pour avoir une part dans les confiscations ; elle provoque
elle-même des procès criminels afin de grossir son lot.
Ainsi font les trois femmes les plus en vue dans cet
infernal complot, Marsa, Castricia, Eugraphia. Ces
trois veuves, continuant leur vie galante, en possession
d'immenses patrimoines, ne songent qu'à accroître ou
à nourrir leur luxe par d'incessantes rapines.

Quelle figure étrange et malfaisante que cette Marsa,
à qui son rang social et ses alliances donnaient un grand
crédit à la cour et dans le monde ! Nulle après l'impératrice n'avait autant d'influence. Chez elle s'étalaient la
corruption brillante, le libertinage élégant, et tous les
raffinements coûteux dont elle faisait les frais en ajoutant à ses revenus la vente des places à beaux deniers
comptants. Castricia, moins originale dans le vice, n'est
pas moins perverse. Quant à Eugraphia, c'était ce qu'on
nomme vulgairement une vieille coquette ne paraissant
en public, même à l'église, qu'enduite de céruse ou
de minium et les yeux peints d'antimoine, comme une
idole d'Égypte. Elle se coiffait comme les courtisanes
qui commençaient à faire adopter leurs modes par les
jeunes matrones, et même par les femmes sur le retour
qui avaient la prétention d'étaler une perpétuelle jeunesse. Elles ramenaient sur le devant de leur tête leurs
cheveux frisés en boucles, de manière à en recouvrir le
front d'une tempe à l'autre. Cette coiffure, qui laissait
les cheveux à découvert, blessait les idées chrétiennes de
décence en Orient, surtout quand elle s'appliquait aux

veuves et aux femmes âgées, à qui l'usage prescrivait
de porter des bandeaux ou des voiles.

La véhémence avec laquelle le saint archevêque de
Constantinople se fit le dénonciateur public, le censeur
mordant, le peintre vengeur de ces scandales, en s'attaquant personnellement à ces femmes, et à celles qui
les imitaient, n'explique que trop leur animosité et
leur insatiable désir de vengeance.

Avouons-le : attaquer de front en chaire, dans une
cathédrale remplie d'un peuple frémissant, les personnes dont les noms étaient sur toutes les lèvres, souvent même présentes, et réduites à courber le front sous
les objurgations humiliantes du prédicateur, serait dans
nos mœurs un acte exorbitant que n'excuserait pas suffisamment la liberté évangélique. Beaucoup de gens en
jugeaient ainsi à Byzance. Mais l'indépendance de la
chaire chrétienne et la sainteté d'un évêque populaire
dominaient toute considération de prudence mondaine.
La malignité humaine trouvait son compte aussi bien
que la conscience publique à ces portraits dont on avait
sous les yeux les vivants originaux.

Est-ce à dire qu'il n'y ait rien de général dans les
critiques du luxe cupide et dépravé qui se rencontrent
dans les homélies de Chrysostome en si grand nombre?
Ce serait trop réduire la portée de cette censure où il
ne ménage aucune des formes du luxe de son temps. Il
attaque les raffinements de ces repas byzantins qu'il
accuse de corrompre à la fois l'âme et le corps. Il
s'élève contre la représentation des animaux sur les vêtements, la finesse excessive des tissus, l'excès des pa-

rures, contre la mode d'orner les chaussures de fils de
soie, de fleurs peintes à l'aiguille, de toutes sortes de
broderies. Les hommes ne sont pas exceptés de ces peintures, et c'est à propos de ce luxe des chaussures qu'il
montre le jeune Byzantin « marchant les yeux attachés
en terre, effleurant à peine le pavé, craignant qu'un
peu de boue en hiver ou qu'un peu de poussière en été
ne ternisse l'éclat de cette chaussure élégante. » Jamais
on n'a marqué avec plus de force à quel abaissement
d'âme, à quels moyens honteux entraîne la passion du
luxe contractée dès la jeunesse[1]. Il blâme l'usage orgueilleux de se faire accompagner par de nombreux
esclaves ornés de faisceaux. Il oppose aux somptuosités
des funérailles, dans un éloquent passage, la nudité du
Christ sortant du tombeau. — Nous reviendrons sur ces
censures adressées au luxe par les Pères de l'Église.

Eudoxie devait rencontrer en face d'elle, dans ses
déprédations éhontées, Jean Chrysostome, comme elle
l'avait rencontré dans le scandale de ses amours. Tel de
ces sermons, tout dirigé contre elle, signale ses débordements de faste, ses abus de pouvoir. Marsa, Castricia
durent se reconnaître et furent reconnues de tous dans
nombre de ces peintures, qui atteignent plus souvent
encore Eugraphia. Le véhément orateur semble poursuivre en celle-ci le type des coquettes surannées à l'égard
desquelles il manifeste une aversion particulière, parce
que leur âge lui paraît fait pour les pensées sérieuses
et pour la piété. « Je vous en avertis, leur dit-il dans

---

[1] Homélies 49 et 50 sur l'évangile de saint Mathieu.

un de ses sermons, si vous ne vous amendez pas, je vous chasserai d'ici. »

Pour se faire une idée de l'effet produit par de telles paroles, il faut les replacer dans leur cadre. Les sexes, dans la basilique, étaient séparés. Les hommes occupaient le plain-pied du sol. Les femmes étaient réunies dans de hautes galeries qui dominaient à droite et à gauche les arcades des nefs. La faiblesse de la voix de l'orateur l'obligeant à déplacer la chaire, afin qu'il pût être entendu de tous, il pouvait dominer du regard les galeries des femmes, et, lorsque la prédication était dirigée contre les toilettes éclatantes, il avait en face de lui les femmes orgueilleuses qui les portaient.

Comment donc s'étonner que la maison d'Eugraphia soit devenue le rendez-vous de tous les ennemis de Chrysostome? Elle y attira des officiers du palais, des courtisans, et bon nombre de prêtres animés des mêmes griefs : car le luxe ainsi que les vices d'une partie du clergé étaient stigmatisés avec la même énergie par l'archevêque, exemple lui-même de simplicité et d'austérité chrétiennes. Cette maison fut une officine de calomnies habilement distillées, de complots ourdis avec un art perfide.

C'est ainsi que ce monde opulent, uni à une partie influente du haut clergé sous le patronage de l'impératrice, conjura la déposition et l'exil, la mort peut-être, du pieux opposant, accusé d'irascibilité, d'opiniâtreté et d'orgueil. Le dur médecin, toujours exhortant et menaçant, ne pouvait que succomber. Il est curieux et triste de voir le patriarche Théophile, qui se fit le rival

acharné, le persécuteur impitoyable de cet ascète assis
sur le trône épiscopal, s'armer des corruptions du luxe
même contre cet inflexible censeur. Il fit venir tout
exprès par mer une assez forte cargaison de tissus précieux de l'Inde, d'aromates et de parfums de l'Arabie,
destinés à des libéralités. Il en fit la répartition entre
les officiers, les dames de la cour, et les matrones de
la ville, dont il pouvait avoir besoin, sans oublier d'ailleurs l'argent et les repas splendides où il réunit les
hommes les plus influents, laïques ou ecclésiastiques,
disposés à perdre l'archevêque...

Je m'arrête. On sait la suite de ce dramatique épisode
qui peint une société tout entière : Chrysostome accusé
devant un concile, condamné par contumace, exilé par
l'empereur, rappelé par l'impératrice elle-même effrayée
par un tremblement de terre ; son retour triomphal dans
une ville ivre de joie, et, après une réconciliation momentanée avec sa puissante ennemie, la reprise d'une
lutte plus violente que jamais ; son nouvel exil, les sé-
ditions du peuple qui maudit les riches et qui fait à
l'évêque une bruyante ovation ; le conflit sanglant qui
éclate dans l'église même ; Sainte-Sophie et la curie du
Sénat réduites en cendres ; la vie de souffrances du saint
durant son exil, son emprisonnement, sa mort enfin loin
de son siège épiscopal. Tous ces maux, il les avait bravés,
lorsqu'il s'écriait, dans un adieu provoquant au sein de
la basilique : « Vous savez, mes amis, la véritable cause
de ma perte : c'est que je n'ai point tendu ma demeure de riches tapisseries ; c'est que je n'ai point
revêtu des habits d'or et de soie ; c'est que je n'ai point

flatté la mollesse et la sensualité de certaines gens. » Et
par une allusion transparente à l'impératrice : « Il
reste encore quelque chose de la race de Jézabel, et la
grâce combat encore pour Élie. *Hérodiade demande encore une fois la tête de Jean, et c'est pour cela qu'elle
danse !...* »

Après Arcadius viendra Justinien ; après Eudoxie,
Théodora. Les nuances se modifient, le tableau reste le
même : les crimes seulement s'accumulent et deviennent plus odieux. Cette société de bas-empire, ce monde
de courtisanes qui siègent insolemment sur le trône, ces
intrigues d'eunuques, cette frénésie du faste et des jouissances qui emploient pour instruments la perfidie et la
violence, le vol et l'assassinat, ne sont que la conséquence de cette situation morale.

Mais le peuple aussi veut son luxe : il l'obtient de
la peur et de la complicité de ses maîtres.

Plus encore qu'à Rome, un tel peuple devait exiger
sa part dans ces jouissances qui sont pour le pauvre
l'objet d'une perpétuelle envie. Les villes de l'Orient ont
toujours prodigué aux populations avides de distractions
et de plaisirs cette part gratuite d'amusements qui
charme les sens d'une foule oisive. L'homme, moins
misérable que dans nos climats, ou plutôt souffrant
moins de son dénûment, dispensé des luttes du travail
qu'imposent à l'homme du Nord des nécessités impérieuses sans cesse renaissantes, jouit de longs loisirs,
qui veulent être remplis. Le climat semble vouloir s'en
charger en lui faisant une fête perpétuelle, dont il ne
se lasserait pas si une certaine monotonie ne finissait par

s'attacher à tout ce qui est naturel. Cette fête de la nature et du soleil ne fait que l'exciter à en demander
d'autres plus variées, — il le croit du moins, — plus
piquantes par la nouveauté. Il n'avait que des sensations
douces, il lui faut des émotions. Ce besoin d'émotions
trouve dans les agitations de la vie publique un aliment
sain ou malsain, suivant les temps ; viennent-elles à
manquer, il exige une autre pâture. Ce qui s'était passé
à Rome devait se passer à Constantinople sous des formes
en partie semblables, et, à d'autres égards, différentes.

Le despotisme mit là aussi des avantages solides à la
disposition de la plèbe. Il se chargea de la nourrir.
C'était au fond lui assurer celui de tous les luxes qu'elle
préférait : vivre sans travailler.

Le gouvernement byzantin s'y montra fort entendu.
La récolte venait à manquer plus d'une fois dans ces
provinces orientales. On commença par fustiger les
boulangers en place publique pour stimuler leur bonne
volonté. Ce moyen, assez efficace pour faire patienter la
populace, ne garantissait pas suffisamment les approvi-
sionnements. Ils furent assurés par Anthémius, régent
après la mort d'Arcadius. Anthémius passa un marché
à forfait avec des négociants d'Alexandrie et des îles
voisines de l'Égypte. De telles mesures conjurèrent dans
la ville impériale les maux de la famine, si souvent unis
à ceux de la sédition.

N'était-ce pas aussi un luxe public populaire que ces
fontaines, ces bains, ces jardins, ces édifices dont tous
avaient la vue et la jouissance? Mais tout cela devait
sembler fade à la longue ; on établit l'hippodrome.

L'hippodrome, c'est-à-dire pour la magnificence, mieux encore que l'amphithéâtre romain. Il le fallait bien; car le sang humain versé à flots y manquait. Le christianisme, les mœurs adoucies, en cela du moins, les idées philosophiques plus épurées s'y opposaient. Comment le peuple n'eût-il pas demandé des compensations? On les lui donna en splendeur, en plaisirs variés, en *sport* bien plus perfectionné. La tragédie n'avait plus de prise sur cette plèbe, et un comique délicat l'eût laissée indifférente. On renchérit sur le cirque romain. L'étendue fut plus vaste. L'éblouissant mélange des costumes fut plus extraordinaire. Les toilettes féminines y brillèrent d'un éclat plus fastueux. Le peuple s'y montra, ce qui paraît invraisemblable, plus bruyant, plus agité.

L'hippodrome fut, jusqu'au dixième siècle, le véritable forum. Les passions politiques s'y donnèrent carrière, à l'ombre de ces vieilles factions nées dans le cirque romain, des *Bleus* et des *Verts*, des *Venètes* et des *Prasins*. Une émeute, sous Justinien, fit périr, dit-on, quarante mille spectateurs, dont les cadavres restèrent étendus sur les gradins ou dans l'arène. Des rixes sanglantes s'engagent dans les rues, sur les places, d'homme à homme, de groupe à groupe; la religion s'y mêle; les deux factions se traitent *d'hérétiques*. Les mêmes scènes se répètent à Alexandrie, à Tarse, à Antioche.

Sous les règnes de Marcien, d'Anastase, de Justinien et de Théodora, de Maurice, de Phocas, d'Héraclius, l'histoire du cirque se confond avec celle de l'empire. On aime, on déteste l'empereur, selon qu'il protège

les Bleus ou les Verts. L'opposition consiste à adopter
la couleur contraire à celle du prince. La politique, de
chute en chute, en est venue à demander son symbole
à des cochers. Le parti de l'empereur est-il battu? des
yeux moqueurs se fixent sur le prince, et plus d'une fois
des huées poursuivent, dans une confusion calculée, le
prince humilié et la faction vaincue.

Que d'efforts cependant pour maintenir les peuples en
respect par un grand appareil! La pompe impériale fait
partie elle-même de ces magnificences.

Environné de tous les prestiges et de tous les genres de
faste, l'*Autocrator* préside en personne un des côtés de
l'hippodrome, tandis que l'*Augusta* siège de l'autre côté.
La pompe est nécessaire ici plus que jamais pour effacer
le souvenir des origines. L'empereur du bas-empire a eu
souvent d'humbles débuts. C'est un paysan comme Justin Ier, un centurion comme Phocas, un palefrenier
comme Basile le Grand ou Michel Ier. L'*Augusta* prête
souvent plus à dire encore. C'est une vivandière comme
la femme de Justin, une bouchère comme celle de
Léon Ier, une pantomime comme Théodora; c'est la fille
d'un cabaretier comme l'épouse de Romain II. Voyez
l'empereur byzantin! Dans sa loge portée par de hautes
colonnes, il est assis sur un trône magnifique, environné
d'eunuques tenant l'éventail ou le glaive d'or à la main;
près de lui, dans les loges voisines, les hauts dignitaires
étalent leurs riches costumes. Cette tribune communique
avec le palais[1]. Le prince y reçoit les grands fonction-

---

[1] V. sur l'empire byzantin le livre récent de M. Alfred Rambaud, auquel
nous empruntons quelques traits de cette description.

naires qui se prosternent ou s'agenouillent devant lui, et qu'introduit tour à tour, selon leur rang, le grand maître des cérémonies.

Au commencement des jeux l'empereur se lève, et, prenant dans sa main droite un pan du manteau impérial, il fait le signe de la croix sur son peuple, bénissant d'abord les gradins de droite, puis ceux de gauche, enfin ceux de l'hémycicle.

Le rôle et la cour de l'*Augusta* n'ont guère moins d'éclat.

Cette cour n'est composée que de femmes, sans rien de ce mélange des deux sexes, qui devait donner un air de galanterie si brillante aux cours de l'Europe moderne.

Dans ces représentations où tout un peuple assiste, l'impératrice byzantine semble se poser comme une vraie idole d'Orient.

Une sorte de manteau pontifical la couvre. Elle est accablée d'étoffes brochées d'or. Sa tète est ceinte d'une couronne enrichie de pierreries et garnie de pendeloques qui tombent sur son sein. Son visage ressemble à un portrait enserré dans un cadre d'or et de diamants. L'étiquette lui commande l'immobilité. En vain elle partage les passions les plus grossières de cette foule à laquelle elle appartient; la convenance la force à être une déesse ou une madone. On n'aurait qu'à l'adorer ou à lui adresser des prières, si ces spectateurs, aussi avisés et disposés à la malignité que n'importe quel public d'aujourd'hui, ne savaient à quoi s'en tenir sur cette majesté d'emprunt.

Les regards se portent aussi sur ces chefs aux cos-

tumes si variés, si bizarres parfois, sur ces généraux et
ces officiers barbares, slaves, bulgares, perses, arabes,
sur les cortèges de prisonniers, sur ces gardes aux cuirasses dorées, portant leur étendard.

Voici le patriarche et le clergé qui font leur entrée,
et prennent place. Les chantres de Sainte-Sophie et des
Saints-Apôtres mêlent leurs voix à celles des chanteurs
de l'hippodrome ; les hymnes sacrés alternent sur l'orgue
d'argent avec les hymnes qui célèbrent les victoires des
cochers les plus renommés.

Le faste est partout dans ce spectacle ; il est dans
cette quantité de femmes splendidement parées, dans
ces tuniques blanches bordées de larges bandes de pourpre, portées par les personnages qui appartiennent aux
deux factions rivales, dans ces portiques, dans ces statues apportées de la Grèce, dans ce *velum* de soie immense flottant au gré de la brise sur cet océan d'êtres
humains, sur ces cent mille individus de toutes classes
assis sur des gradins de marbre !

Mais il ne faut pas oublier le spectacle en songeant
aux spectateurs.

Les vrais héros de la fête, ce sont les cochers qui
traversent fièrement l'arène, illustres ou visant à
l'être, suivis de tous les yeux ; ce sont ces chevaux
d'une prestance plus fière encore, à l'œil étincelant,
au jarret souple, ayant leur légende, leur costume
particulier, personnages, eux aussi, plus ou moins célèbres, qui ont leurs partisans enthousiastes et leurs
adversaires acharnés ; ils habitent des palais ; ils sont
nourris de blé, de raisins secs, de dattes, de pistaches ;

on pare leurs cous de colliers de perles ; on dore la corne
de leurs pieds ; vainqueurs, on leur présente des bassins
remplis d'or ; morts, ils reçoivent parfois les honneurs
du mausolée. Pourquoi non ? Ils sont le dernier honneur
et le dernier plaisir d'une population qui ne donne plus
à la vie humaine d'autre objet que de s'amuser. La
gloire de ces lutteurs de parade, mêlée à toutes les fortunes du cirque byzantin pendant cinq siècles, ne finit
qu'avec cette décadence plus profonde encore, décadence
sans nom, qui s'étend jusqu'aux plaisirs publics et laisse
voir le fond de ce néant qu'enveloppaient et cachaient
aux esprits superficiels ces prodigieuses splendeurs.

CHAPITRE IV

INFLUENCE DU LUXE SUR L'ART ET LE CULTE A BYZANCE.

On aime aujourd'hui à trouver des défauts aux œuvres en possession d'une longue admiration, et des qualités à celles qu'a frappées le mépris des siècles.

Si tout n'est pas heureux dans cette application à la critique des lettres et des arts de la maxime évangélique qui « humilie les superbes et exalte les humbles, » elle a ses côtés vrais.

On prétendrait à tort s'en autoriser pour réhabiliter l'art byzantin; mais il a pu avoir certains mérites relatifs qui ne lui ôtent en rien son caractère d'art corrompu et de décadence. Les meilleurs critiques qui vécurent à cette époque, et les juges les plus compétents de nos jours, sont unanimes à rapporter au goût immodéré du faste cette corruption jusqu'à un certain point brillante de l'art byzantin.

Cela est sensible pour le plus grave des arts, l'art fort par excellence, l'architecture. Elle est lourde, tourmentée, compliquée sans mesure. Elle vise moins à atteindre des proportions harmonieuses qu'à couvrir de vastes édifices d'immenses emplacements. Le premier type de cette architecture ambitieuse, magnifique, sans pureté et sans sobriété de formes, est dans ce superbe palais de porphyre élevé par Constantin pour y loger, pendant des siècles, la majesté impériale, et qui abrita les sombres drames de l'empire grec. C'est moins un palais, à vrai dire, qu'un amas de palais et d'églises, doublé d'une forteresse. Dans ce palais colossal tous les genres se confondent, comme il a toutes les destinations. On aperçoit de loin les dômes dorés, les coupoles étincelantes de ses nombreux sanctuaires. C'est une abondance incroyable d'accessoires, de jardins et de parcs ornés de richesses étrangères, peuplés de statues, remplis de jets d'eau retombant dans des bassins de marbre. Si l'on pénètre dans l'intérieur des appartements, c'est une profusion d'or prodigué sous toutes les formes, de mosaïques formant les parquets, d'images de saints ou d'ancêtres, en émail sur fond d'or, de tout ce qui peut arrêter, éblouir le regard !

Les palais des grands ne sont que la reproduction de ce modèle de magnificence. On trouve dans ces habitations des colonnes et des statues sans nombre, des portiques ornés de colonnes resplendissantes de pierreries, des pavillons fermés par des rideaux de pourpre, des arcades innombrables avec des frises.

Nul doute qu'on voulut par la pompe des édifices religieux faire oublier aux gentils convertis celle qui environnait leurs idoles. L'usage excessif de revêtir entièrement l'intérieur des églises de peintures ou de

mosaïques se détachant, non sans effet d'ailleurs, d'un
fond d'or par de vives couleurs, reçut des Pères de
l'Église grecque des encouragements, qu'ils justifiaient
par le désir de présenter à l'édification un grand nombre
de sujets sacrés. Comment ne pas remarquer dans les
églises l'abus des lambris dorés, celui des marbres, des
images coloriées, des superbes reliquaires, des riches
ex-voto? Les vêtements sacerdotaux couverts d'or, l'illu-
mination des cierges complètent ce tableau d'une magnificence qui trouve sa place dans le culte avec les arts,
mais qui, à partir de cette époque, devait risquer plus
d'une fois de manquer le but en le dépassant.

Prenant le faste pour le beau, l'État ne fit qu'ag-
graver le mal. Il est curieux de voir un Procope, parlant
des édifices si nombreux élevés par Justinien, lui faire
un mérite de tous ces ornements qui n'apparaissaient
comme des défauts qu'à un petit nombre de juges restés
fidèles aux principes de Platon et d'Aristote, de Phidias
et d'Apelles. Procope s'extasie devant cette idolâtrie de
la matière précieuse préférée à la forme; il admire dans
la peinture la multiplicité, le choc des couleurs, l'éclat
de l'or qu'on y entremêlait sans ménagement, le contraste heurté du rouge et du blanc.

Les panégyristes mettent les peintres, leurs contemporains, inhabiles au dessin, étrangers au goût, au-
dessus des maîtres de la Grèce. Ils ne s'attachent même
pas à louer les parties séduisantes de l'art byzantin, le
style des draperies, la vérité, l'expression de certaines
têtes; la profusion de l'or que l'on voyait partout est
l'objet principal de leurs éloges.

Ainsi l'architecture civile et l'architecture religieuse, la décoration des demeures comme celle des temples révèlent la même corruption. Laissons les historiens de l'art critiquer ces murs tout recouverts de mosaïques, de peintures empreintes sur le plâtre ou le stuc; cette accumulation inouïe d'objets d'or et d'argent, enrichis de gravures, de *niellures*, d'émaux, de bas-reliefs; ces vases élevés en pyramide dans tous les angles des salons, à côté des coupes de jaspe et d'émeraude travaillées dans l'Orient, et des argiles légères, presque aussi précieuses, qui se fabriquaient à Athènes, à Rhodes et à Syracuse. Si les portes des appartements, les sièges, les lits, les coffrets n'étaient pas d'ivoire, d'ébène, de bronze, d'argent massif ou revêtus d'argent, un peintre était chargé de les décorer. Les maisons opulentes, non-seulement à Constantinople, mais dans les villes principales de l'empire grec, offraient dans l'ameublement cet excès de richesse et de surcharge. L'œil et la pensée se fatiguent à suivre ces incrustations d'or et de pierreries des sièges, des trônes, des lits, des tables de cette époque. La plume se lasse de décrire toutes ces formes de la matière précieuse mise en œuvre et tourmentée en cent manières, qui a toujours excité l'enthousiasme des hommes dans les bas temps de la morale et de l'art.

Le luxe qui envahit les monuments du culte en envt aussi les cérémonies.

Il n'était pas possible que ces cérémonies gardassent leur simplicité primitive; mais on tomba dans un autre excès. Héritier des splendeurs païennes, sous certains rapports, malgré le caractère infiniment supérieur des idées que symbolisaient ces magnificences, le culte chrétien sembla se piquer d'émulation pour saisir toutes les occasions de frapper l'imagination des peuples par la pompe outrée des représentations.

Baptêmes des grands personnages, dédicaces des nouvelles églises, tout fournit prétexte à des solennités imposantes et, comme le remarque Fléchier lui-même dans sa *Vie de Théodose*, « à un luxe trop profane. »

Constantin avait donné cet exemple pour la dédicace du temple du Saint-Sépulcre à Jérusalem, et son fils Constance l'avait imité dans la consécration du temple d'or à Antioche.

« Ruffin, dit Fléchier, se proposa ces grands exemples, et mèlant avec un peu de religion beaucoup d'ostentation et de faste, il convoqua les évêques de toutes les parties de l'Orient, surtout ceux qui occupaient les premiers sièges. Il supplia même par des lettres réitérées les plus fameux solitaires d'Égypte de quitter leur solitude pour venir assister à cette célèbre cérémonie. Le rang qu'il tenait dans l'empire dont il avait la principale direction sous le prince Arcadius, fit qu'un grand nombre d'évêques partirent au premier avis qu'ils reçurent, et emmenèrent avec eux les plus saints personnages de leurs provinces. L'assemblée fut très-nombreuse. Il s'y trouva trois patriarches, Nectaire de Constantinople, Théophile d'Alexandrie et Flavien d'Antioche ; Grégoire, évêque de Nysse, Amphiloque d'Icogne, Paul d'Héraclée, Dioscore d'Hélénope et plusieurs autres célèbres prélats s'y étaient rendus des premiers. Les principaux de la noblesse et du clergé et une multitude infinie de peuples y accoururent, les uns pour honorer cette fête, les autres pour faire leur cour à ce favori, plusieurs pour satisfaire leur curiosité.

« Ce fut dans le mois de septembre que se fit cette cérémonie. L'église était tendue de riches tapisseries, l'autel éclatait d'or et de pierreries. La consécration se fit avec tout l'ordre et toute la magnificence qu'on pouvait souhaiter. Après que les offices furent achevés, on procéda avec la même pompe au baptême de Ruffin. Le patriarche Nectaire le lui administra, et le fameux Evagre de Pont, qu'on avait fait venir d'Égypte avec le solitaire Ammone reçut au sortir des fonts cet être régénéré qui ne conserva pas longtemps son innocence. Ainsi se termina cette solennité, qui aurait été des plus saintes et des plus magnifiques de l'Église d'Orient, si elle n'eût été accompagnée d'un luxe profane, et si ce ministre, par ses actes et par ses injustices n'eût voulu regagner sur les peuples les sommes excessives qu'il semblait avoir employées pour Dieu en cette occasion[1]. »

La célèbre basilique de Constantinople, qu'on a comparée à l'étable de Bethléem, rappelle, il est vrai, malgré ses richesses, les origines si simples du christianisme par son dessin général et par une grandeur mêlée de grâce ; on peut louer aussi, dans plusieurs de ces sanctuaires du nouveau culte, la majesté de la voûte romaine, l'élégance des constructions accessoires dans l'église même, et dès le temps de Théodose, ces vitraux diversement colorés qui répandent dans le lieu saint un

---

[1] Fléchier. *Vie de Théodose.*

pieux recueillement. Mais la magnificence exagérée pénètre dans le dedans comme dans le dehors des édifices religieux : on y trouve un mélange de profane et de sacré justement fait pour blesser un sentiment religieux plus exigeant et le goût lui-même dans ses convenances

Il est question d'encourager les arts dans les édits des empereurs ; les privilèges des artistes sont même consignés dans le code théodosien. — Combien là même on peut voir dans quel mépris était tombé le beau ! Les beaux-arts et les arts mécaniques sont mis sur le même rang par ces lois prétendues protectrices. Que sont le peintre et le sculpteur ? des artisans, comme celui qui travaille le stuc et le plomb, comme tous les autres ouvriers employés à la construction des édifices.

Ainsi devait se perpétuer, durant quelques siècles encore, ce qu'on peut appeler l'*expérience* byzantine. Les vérités qui s'en dégagent peuvent se passer de commentaire. Mais il n'est pas inutile de remettre de temps en temps sous les yeux des hommes de pareils tableaux.

LIVRE IV

LA CENSURE DU LUXE DANS L'ANTIQUITÉ PAR LES ÉCRIVAINS ROMAINS ET LE CHRISTIANISME.

CHAPITRE Iᵉʳ

LA CENSURE DU LUXE ET LES ÉCRIVAINS ROMAINS.

J'ai déjà remarqué que le trait commun aux écrivains de l'antiquité, moralistes, historiens, poëtes, c'est la censure du bien-être, la condamnation impitoyable de tous les raffinements, l'apologie de la pauvreté; c'est l'idée, partout exprimée ou sous-entendue, qu'à mesure qu'un État s'éloigne de ce type de simplicité austère, qu'on suppose avoir été celui de l'humanité primitive, il y a décadence pour la société comme pour l'individu, menace pour l'État lui-même d'une décomposition plus ou moins prochaine.

Voilà pourquoi, aux yeux des écrivains romains, l'industrie est suspecte, la richesse méprisée et redoutée. Fidèles au système qui place le bien à l'origine et le mal au terme de la route, ils regardent chaque pas qui semble rapprocher de ce terme fatal comme maudit.

Il y aurait intérêt à rechercher comment s'est mani-
festé ce genre de censure dans l'antiquité romaine, quand
bien même il ne s'agirait que d'une simple revue d'o-
pinions et de noms célèbres.

Mais ce qui ajoute à cet intérêt, c'est que la question
est à l'ordre du jour de la critique historique. L'histoire
à la façon classique, telle que l'ont connue et pratiquée les
derniers siècles, ne faisait que se conformer à la manière
de voir des anciens. La nouvelle critique est parfois
très-près, au contraire, d'appeler bien ce qu'ils appelaient
mal, de nommer progrès ce qu'ils nommaient décadence.

Qui a tort? qui a raison? S'il s'agit d'un principe général — la condamnation du progrès matériel jointe à
l'idée que le monde va fatalement de mal en pis —
nous n'hésitons pas à donner tort aux anciens et à leurs
disciples trop dociles. Mais cette approbation accordée à
la nouvelle école historique implique-t-elle l'absence de
toute réserve? Nous croyons, en reconnaissant que les
censures antiques sont peu mesurées, qu'on ne se rend
pas toujours assez compte des motifs sérieux qui ont
pu les justifier sous certains rapports. Il vaut la peine
d'en dire quelques mots.

I

LA CENSURE DU LUXE PAR LA PHILOSOPHIE ROMAINE.

Nous avons posé en fait dans les préliminaires de cet
ouvrage que les deux grandes doctrines morales antiques, le stoïcisme et l'épicuréisme, aboutissent à un

idéal de simplicité qui réduit la civilisation à son
minimum et tend à restreindre les raffinements, à les
rejeter même.

Ce jugement, incontesté pour le stoïcisme, semble au
premier abord paradoxal pour la morale épicurienne.
Ce que nous appelons de ce nom ressemble à cela si peu !
A vrai dire même, c'est tout le contraire. Un épicurien
moderne craint-il tant de compliquer sa vie? ne prend-il
pas plaisir à la charger de toutes sortes d'agréables
chaînes? — Agréables, oui, tant que l'habitude n'a pas
trop émoussé le plaisir, surtout tant que l'âme et le
corps se portent bien. Mais que ces conditions dispa-
raissent, adieu le plaisir, il ne reste que la tyrannie de
l'habitude qui peut devenir un véritable supplice !

Nous ne disons certes pas qu'il n'y ait point eu de ces
épicuriens amis du luxe à Rome. On y en vit beaucoup
au contraire. Il n'est que trop notoire qu'on y rencontre
un grand nombre de sectateurs grossiers de cette même
philosophie, desquels parle Horace comme d'un troupeau
d'animaux immondes. Mais c'étaient là des épicuriens
dégénérés. L'épicurien fidèle aux préceptes et aux exemples du maître vivait de peu systématiquement, il chéris-
sait avant tout sa liberté et son repos, il évitait de tomber sous le joug d'exigences auxquelles on n'est jamais sûr
de pouvoir satisfaire. Pour lui la modération était un calcul, et le bonheur était surtout négatif. Cette sagesse au
fond elle-même n'était que la perfection de l'égoïsme. Elle
n'en avait pas moins pour terme et pour accompagnement la prédication du mépris des jouissances raffinées.

Pourquoi donc dès lors s'étonner de voir les écrivains

qui professent ou pratiquent plus ou moins ces maximes
traiter dans leurs livres la richesse comme un embarras et
une servitude? Hypocrites déclamations, a-t-on dit souvent. On se trompait. L'épicurien véritable, et non celui
dont nous nous faisons une idée formée sur le modèle
d'un grossier sensualisme, a paru aux anciens de bonne
foi en condamnant tout ce qui, en fait de nourriture, de
vêtement, d'ameublement, dépasse une certaine mesure
à laquelle il donne le nom de *vertu*. Il n'est pas sans
exemple que des stoïciens célèbres aient eux-mêmes répété avec respect les maximes et les noms de ces moralistes épris du détachement, amis de l'indépendance. Ils
rappellent les pratiques auxquelles ces sages s'exerçaient.
Ils ne s'avisent jamais de crier au manque de sincérité
et à l'inconséquence.

Par là s'explique cette espèce d'unité morale dans les
jugements que portent des écrivains si différents par
l'esprit qui les anime. Les uns, au nom d'un idéal austère de retranchement; les autres, parce qu'ils aimaient
mieux se passer des choses que de courir le risque d'en
dépendre, se trouvaient aboutir aux mêmes sévérités,
croyant qu'être et rester simple, c'était se rapprocher de
l'âge d'or. On ne se disait pas que cet âge d'or était une
chimère. Les philosophes en parlaient avec autant de
sérieux que les poëtes. Les historiens aimaient, eux aussi,
à y comparer les débuts de la république. La pauvreté
forcée de ces temps qui se perdaient déjà dans un certain éloignement était présentée comme une vertu sublime. On savait gré à Cincinnatus de s'être contenté
d'une épaisse tunique en laine grossière comme si les

fines étoffes de Milet teintes dans la pourpre de Tyr étaient connues de son temps. Fabricius était un héros d'austérité pour avoir bu et mangé dans l'argile, quand il n'y avait guère que l'argile. On insistait sur ce qu'alors les âmes étaient d'autant plus fortes que la vie était soumise à moins de besoins, sur ce que la vertu civile et militaire avait tout son ressort, tandis que, depuis lors, tout s'était relâché. Ce mal, on l'imputait uniformément au luxe et à la mollesse, sans se demander si l'explication était toujours suffisante, et si ce qu'on s'acharnait à flétrir de noms dégradants méritait toujours une qualification si injurieuse.

On voit se produire ces censures à partir de Caton, dont nous avons entendu retentir la voix grondeuse contre les ornements des femmes, jusque dans les derniers temps de la république, et pendant l'empire jusque sous les Antonins. Les poëtes tiennent leur place dans cette série de censeurs indignés ou railleurs. Nous avons vu Plaute s'en prendre surtout, comme le vieux Caton, mais en se servant des armes du comique, aux recherches des toilettes et aux goûts dispendieux des femmes. Nous avons vu le vieux Lucilius, grand poëte satirique dont quelques beaux fragments font regretter l'œuvre perdue, s'emporter, non sans les avoir peints sous les plus vives couleurs, contre les raffinements voluptueux et dégradants du temps de Sylla. Il faut nommer aussi Lucrèce lui-même, l'apologiste d'Épicure. Le grand poëte est un des plus éloquents défenseurs du *Ne quid nimis*, et il fait commencer le *trop* à ce qui nous paraîtrait presque le dénûment.

L'expression de ces censures morales adressées à la corruption des temps prend une fermeté, une énergie nouvelle avec un célèbre historien de la fin de la république. Rien n'est plus connu que l'explication donnée par Salluste de la décadence morale et sociale de Rome par la richesse et les raffinements. Il reproche aux riches leurs élégantes villas situées sur la mer, qui n'étaient pas ce qu'ils avaient de plus criminel. De quelle touche fière et avec quel feu il peint la période vertueuse de la république romaine! Comme il hésite peu à rapporter la dégradation successive, et dont il n'a que trop le droit de parler en connaissance de cause, à la passion de l'argent, à la prodigalité, à la magnificence, jointe tantôt à l'amour honteux d'un repos oisif, tantôt à la recherche ambitieuse, sans scrupule comme sans mérite, des places et des honneurs! L'admirable tableau est contenu dans quelques pages, borné à un petit nombre de traits généraux. Mais il n'est pas moins net qu'il n'est plein de vie et d'accent, d'un accent trop vif même pour n'être pas sincère.

Ah! sans doute l'homme, dans Salluste, est corrompu, entaché des vices de dissolution, de faste, de vénalité, qu'il reproche à son temps; il possède, non sans scandale, ces splendides jardins qu'il censure, ces tableaux, ces palais de marbre, qu'il regarde comme la honte de son siècle; ce qui est pire, il les a acquis par l'oppression des provinces, il les a gardés par la servilité dans la soumission; oui, mais son intelligence est juste, pénétrante, haute, et son imagination émue pour un instant, vertueuse au moment où il pense et où il écrit, se pénètre de ce qu'elle peint; elle s'enflamme de regrets passagers, elle s'exalte devant l'idéal, ce qui, à vrai dire, n'engage à rien. A tout à l'heure les réalités de la vie, les défaillances trop certaines de la volonté, les pratiques trop familières de la corruption!

Au reste, qu'importe de savoir ce qu'a été Salluste? ne suffit-il pas de rappeler son explication de la décadence de l'État par les mœurs, de celle des mœurs par le luxe et la mollesse, conformément à la doctrine des anciens qui n'admet guère de changement qui ait pu être autre chose qu'une dépravation morale?

Nous avons eu l'occasion de nommer souvent Varron, cet érudit qui recouvre un moraliste. Eh bien! cet auteur de cinq cents volumes perdus, à l'exception de son *Traité sur l'Agriculture* et d'une partie de son livre sur la langue latine; cet homme, qui possédait toutes les sciences de son temps, n'a d'autre morale aussi que celle dont nous venons de parler, bien qu'il la professe avec la modération d'un sage. Ingénieux sage, en effet, dont les entretiens instruisaient et charmaient Cicéron, et qui s'égayait spirituellement à ses heures, en versifiant ses *ménippées*, au fond de ses belles retraites tout animées par les travaux agricoles.

Non, rien ne ressemble à un déclamateur dans ce grand lettré d'un calme inaltérable qui mourait à quatre-vingt-dix ans, après avoir traversé avec le courage tranquille d'un soldat, puis, pendant la plus longue période de son existence, avec la sérénité supérieure d'un philosophe, un siècle rempli d'orages.

Est-ce donc à dire que Varron soit lui-même sans

exagération de ce côté : en condamnant avec raison les
excès de toute sorte, ne déploie-t-il pas une sévérité
extrême à l'égard du commerce qui se fait des produits
recherchés? Ne s'attache-t-il pas trop à critiquer tel usage
inoffensif, comme la fabrication d'un pain plus délicat
pour les riches? Enfin ne limite-t-il pas trop l'indication
des causes de décadence à certains usages ou abus de la richesse? On s'en étonne de la part de cet amateur de belles
volières, de cet ami des arts, de ce curieux qui, loin de les
craindre, recherchait certaines nouveautés : ayant par
exemple une horloge de son invention, et se plaisant à
former des collections de toute espèce, entre autres un
riche musée plein de sculptures. C'est là que se trouvait
un groupe admirable, taillé dans un seul bloc par le
statuaire Archelas, qui représentait une lionne autour
de laquelle jouaient des amours. Pourtant ce sage aimable avait exclu, malgré sa richesse, dans ses villas,
les lambris précieux et les pavés de marbre, la marquet-
terie et les mosaïques, pour préférer à ces vanités des
murailles toutes garnies de livres. En théorie les jugements de Varron sur le luxe romain ne se ressentent pas
moins de la philosophie de son temps, si éloignée que
son humeur se montre de toute extrémité.

J'ai parlé au début de ce livre, d'une manière générale,
de Sénèque et de Pline. J'ajouterai quelques mots sous
d'autres rapports en plaçant ces deux écrivains au
milieu de cette société même qu'ils censurent.

Il y a beaucoup à distinguer dans les idées et les jugements de Sénèque sur la société de son temps; s'il ne
faut pas le prendre trop au mot, quand il déclame, il

serait tout aussi déplacé de le traiter avec un mépris
que ne justifieraient ni la triste situation du monde où il
vécut, ni le sérieux de son esprit. On ne peut, je crois,
lui refuser davantage la sincérité des convictions. Elles
suffirent à lui inspirer non pas, on l'a assez répété, le
sacrifice de sa richesse, mais une modération réelle
dans la façon d'en user. Il y puisa des mœurs pures,
tempérantes. Il y trouva dans sa jeunesse la force de se
soumettre à des austérités, auxquelles il revint dans ses
dernières années, et l'inspiration d'une mort courageuse
qui peut rendre plus indulgent pour ses faiblesses politiques qu'elle n'excuse pas.

L'exagération des idées de Sénèque, ce qu'il y a d'outré
dans sa sévérité est hors de doute, je l'ai montré dans
la première partie, toute philosophique, de cet ouvrage.
Ce qui n'est pas moins contestable, c'est la vérité d'un trop
grand nombre des accusations qu'il jette à la face d'une société corrompue. Il n'était pas au reste le premier qui eût
donné l'exemple de ces prédications nobles, mais excessives. On avait vu, sous Auguste, Sextius le père et Fa-
bianus propager dans des livres et dans des « conférences » ces théories austères ; sous Tibère, le pythagoricien Sotion enseigner l'abstinence des viandes ; un
vertueux cynique, Démétrius, tout déguenillé, vanter la
pauvreté et appeler les souffrances comme la seule école
où l'âme humaine puisse se retremper.

Ce qui me frappe au contraire, c'est en quoi cette philosophie de Sénèque s'adaptait pour ainsi dire à la société de
son temps. Il poursuit un but pratique. Il recommande les
mortifications avec un zèle qu'on peut appeler apostolique,

il s'applique à les prêcher, soit dans ses *Lettres*, comme
« directeur de conscience », ainsi que l'a ingénieusement appelé un de ses plus pénétrants historiens[1], soit
dans ses traités comme organe accrédité du stoïcisme en
morale. Pendant ces jours de réjouissances, trop souvent
licencieuses, que nos mœurs ont conservées chaque année
sous le nom de carnaval ou de kermesse, le chrétien se
recueille, les églises récitent certaines prières qui sont
comme une expiation pour les péchés commis, un pré-
servatif de la contagion pour le troupeau des fidèles. Eh
bien ! Sénèque veut que, pendant les Saturnales, on s'en-
ferme au fond de sa maison, on s'exerce aux privations,
on se couvre de pauvres vêtements, on se couche sur un
grabat, on se contente de pain noir, cela non par jeu ou
pour y chercher, comme quelques riches, un piquant
contraste avec leurs jouissances habituelles, auxquelles
ils trouvent ensuite un nouvel attrait. Il a même soin
d'ajouter qu'après cela on ne devra pas croire avoir fait
merveille, on n'aura fait que ce que font des milliers
d'esclaves et de pauvres !

Il faut voir, dans les mêmes vues pratiques, le moraliste rappeler le temps où la parole de son maître Attale
le séduisait aux austérités, lorsque, dit-il, « ce philosophe se mettait à censurer nos plaisirs, à louer les gens
dont le corps est chaste et la table sobre, qui fuient non-
seulement les voluptés coupables, mais même les satisfactions superflues. » C'est alors que le jeune homme

---

[1] M. Martha dans ses *Études* sur les moralistes de l'empire romain.
Voir de même ce qu'écrit M. Gaston Boissier sur *la morale de Sénèque*
dans son livre sur la *Religion des Romains*.

« était pris, dit-il encore, de la fantaisie de sortir pauvre de son école », et s'abstenait de viande pendant un an.

Ah ! certes, on a quelque peine à retrouver dans le précepteur vieilli de Néron ce jeune Espagnol, pâle, amaigri, né mourant, livré à une sorte de crise morale héroïque, et qui, venu plus tard, aurait eu peut-être l'étoffe d'un saint Jérôme.

Mais si le siècle entama, il ne détruisit pas cette vertu, et il faut, par comparaison avec ses contemporains, voir encore un sage dans cet homme qui, même à la cour, couchait sur un dur matelas, qui usait modérément de ces bains, véritable passion de ces temps amollis, et dont l'excès affaiblissait le corps et l'âme des Romains, qui enfin ne se servait point de parfums, et avait renoncé (chose méritoire alors) à presque tous les raffinements de table, et même à l'usage du vin.

On oppose souvent Sénèque millionnaire au moraliste qui fait le perpétuel éloge de la pauvreté.

Soit ! Pourtant à ce compte il ne serait pas permis, même à un chrétien, de rester riche. On admet pourtant qu'il garde ces biens dont il fait bon usage, en reconnaissant lui-même d'ailleurs la pauvreté des apôtres comme supérieure à son état. Sénèque n'est ni cupide ni esclave de ses richesses : sa morale consiste dans le détachement de ces biens qu'on peut garder quand on les a sans s'y laisser asservir. Il approuve qu'on boive dans un vase d'or avec la même indifférence qu'on boirait dans l'argile, qu'on se serve sans y faire plus d'attention de beaux meubles ou de meubles médiocres. Voilà sa doctrine : on peut la combattre ; au moins faut-il s'en former une

idée exacte, et commencer par reconnaître qu'au
point de vue de la pratique de la tempérance, il ne
s'écarte pas trop de la vertu qu'il recommande à ses
riches contemporains avec une opportunité trop incontestable.

Comme censeur des vices de son temps, pris en détail,
le même moraliste garde une incontestable valeur historique et pratique. Ses énergiques peintures font partie
de l'histoire de la société romaine. Il aperçoit avec beaucoup de sagacité la maladie de ces âmes usées par la
jouissance. Il voit le fond de cet ennui qui tantôt suc-
combe au suicide, tantôt cherche à réveiller par les
moyens les plus criminels ou les plus bizarres, le plaisir
qui ne veut plus répondre aux appels d'une volonté impuissante et d'une sensibilité émoussée. Il démêle, il
analyse le vicieux travers de ces jouissances factices qui
font consister la satisfaction dans la difficulté vaincue,
s'alimentent jusque par la crainte de perdre l'objet possédé, ou qui ont pour origine le désir de faire de l'effet
par le scandale même.

Il n'a ni moins de force ni moins de finesse quand il
prend les abus les uns après les autres. C'est la dégradation de l'âme qu'il flétrit dans ces recherches culinaires
poursuivies à tout prix, et dont chaque particularité
trouve en lui un peintre qui n'est pas au-dessous d'un
La Bruyère. Il a peint le « gourmand », en décrivant la
gourmandise romaine. Avec quelle ironie il décrit ces
mets compliqués, où l'on s'efforce de réunir, par une
combinaison savante, plusieurs mets en un seul, et d'as-
socier plusieurs goûts qui se fondent dans un savoureux

mélange ! Comment ne pas reconnaître la vérité de ses reproches sur l'excès du matériel et du personnel mis en jeu pour la préparation et le service des festins? Et les femmes opulentes de ce temps, quel tableau il en fait ! Quelle critique des excès qui leur sont communs avec les hommes et de leurs recherches de toilette ! — Ces grandes dames, elles buvaient, nous dira-t-il, et mangeaient à s'en donner la goutte ; elles renonçaient même à toute coquetterie en usant, elles aussi, du procédé romain si connu, pour se délivrer de ce qu'elles avaient englouti pour pouvoir recommencer impunément. Quant aux richesses prodiguées en parures, les Pères de l'Église n'ont eu souvent qu'à reprendre à leur compte les descriptions satiriques de ce philosophe. Somptueux jardins, parcs démesurés, luxe de volières et de viviers, pêches lointaines et navigation pour des satisfactions de sensualité et de vaniteuse fantaisie qui ne reculent devant le sacrifice ni de l'or, ni de la vie des hommes, ni de la dignité personnelle, tout passe sous sa plume accusatrice !

Les mauvais côtés du luxe public ne trouvent pas en Sénèque un censeur moins sévère et, on n'a plus à le démontrer, moins opportun. Ces jeux sanglants des gladiateurs que Cicéron tolérait sans les aimer, il les flétrit, il les proscrit avec un sentiment de générosité qui n'avait pas trouvé encore un tel organe, il commente avec indignation, avec pitié, ce mot : *l'homme est sacré pour l'homme.* — En résumé donc, si le philosophe pur professe une théorie sociale fausse, puisqu'elle ramènerait le genre humain à un état presque sauvage, le philosophe pratique est en général parfaitement sensé. Il veut qu'on

fuie le cynisme des haillons et l'orgueil insultant de ces
vertus de parade qui bravent la pudeur et les convenances.
Point de dehors austères, de chevelure en désordre et de
barbe négligée, aucune de ces affectations qui accusent
le désir de se faire remarquer. Évitez la richesse fastueuse, mais fuyez aussi la pauvreté fastueuse, voilà sa
devise! Les passages où il la commente sont dignes de
nos plus sages moralistes. De tels conseils étaient faits
pour avoir une action pratique sur les contemporains.

Pline l'Ancien égale pour le moins les sévérités de
Sénèque. Je suis moins tenté de lui pardonner ses exagérations. D'abord il est, par profession, un naturaliste. Il
semble à ce titre plus étroitement obligé à connaître et à
bien observer les faits. On n'a pas les mêmes raisons de
lui passer ces objurgations excessives, dictées par un zèle
réformateur trop emporté, qu'à un moraliste pur. Le
moraliste incline à croire qu'on ne peut, en cette matière
où les passions résistent, atteindre le but qu'en paraissant
le dépasser ; il force la voix et, pour obtenir quelque
chose, il demande trop. L'homme de science a d'autres
devoirs. Pline est un grand esprit ; mais cet éloquent
écrivain, s'inspirant de la misanthropie qui traite la
vie comme un mal, plus que des idées de science et de
progrès qui cherchent à rendre ce mal tolérable, s'est
tout particulièrement trompé sur les faits. Sa physique
est mauvaise, sa théorie de la société ne vaut pas mieux.
Il a pour type une humanité presque sans industrie et
sans richesse; il maudit l'or, instrument des échanges, il
maudit même le fer, agent, il est vrai, de la guerre, mais
auxiliaire de l'agriculture aussi. Est-ce bien Pline qui

ose écrire, comme le ferait l'homme le plus ignorant et le plus superstitieux, que, s'il y a des tremblements de terre et des volcans, c'est que la terre proteste contre l'audace sacrilège que nous avons de l'ouvrir pour lui ravir ses trésors, et nous en punit en nous engloutissant et en nous écrasant nous-mêmes? Est-ce Pline qui soutient que, si la nature enfouit les métaux précieux, c'est qu'elle a marqué par là le dessein de les cacher et qu'il faut respecter ses secrets? Ne voit-il donc pas, ce philosophe inconséquent, que c'est condamner du même coup la science? Est-ce que la nature ne cache pas ses opérations et ses actes, ses lois les plus profondes? Blâmez donc aussi la curiosité qui n'en tient compte et s'élance d'autant plus ardente à la recherche des causes!

Au reste, Pline applique aux mœurs de ce temps des censures de détail, sans doute souvent outrées, mais fréquemment légitimes, en suivant une méthode fort différente de celle de Sénèque. L'écrivain moraliste signale les raffinements dans l'homme; le naturaliste Pline les recherche dans les objets mêmes auxquels s'attachent ces jouissances sensuelles ou vaniteuses. Il est rempli de détails techniques des plus instructifs. Il décrit les peintures et ciselures sur métaux et les pierreries, dont il analyse les particularités avec un grand soin, les ornements et les anneaux d'or servant de parure ou de sceau, les bagues, les couronnes d'or, toutes choses qui sont, à ses yeux, une corruption sans nom. Mais quand Pline fait observer qu'avec ces raffinements les mœurs se sont non adoucies, mais endurcies, qu'en des temps plus simples les esclaves étaient traités plus humainement au

sein de la famille dont ils semblaient souvent faire partie, comme sa critique reprend sa clairvoyance et tous
ses avantages!

Le dernier et le plus véhément de ces censeurs, tout
le monde l'a nommé : c'est Juvénal. On trouve chez Juvénal la même doctrine morale, la même haine de la
richesse et des arts mécaniques, le même rêve rétro-
grade de l'âge d'or. Horace, lui aussi, l'aimable poëte,
n'avait-il pas tour à tour célébré les vertus d'autrefois
et flétri les vices du temps, tantôt dans des strophes vengeresses, tantôt dans des satires ironiques? Ovide lui-
même, qui le croirait? a eu ses quarts d'heure de vertu
sur le papier, qui souffre tout, — les vers amoureux de
gens parfaitement froids, comme les appels à l'austérité
de gens qui ne pensent qu'à leurs aises et à leurs plaisirs. — Quant à Juvénal, si le poëte n'a rien perdu aux
études critiques dont il a été récemment l'objet, l'homme,
avouons-le, le moraliste austère, sans être dépouillé de
sa réputation d'honnêteté, en est sorti un peu amoindri.
L'indignation qui a « fait ses vers », comme il s'en vante,
n'a pas servi de muse à sa vie. Il a vécu tranquille, occupant des emplois, sans songer à protester, sous Domitien.
Dès lors que penser de cette colère qui semblerait avoir
perdu tout sang-froid, et qui n'en a pas moins attendu la
vieillesse du poëte pour se produire, pour s'acharner après
coup sur des cadavres? Sans doute elle n'est pas toujours aussi clairvoyante, cette indignation poétique,
qu'elle est généreuse. « Élevé dans les cris de l'école »,
le grand poëte pousse son hyperbole à tout prix. Quelle
rage l'anime, lui, fils d'affranchi, à se montrer si sévère

pour ceux qui ont réussi à s'enrichir par leur travail, par une industrie utile, par un commerce profi-
table, par des entreprises d'utilité publique! Est-ce à lui
qu'il convient de préférer à ces parvenus d'orgueilleux
mendiants? Mais il a vu juste bien souvent. L'abaissement de la noblesse, l'abus du jeu, les folies luxueuses
du bâtiment, les inventions et les fastueuses sensualités
des tables sont, de sa part, l'objet de tableaux immortels. Ces satires sont dans toutes les mémoires. Il
n'est pas jusqu'aux lâchetés des délateurs dont il ne fasse
voir la source dans une avidité jalouse de jouir et de
briller, justement rendue responsable de crimes qu'on
ne songe pas toujours à y rattacher.

II

EXAMEN DES REPROCHES ADRESSÉS PAR LA NOUVELLE ÉCOLE HISTORIQUE AUX CENSEURS DU LUXE ROMAIN.

On ne peut qu'approuver la critique historique de
nos jours lorsqu'elle refuse de prendre au pied de la
lettre les accusations intentées par les écrivains de
la Rome républicaine et du temps de l'empire contre
la richesse et tous les raffinements nouveaux. Bon nombre de ces usages, innocents en eux-mêmes, naissaient
du progrès de la société, et, même à propos d'abus
répréhensibles, il reste à voir si les historiens et les
moralistes ne leur attribuent pas d'une façon trop
exclusive la décadence romaine. La critique historique
de nos jours en signale d'autres causes profondes, à

peine aperçues ou même entièrement méconnues par
les écrivains de l'antiquité. Tel est l'esclavage, dont l'influence morale et sociale, si délétère, passait inaperçue;
telles sont les inégalités excessives; tels les abus de la
conquête, la spoliation des vaincus et des provinces
mises en coupe réglée.

Dans ces violations du droit et du juste se trouvait le
germe de toutes les altérations qui devaient jeter le
désordre dans le corps social, en entraîner la décomposition certaine. Les moralistes romains, préoccupés du
fait immédiat et matériel, se fâchent contre l'or, instrument passif, agent irresponsable, si souvent employé en
réalité au profit de la civilisation, mais trop souvent
aussi mis au service de la corruption des mœurs; ils
montrent l'action qu'exercent les raffinements de la
Grèce et de l'Orient sur les vertus du citoyen qui fléchis-
sent. Ce tableau n'est pas faux, mais il le paraît presque
à force d'être incomplet. Pour bien apercevoir les vices
organiques de cette société par trop artificielle, travaillée
par des crises, symptômes d'un mal intérieur incurable,
il manquait à ces impitoyables censeurs des lumières
morales supérieures à celles de ces philosophes, apologistes trop fréquents de la force et de l'esclavage; il ne
leur manquait pas moins une philosophie de l'histoire,
plus exacte, plus élevée, moins pessimiste, et la connaissance des conditions économiques de la société.

Et puis, comment vouloir que ces écrivains, eux-
mêmes mêlés à la scène ou trop près du spectacle, pé-
nétrés des préventions de leur parti ou des erreurs de leur
temps, fussent en état de juger toujours avec équité et

largeur d'esprit? En vérité cette impartialité, cette sûreté de jugement, est-il besoin de remonter si haut pour voir combien elles sont rares, difficiles, et à quel prix on y arrive? Citez-nous un contemporain de Louis XIV qui ne pèche pas dans sa manière d'apprécier ce grand règne par excès d'apologie ou de dénigrement, qui ne se trompe pas plus ou moins sur ce qui constituait les vrais vices politiques ou économiques de ce régime! Il a fallu la Révolution et la succession pleine d'enseignement de ces trois quarts de siècle, pour éclairer d'un jour nouveau l'histoire de notre passé. Il a fallu de même, — pour comprendre l'histoire romaine plus à fond, — le christianisme, les barbares, l'expérience d'une chute produite par des causes multiples, le progrès enfin des sciences sociales et historiques.

Je ne m'en refuse pas moins à cette conclusion que ces censeurs de leur temps aient été, comme on l'a dit, de purs déclamateurs. Un excès succède à un autre ; à une condamnation outrée de la société romaine prise en masse on substitue aujourd'hui un système d'indulgence qui risque d'altérer la vérité avec plus d'inconvénients. Il en est qui ne connaissent pour ainsi dire pas de limites à cet optimisme. D'ingénieux esprits se sont fait un jeu facile de justifier tout ce qui s'explique. Ils regardent comme un bien la suppression de tous les freins religieux, de toutes les règles sévères que l'homme a toujours senti la nécessité de s'imposer. Pour eux, les croyances ne sont que des bornes qui rendent l'esprit étroit. Donc il faut applaudir à l'avénement des théories épicuriennes. La morale sévère est une limite aussi. Ils vantent donc les

mérites de ces époques pleines de charme où dominent
le scepticisme et le laisser-aller aux séductions de la vie.
Ils s'extasient devant ce plein épanouissement du caprice,
devant cet affranchissement de la volonté mise au large,
qui goûte une sorte d'ivresse à rejeter du même coup
les austérités de l'ancienne règle et les préjugés du
vieux temps.

La même théorie indulgente a pris ailleurs d'autres
formes. Nous avons vu dans de gros ouvrages traiter
Tacite comme un calomniateur des Césars, comme un
adversaire implacable et inintelligent de son propre
temps. On a travesti en un opposant presque séditieux
cet historien qui nous laisse hésiter entre ce qu'il faut le
plus admirer en lui de l'immortelle vigueur de ses
peintures vengeresses ou de la haute modération de son
esprit et de son incorruptible équité. On essayait de réhabiliter ce pauvre Claude, à qui on prête toute sorte de
vues d'humanité. On a loué presque Tibère, on a trouvé
beaucoup de bon dans Néron, et le meurtre de sa mère et
de sa femme s'est réduit, dans le langage tout rempli
d'euphémismes de cette nouvelle façon d'envisager l'histoire, aux proportions de simples « difficultés de famille ».

Voilà l'excès dans toute sa crudité. On entend bien
que nous ne le prenons pas pour l'expression nécessaire de
la nouvelle école historique. Elle ne pousse pas toujours
ce système d'optimisme jusqu'à l'absolution des crimes.
En revanche, elle pardonne peu aux opposants philosophes ou politiques, qui virent avec regret l'antique morale s'altérer et l'ancien ordre de choses remplacé par
le régime impérial.

Qui ne sait de quelle façon M. Mommsen traite Cicéron ? Ni le talent ni la morale ne trouvent grâce devant la orce aux yeux de ces apologistes du succès.

Des interprètes plus judicieux de la nouvelle école historique, des écrivains dont on ne saurait trop louer le savoir, ont pourtant essayé aussi de montrer que ces censures ont eu le double tort d'enfler démesurément la part du luxe romain, et de lui attribuer un rôle trop grand dans la décadence.

Nous pensons qu'ils atténuent trop à leur tour l'importance du fait incriminé par les anciens.

Tel est l'auteur très-érudit des *Mœurs romaines, du règne d'Auguste à la fin des Antonins*, M. Friedlænder. Peut-être trouverait-on, à un degré moindre et souvent plus justifié, une tendance analogue dans l'historien aux vues plus générales qui embrasse dans un fort ensemble, avec toutes les ressources de la science moderne, la totalité de l'histoire des Romains, M. Victor Duruy [1].

C'est un argument sur lequel il insiste beaucoup que les abus signalés furent partiels, limités à un petit nombre. N'est-ce donc pas là l'histoire de tous les raffinements abusifs dans tous les temps ? Joignez ici que ceux qui s'y livraient étaient les maîtres du monde. A cette passion de jouir et de briller on les a vus sacrifier jusqu'aux derniers restes d'indépendance et de vertu.

[1] Il n'est que juste de louer cet ouvrage considérable, le plus complet que nous ayons aujourd'hui en France sur l'ancienne Rome, où l'auteur a fait entrer les éléments intellectuels et moraux, politiques, économiques et administratifs qui manquaient trop au tableau, tel que le traçaient encore dans ces derniers temps chez nous les adeptes de l'école purement classique.

Était-il d'ailleurs si limité ce mal qui s'étendait de proche en proche dans toutes les classes, qui se faisait sentir aux chevaliers comme aux nobles, aux nouveaux enrichis comme aux oligarques oppresseurs, et qui atteignit jusqu'à cette plèbe si avide d'obtenir et qui obtint, en effet, on a vu dans quelles proportions, sa part de jouissances gratuites?

L'auteur de l'*Histoire des Romains* montre fort bien comment le mal, accru jusqu'à Néron, a diminué sous d'autres empereurs; comment, ce qui importe plus encore, il ne porta pas les mêmes ravages dans les provinces où persistèrent à fleurir plus de vertus simples et honnêtes qu'on ne le croit communément. Rien de mieux motivé que cette observation dont on n'avait pas assez tenu de compte. Mais on peut dire qu'il en est presque toujours ainsi de ce qu'on nomme les époques de corruption. Sous la Régence, en plein règne de Louis XV, la masse de nos provinces était saine aussi. L'histoire pourtant n'a pas excédé ses droits en peignant les sommités sociales corrompues, et ces vices qui s'étalent en éclipsant tant de modestes vertus qui se cachent.

C'est dans une comparaison perpétuelle du luxe romain avec le luxe moderne, que M. Friedlænder, abordant ce parallèle, cherche la preuve que, loin d'être à cet égard inférieure à la Rome impériale, notre société offre une supériorité de luxe presque constante.

Voici notre réponse à cette affirmation.

La diffusion des raffinements, nés de la civilisation, dans toutes les classes, n'accuse pas nécessairement une société de corruption. C'est à d'autres signes que cette corruption se révèle : d'une part à une intensité en quelque sorte monstrueuse de certains genres de luxe, de l'autre au prix infini que les gens qui ont le privilège de ces sortes de jouissances y attachent, jusque-là qu'ils en font leur tout et pour ainsi dire leur dieu. Or, à cet égard, sans rien dissimuler de nos propres corruptions, nous valons mieux, beaucoup mieux que les Romains de la fin de la république et des premiers siècles de l'empire.

Est-ce que la question est de savoir si nous allons chercher le thé, le café, les étoffes, certaines denrées alimentaires, plus loin qu'ils ne le faisaient eux-mêmes pour obtenir les objets de leur convoitise? Demandez-vous de bonne foi si le plaisir vaniteux de détruire pour détruire qui avait tant de charme pour ces esprits blasés et malades, si la bizarre idée de mettre des prix fous à ce qui ne procurait aucune jouissance, comme dans les exemples célèbres des perles avalées et des oiseaux chanteurs servis à table, — mets détestable, ayant pour tout mérite de coûter très-cher, — si cette jouissance malsaine qui consiste dans l'immensité de la difficulté vaincue pour satisfaire un caprice d'ostentation ou de gourmandise, si enfin ces perversités de l'époque de la décadence, sont imputables à nos sociétés à un degré qui s'en rapproche. Est-ce que nous avons ce luxe monstrueux, source de tant d'autres, l'esclavage?

Voilà, quoi qu'on en dise, ce qu'on n'a pas exagéré chez les Romains.

Leur avidité en matière de jouissances culinaires reste par exemple sous le coup d'accusations trop précises.

A ces censeurs, dont on repousse les conclusions, on ne peut du moins refuser l'autorité de témoins et d'observateurs exacts : ces témoins sont accablants.

Comment ne pas sourire en voyant M. Friedlænder, dépassant trop cette fois les bornes, aller jusqu'à justifier presque au nom de l'hygiène l'usage ignominieux des vomissements pendant les repas?

Et de combien il s'en faut aussi que nos profusions soient « relativement » aussi considérables!... Comment nier que les prix auxquels de simples nuances de perfection faisaient monter certaines denrées comestibles ou des objets destinés à l'ornement ne fussent sans rapport avec les nôtres? Les exemples abondent, sont présents à tous les esprits; j'en ai cité d'assez concluants!

On compare aussi chez les Romains et chez nous les excès de la parure.

Eh bien! qu'on nous montre rien de comparable à cet emploi des perles, qui, payées plus chèrement que les pierres les plus précieuses, constituaient un faste des plus ruineux. On a vu qu'une seule offerte par Jules César à la mère de Marcus Brutus, Servilia, est évaluée à plus de 1,600,000 de nos francs. En vérité les prodigalités de nos galants modernes sont bien loin d'approcher d'un tel chiffre. Mettons en parallèle les plus riches cadeaux faits par un Louis XIV lui-même à Mme de Montespan, et la parure d'une des femmes de Caligula, Lollia Paulina. D'un côté, on a un chiffre de quelques milliers de francs; de l'autre une parure d'émeraudes et de perles, qui représentait plus de dix millions de nos francs.

Ces faits n'étaient pas très-fréquents, dit-on. Nous le croyons bien ! Mais ils ne sont pas non plus si extraordinairement rares. Nos riches se construisent-ils de pareils palais ? Avons-nous les équivalents d'un Scaurus ? Sans doute il n'y avait pas une foule de gens prodiguant en jeux publics et en travaux d'embellissements des sommes qui égalassent les dépenses inouïes d'un César; mais même dans les villes de province on vient de voir qu'il s'y dépensait des millions par le fait seul des particuliers. Quoi de pareil chez nous ? On cite nos fêtes splendides. La plupart de celles qu'on met en avant ne relèvent pas du faste privé, mais du luxe public ou municipal. Opposer avec M. Friedlænder les bals donnés à l'Hôtel de Ville de Paris, ou par le lord-maire, ou même quelques festins de cérémonie exceptionnels d'un petit nombre de magnats ou d'opulents financiers à ces excès romains, est-ce donc là vraiment un argument plus décisif ? L'exemple de Lucullus subsiste ; et ce Romain qui, du temps de Néron, dépensait dans un repas, rien qu'en roses, quatre millions de sesterces, ne continue-t-il pas à faire assez belle figure dans les fastes de la prodigalité ?

Nos revenus, ajoute-t-on, seraient de même fort supérieurs aux grandes fortunes romaines.

Ne faudrait-il pas d'abord examiner le fait ; puis, voir quelle en est la portée quant aux dépenses de prodigalité ?

Ces revenus français ou anglais, ces revenus triples ou quadruples qu'on nous cite, n'arriveraient le plus souvent à être en réalité que les équivalents des revenus romains par suite de la dépréciation monétaire. Ce qui ne me paraît pas moins certain, et c'est la vraie question

en litige, c'est que la proportion des dépenses chez les
Romains riches était bien plus sensiblement rompue en
faveur du superflu et de l'ostentation. Une part beaucoup plus grande de leurs revenus y passait; j'ai dit
que les choses de luxe étaient beaucoup plus chères;
la quantité des choses nécessaires était en outre beaucoup moindre, grâce au climat et aux habitudes plus
fastueuses que confortables.

On me permettra de ne pas insister sur les preuves
de ce double fait qui, je l'ai dit, surabondent. Croit-on
qu'on justifie plusieurs de ces dépenses qu'on reconnaît
folles, lorsqu'on avance que le prix « encourageait »
les entrepreneurs de certaines cultures, de certaines
pêches ou chasses, ou fabrications industrielles, par la
diffusion de l'argent qui payait ces folies? Une consommation plus régulière eût mieux obtenu ce résultat, et
ce qu'il y a de destructif dans la folie humaine ne sera
jamais compensé dans ces consommations par cette pré-
tendue pluie de profits et de salaires, qu'il eût été plus
sage et plus utile de mieux répartir.

Sous le rapport économique, les censeurs de la société
romaine n'ont donc pas eu tellement tort de crier aux
raffinements ruineux, au faste abusif.

Nous porterons le même jugement, tout compte tenu,
comme nous l'avons fait, des exagérations, — au point
de vue moral et social.

La soudaineté avec laquelle firent invasion cet or et
ces raffinements contribua à dépraver profondément les
mœurs. La mauvaise humeur conçue contre la richesse
par les philosophes et les patriotes ne s'explique pas

ici non plus, suffisamment, quoi qu'on dise, par la « rhétorique des écoles, » qui avait pris pour texte habituel de ses déclamations les mérites de la pauvreté et les dangers de la richesse. Il y avait dans ces censures une autre idée, celle que la vertu civile et militaire de Rome était incompatible avec les abus de cette richesse souillée le plus souvent dans son origine, et qui détruisait, nous l'avons dit, les ressorts de l'énergie, de la *vertu* antique.

Cette idée n'était pas si fausse ! Elle avait sa part de vérité d'autant plus grande, qu'en même temps que l'or faisait invasion avec les coutumes grecques et orientales, une doctrine morale relâchée allait atteindre jusqu'au fond de l'âme le sentiment du dévouement pour le flétrir et l'idée de patrie pour la dissoudre. Et c'était le moment même où l'argent prenait la prépondérance : principe de mort pour les aristocraties fondées sur l'idée de services publics rémunérables en honneur.

Cette censure, plus fondée donc qu'on ne le reconnaît, n'en était pas moins, finissons par cet aveu, impuissante à guérir le mal. Le monde ne pouvait revenir à la simplicité d'un chimérique âge d'or, et il ne suffisait pas de faire appel éternellement à une vertu négative qui consistait dans l'abstention. Pour inspirer cette vertu du détachement il fallait des croyances, une espérance pleine de divines perspectives, une charité ardente qui arrachât l'âme au culte des jouissances. Les censures antiques allaient, rajeunies, retentir avec la grande voix du christianisme : mais, même en gardant parfois encore une certaine exagération, elles acquéraient une efficacité qu'elles n'avaient pu avoir. La philosophie antique avait opéré dans quelques individus d'élite des réformes dignes d'être admirées. Le christianisme renfermait seul ce qui pouvait produire dans l'homme et dans la société une révolution morale profonde et durable, parce qu'il était une source vive. Le remède qu'il apportait était l'amour, plus fort contre l'orgueil et les sens que la dignité des sages.

CHAPITRE II

LA SATIRE CHRÉTIENNE DU LUXE AUX PREMIERS SIÈCLES.

On n'a pas assez remarqué combien les écrivains chrétiens devaient donner un tour nouveau à la satire du luxe, en tirant leurs motifs de censure d'une inspiration toute nouvelle et plus haute.

Élevée et grave dans ce qu'elle a de général, cette censure prend souvent un caractère véhément, mordant, ironique et personnel.

C'est alors que, sans perdre de sa grandeur et de sa portée, elle peut porter à bon droit le nom de satire.

Elle s'attaque, en effet, avec des armes telles qu'un Juvénal ne les aurait pas désavouées, à tout ce qui, aux yeux du christianisme, constituait la corruption de la vieille société; c'est ce côté que je voudrais mettre en lumière, après avoir marqué la nature de cette inspiration nouvelle.

I

LA RICHESSE ET LE SUPERFLU.

Avant tout, je dois dire quelques mots des raisons qui ont rendu les premiers docteurs si durs pour la richesse et pour les riches; je suis frappé d'abord du caractère original de leur polémique.

On se trompe fort quand on fait de ces premiers représentants du christianisme les simples continuateurs des attaques de Sénèque et des autres sages contre la richesse. Quelquefois les phrases se ressemblent jusqu'à se confondre, mais l'esprit est essentiellement différent.

Les stoïciens attaquent la richesse comme une cause d'asservissement et comme une dégradation de la dignité humaine; les épicuriens y voient une gêne, un embarras, et, on l'a vu, ceux qui restent fidèles aux leçons de leur premier maître, prêchent la médiocrité; le christianisme inaugure et préconise un troisième point de vue, qui n'a rien de commun avec ces deux thèses philosophiques : il divinise la souffrance.

Expier et se réhabiliter par la pauvreté, imiter par là le divin idéal personnifié par Celui qui vécut pauvre volontairement et légua le grand exemple de son sacrifice et de sa mort, tout est là pour la religion qui venait succéder aux sectes philosophiques et prendre possession de l'humanité.

On n'a pas de peine à comprendre ce qu'il devait y avoir de sévère dans cette doctrine à l'égard de la richesse, qui a le plus souvent pour effet de mettre la jouissance à la place de l'esprit de sacrifice.

Ajoutons les sévérités de l'Évangile pour le riche, lui-même, l'accès du ciel déclaré pour lui d'une difficulté presque insurmontable, et on comprendra l'âpreté fréquente de cette censure.

On peut donner, ce semble, de cette sévérité des raisons plus particulières qui paraissent avoir été trop méconnues.

Souvent on répète que l'Évangile condamne la richesse en elle-même, et jette une sorte de défaveur, si ce n'est même d'interdit, sur la propriété. Il n'est pas étonnant, dit-on, que les docteurs des premiers siècles et leurs successeurs eux-mêmes aient porté les mêmes condamnations.

En réalité, rien n'est moins fondé que cette assertion. Il n'est pas vrai qu'on trouve dans l'Évangile la condamnation de la richesse en elle-même; le bon riche y est opposé au mauvais riche, comme le riche l'est au pauvre; l'aumône y est prescrite, ce qui serait absurde si la richesse était condamnée.

Le mot : *Il y aura toujours des pauvres parmi vous*, implique l'inégalité des conditions.

La propriété, et, comme on dit aujourd'hui, le droit du capital est même affirmé dans le livre qui sert de fondement à la prédication chrétienne. Il l'est d'une manière toute particulière dans la fameuse parabole de l'ouvrier de la onzième heure, qui est aussi bien rétribué que les autres, uniquement parce que cela plaît au maître, c'est-à-dire au *capitaliste*, au *patron*, juge en dernier ressort de l'emploi qu'il doit faire de son capital, et qui fait profiter cet ouvrier retardataire d'un avantage tout gratuit, sans que les autres pourtant puissent se plaindre; car « il ne leur a été fait aucun tort, » et le *maître* leur donne ce qu'il leur a promis.

Quelle condamnation des doctrines proudhonniennes et des théories, quelles qu'elles soient, qui dénient à la propriété son *jus utendi !*

Nous n'hésitons pas à le dire, les docteurs des premiers siècles ont plus d'une fois dépassé les bornes du christianisme évangélique dans ce qu'offrent de trop absolu leurs attaques contre les riches.

Ils s'inspirèrent des idées régnantes dans les écoles sur la richesse, la propriété, le capital, idées qui considéraient tout ce que ces mots représentent comme entaché d'un vice d'origine fondamental.

C'est en s'autorisant de ce point de départ, qu'entraînés d'ailleurs par leur ardente charité, ces docteurs, suivant l'exemple que leur avaient donné la plupart des philosophes et même des jurisconsultes du monde ancien, ont vu dans ces faits des institutions de pure convention, tout au plus justifiées par la coutume et par la prescription, en un mot par une tolérance qui ne saurait équivaloir à un droit, si Dieu ne les autorisait et ne les ratifiait en quelque sorte sous certaines conditions spéciales.

Saint Ambroise écrit et répète que, selon la loi naturelle, « tous les biens devraient être communs et tous les hommes égaux ». — « La terre, dit-il[1], a été donnée

[1] *De Nabuthe Israelita*, C. I. 2.

en commun aux riches et aux pauvres. Pourquoi, riches,
vous en arrogez-vous à vous seuls la propriété? » —
Dans un traité philosophique, il s'exprime en termes
qui ne laissent aucun doute sur la portée de son affirmation : « La nature a mis en commun toutes choses
pour l'usage de tous... La nature a créé le droit commun. *L'usurpation a fait le droit privé.* » Saint Basile
compare, après Cicéron[1], la terre appropriée à un théâtre
rempli qui ne permet plus aux nouveaux arrivants de
trouver une place. Usurpation permise, ratifiée sous la
condition de l'aumône par la volonté divine, voilà la
théorie.

Ne nous étonnons pas si nous voyons la juste censure
du luxe tourner dès lors à la satire.

En principe, le riche étant un usurpateur du domaine
commun, qui est la terre, les Pères, au lieu de voir dans
l'aumône un don gratuit, la déclarent une simple « *restitution* » de ce qui est dû au pauvre dépouillé de sa
part de biens. « Ne pas payer une dette, c'est voler,
écrit saint Basile; or, ce n'est point payer sa dette que
de ne pas rendre aux pauvres ce qu'on leur a pris[2]. » —
C'est l'idée, et c'est le mot même qui revient sans cesse
dans leur prédication.

---

[1] *De offic.* l. I, C. xxviii.

[2] Saint Augustin fait de la propriété un pur droit de convention, et du
roi ou empereur le vrai auteur de ce droit ; c'est l'État, veut-il dire par là,
qui est le propriétaire éminent ou plutôt unique, les propriétaires particuliers ne le sont que par une sorte de concession, et dès lors, simples usu-
fruitiers. C'est cette théorie, qui nie tout droit de propriété véritable, qu'on
voit reparaître au temps de Louis XIV, et que Bossuet pourtant ne défend
pas; on peut même inférer de certaines paroles de la *Politique tirée de
l'Écriture Sainte* qu'il la condamne. Voici les termes mêmes de saint

S'ils n'étaient pas des saints, ils en feraient sortir soit la révolte du pauvre, soit pour le riche le simple droit de la force; mais comme ils sont des saints, ils en font sortir la résignation du pauvre en même temps que la charité du riche.

Communistes, non certes, ils ne le sont pas, mais ils sont convaincus que la propriété du sol est un vol primitif, que l'ordre établi, voulu de Dieu, peut seul légitimer dans la pratique, bien qu'il y ait eu « originairement » usurpation, injustice.

La propriété porte donc à la lettre la tache d'un péché originel qui plus ou moins infecte la société et le riche lui-même, et dont il faut laver le vice dans les eaux purifiantes de la charité et de la pénitence.

Si la propriété foncière usurpe, que dire de la propriété mobilière et du capital, cette source encore plus fréquente du luxe?

La fortune née de *l'intérêt* du capital est bien plus

Augustin : « De quel droit chacun possède-t-il ce qu'il possède ? N'est-ce pas le droit humain ? Car, d'après le droit divin, Dieu a fait les riches et les pauvres du même limon, et c'est une même terre qui les porte. C'est donc par le droit humain que l'on peut dire : « Cette villa est à moi, cette maison est à moi, cet esclave est à moi ; mais *le droit humain n'est pas autre chose que le droit impérial*. Pourquoi ? Parce que c'est par les empereurs et les rois du siècle que Dieu distribue le droit humain au genre humain. Otez le droit des empereurs ; qui osera dire : Cette villa est à moi, cet esclave est à moi, cette maison est à moi ?... Ne dites donc pas : Qu'ai-je affaire au roi ? Car alors qu'avez-vous affaire avec vos propres biens. C'est par le droit des rois que les possessions sont possédées. Si vous dites : Qu'ai-je affaire au roi ?.. Vous renoncez par là même au droit en vertu duquel vous possédez quelque chose. » C'est la théorie qui consiste à soutenir que la propriété naît de l'État et n'a pas de source dans le droit naturel. (Augustin in Evang. Joannis, *Tract*. VI, 25, 26)

encore un « vol », s'il est permis de le dire en répétant
une expression qu'ils ne se font pas faute d'employer.

L'intérêt du capital, en effet, est, répètent-ils avec
Aristote et d'autres philosophes, une acquisition *contre
nature*. L'argent n'enfante pas. Placez deux dariques à
côté l'une de l'autre, il n'en naîtra pas une troisième.
Le prêt qui rapporte est qualifié par saint Chrysostome
d'*agriculture damnable*. Il fait naître *une moisson sans
semence*.

On a répondu à cet argument qui figurait à titre de
nouveauté dans des écrits socialistes, que l'argent n'est
pas si *stérile*. Bien employé par celui qui l'emprunte,
il l'enrichit, augmente le fonds social, et permet à l'em-
prunteur de restituer le capital au prêteur avec un sur-
croît qui rémunère sa privation et ses risques.

Mais les Pères de l'Église, bien qu'hommes d'un
génie supérieur, n'étaient pas tenus d'être économistes.

Sur ce point ils ne devançaient pas leur temps, ils
répétaient des erreurs qui devaient être perpétuées jusqu'à une époque assez récente, même par de savants et
judicieux jurisconsultes. L'intérêt du capital était si bien
diffamé que ces interprètes du droit écrit ne consentaient
à tolérer l'intérêt que sous toutes sortes de déguisements, à lui faire place qu'à l'aide de cent subtilités.

Pour eux, comme pour les théologiens, l'intérêt de
l'argent restait, quel qu'en fût le taux, flétri du nom
d'*usure*.

A ce compte, ni commerce, ni banque, qui ne repo-
sât sur une iniquité et sur un délit.

Calvin, dans un curieux passage, devait rouvrir aux

nations protestantes la voie du crédit à demi fermée alors aux nations catholiques. Il prouve par les arguments qu'un économiste aurait pu faire valoir, du même coup la fécondité du capital et sa légitimité.

Ces idées de propriété usurpée et d'intérêt illégitime devaient redoubler les rigueurs des premiers docteurs chrétiens pour le luxe et pour les riches, déjà suspects avant d'avoir mésusé. Point de fortune foncière ou mobilière qui soit licite à leurs yeux. Tout homme riche est un homme d'iniquité.

S'il a reçu sa fortune par héritage, alors c'est à son père que l'iniquité revient. C'est ce que saint Jérôme exprime textuellement par ces mots, qui ont servi de texte à bien des sermons : *Omnis dives iniquus, aut hœres iniqui.*

Comment le superflu, effet et signe de cette richesse, serait-il plus innocent et plus digne de ménagement?

Suspect aux yeux de chrétiens rigides comme une source de mauvais désirs, comme une satisfaction donnée à l'éternel ennemi, à l'insatiable concupiscence, il est aussi et par les mêmes causes un vol fait sur le nécessaire.

« Posséder le superflu, écrit saint Augustin, c'est posséder la chose d'autrui. »

Saint Jérôme dit en termes encore plus énergiques : « Le superflu du riche est le nécessaire du pauvre. Il vole aux pauvres ce qu'il ne donne pas. »

Assertion que justifie peu l'observation des faits.

La propriété, par sa fécondité, a augmenté les biens dont l'humanité dispose.

Le capital, excité par l'*intérêt* à produire, a par suite enrichi la grande masse elle-même.

Le superflu rend des services du même genre. Il est le plus grand stimulant de l'activité, l'espoir du pauvre, l'aiguillon de l'industrie, et, à ces titres, il a, dans une proportion incalculable, accru même la somme des choses de simple utilité; car s'il y a un mauvais superflu qui prend sans rendre, il y a un bon superflu qui rend sans avoir pris.

Ce miracle, ce n'est point l'aumône qui l'opère, si nécessaire qu'elle soit, ce n'est pas même la charité, plus étendue que l'aumône, si divine que soit son inspiration, si indispensable que soit son rôle dans la société, c'est le travail; il ouvre d'inépuisables sources à la richesse et au bien-être; il crée et renouvelle; il est le lien permanent du riche et du pauvre, et le grand ressort qui imprime à tout le mouvement.

Les Pères en ont montré la haute valeur morale. Il appartenait à d'autres temps d'en rechercher la puissance et la salutaire fécondité.

Il n'est d'ailleurs aucun de ces docteurs qui, en pratique, ne consente à admettre le *victus mediocris* et le *vestitus rationabilis*. Tous reconnaissent qu'il faut tenir un certain compte du rang et de la situation sociale, de même qu'ils admettent, en condamnant les ornements, que l'officier ne doit pas être vêtu comme le soldat et l'évêque comme le simple prêtre.

Ce mélange d'austères vérités morales et d'erreurs économiques aboutit à une polémique qui, excitée par le spectacle des injustices du vieux monde et de ses cor-

ruptions, comme par l'amour du Christ et de ses membres
souffrants, c'est-à-dire des pauvres, débordera en mouvements pathétiques, en invectives passionnées, ou se ré-
pandra en attaques incisives, en portraits sanglants des
vices et des raffinements, portraits auxquels le public
ne sera pas embarrassé de mettre des noms.

On voit combien la polémique contre la richesse et
le superflu est renouvelée ici dans sa forme et dans son
fond. Les philosophes qui attaquaient les riches n'a-
vaient guère parlé pour les pauvres; ils ne leur attribuaient aucun titre religieux; ils songeaient à peine à
eux comme membres de l'humanité.

Les nouveaux docteurs, au contraire, remettent en
pleine lumière, en pleine pitié, en pleine gloire, ces
misères oubliées, méprisées même par les sages, hau-
tains contempteurs de la richesse.

Lazare n'a plus seulement un juge au ciel, il a sur la
terre des avocats courageux, hardis, éloquents!

Ils n'exigent pas pourtant du riche qu'il se dépouille
entièrement, quoiqu'ils y voient le chemin de la perfection; ils lui laissent sa richesse, sous la condition d'un
détachement tout spirituel et d'une aumône abondante.
Sinon il n'est pas d'objurgation terrible et d'épouvan-
table menace qu'ils ne soient prêts à faire entendre publiquement.

Le riche égoïste et dur sera dénoncé, montré du doigt.

C'est le plus souvent un type que l'orateur dépeint,
bien que lui aussi se laisse emporter à des allusions
transparentes; mais, en tout cas, ce que le peuple y
voit, c'est tel ou tel homme qui fait scandale.

Si quelquefois tous montrent du doigt le même personnage public. chacun aussi ne manque pas de reconnaître
tel ou tel particulier désigné par sa richesse et son faste.

Pas une des formes qu'ait pu prendre l'ostentation
ou la sensualité qui ne devienne l'objet non plus seulement de descriptions, mais de harangues accusatrices.

Que nous voilà loin des monologues ou des dialogues
des philosophes !

Sénèque semble parler à Sénèque, ou tout au plus il
écrit à Lucilius. Ces nouveaux moralistes ont tout un
monde d'auditeurs. L'Église est pour eux un forum. La
passion politique est transportée tout entière au sein de
la religion.

Quel orateur avait parlé de si haut et avec une telle
autorité?

Les masses sont attentives, silencieuses, bien que
parfois frémissantes.

Si leur violence éclate, — et, bien que rare, cette
explosion populaire s'est quelquefois produite, — c'est à
la sortie de l'église. Les grands et les puissants se tiennent immobiles au pied de la chaire; ils sont condamnés
à tout écouter. Le riche qu'on dépeint injuste, sensuel,
plein d'orgueil, est là, il entend cette voix qui le sup-
plie de s'amender ou qui lui montre l'enfer s'il ne renonce à son faste, traité de pompes de Satan.

On ne peut contester du moins dans un fait pareil ni
ce qu'il a de nouveau, ni ce qu'il a de grand. Ah ! ne
fallait-il pas aussi à la fin que les relâchements et les
vices de cette société, si souvent égoïste et dépravée, appe-
lassent une réaction héroïque de désintéressement, de

dévouement exalté jusqu'au martyre ! Oui, il y eut des
excès de polémique, il y eut des excès d'ascétisme, mais
ce n'est là que l'ombre du tableau, et combien il serait
regrettable qu'un pareil spectacle n'eût pas été donné au
monde !

Je ne m'attache donc pas aux idées outrées, contes-
tables, pour les mettre seules en lumière.

Dans ces peintures ardentes, il y a une part très-
grande de vérité, et par rapport au temps et par rapport
à la nature humaine telle qu'elle subsiste toujours.

Il en est de même de ces portraits pleins de malice
ou de verve caustique, qu'on serait parfois tenté de
croire d'un de nos peintres modernes de caractères.

A la lumière de ces idées générales, nous pourrons
voir comment la satire chrétienne poursuit les raffinements du luxe de traits acerbes, passionnés, souvent
même spirituels et piquants.

Si ce n'était un mot bien profane en un tel sujet,
on dirait qu'ils offrent parfois un côté qui touche à
la comédie de mœurs ; car tous les tons se rencontrent
dans cette éloquence abondante, indignée, ingénieuse,
railleuse parfois, qui déclare au mal une guerre en
règle, et qui se déploie avec une fougue et une énergie
extraordinaires, comme s'il s'agissait du pouvoir à conquérir ou de la fortune à enlever de haute lutte, et non
pas seulement de vérités pures à répandre et d'âmes à
sauver.

II

UNE DIATRIBE CONTRE LES FEMMES.

L'apôtre, on peut dire l'athlète du stoïcisme chrétien, c'est Tertullien. Nulle part, cette doctrine qui, dans les temps modernes, devait marquer l'école de Port-Royal, n'a été professée avec plus d'énergie. On peut dire même qu'Arnault, Nicole, Pascal sont dépassés.

C'est surtout aux femmes que s'attaque l'éloquent censeur des vices du temps.

Les écrivains romains qui avaient censuré les femmes s'étaient placés à un tout autre point de vue. Pour eux les femmes par leurs abus de parure, par la domination qu'elles exercent sur leurs maris, faisaient pis que porter atteinte à la morale, elles corrompaient la politique, elles détruisaient les ressorts de la société et de l'État.

Rien de pareil ici. L'idée de cité et de patrie disparaît. La politique n'est de rien à ces apôtres de la pureté morale, de la perfection religieuse ; ils ne connaissent d'autre cité à défendre que la cité divine !

Le *Traité de l'ornement des femmes* est un des premiers manifestes de cette religion rigoriste qui n'est pas l'équivalent, mais qui est une des expressions du christianisme naissant.

Avant d'en signaler certains côtés hyperboliques, il faut reconnaître ce qu'il y a là de mâle accent, d'élévation héroïque.

Dans la forme, c'est une diatribe, une sorte de pamphlet contre toute élégance et toute parure, fort souvent outré ; au fond c'est une préparation au martyre.

C'est la mort avant la mort, l'apprentissage du dernier sacrifice. La menace est suspendue sur les femmes chrétiennes. Elles peuvent être appelées le lendemain à subir d'horribles supplices. Se présenteront-elles amollies devant cette terrible épreuve ?

Qu'elles se détachent donc sans plus tarder des vanités qui leur tiennent au cœur !

Il y a aussi dans cette rigueur morale une réaction, déjà devenue nécessaire, contre des docteurs trop complaisants au sein de l'Église même. Ces directeurs accommodants, un évêque d'Afrique, Commodien, qui s'exprime avec autant de sévérité que Tertullien, les dénonce avec rudesse. Professer une religion surtout d'apparence, c'est là une pente que combattent de toute leur ferveur religieuse ces incorruptibles docteurs, qui se firent presque autant d'ennemis dans le clergé de leur temps que dans le monde.

Une critique qui juge les idées en elles-mêmes pour leur valeur et leur vérité durable ne se demandera pas moins ce qui, dans ces écrits immortels, moralement vrais à tant d'égards, relève de l'exagération et de la satire.

Il y a des erreurs qu'on doit signaler en raison même de l'entourage auguste des vérités dont elles s'environnent.

Elles ont fait école aussi ces erreurs, et ce n'est pas impunément qu'elles invoquent des autorités consacrées. Bien des paradoxes, éloquemment propagés par Jean-

Jacques-Rousseau dans son célèbre discours sur les *Lettres, les Sciences et les Arts*, se rencontrent dans des écrits animés d'ailleurs d'un esprit fort différent. La civilisation y est fort mal traitée dans quelques-unes de ses manifestations et dans ses moyens matériels.

Rousseau, se faisant l'apologiste de la vie sauvage, ne craint pas d'accuser le fer, instrument de toute industrie, d'avoir perdu le genre humain. Tertullien condamne non moins rigoureusement l'instrument des échanges, la monnaie. Il maudit les métaux précieux, origine et matière de la plupart des parures. A peine admet-il l'industrie des vêtements, du moment qu'elle a couvert la nudité. S'il le prend de très-haut avec « ces deux princes de la matière » l'or et l'argent, c'est qu'il leur attribue une origine diabolique. Cet esprit, à tant d'égards si éclairé, tombe dans les plus étranges superstitions quant à l'origine de ces inventions. Il les explique par la magie. C'est sur un ton de mépris qu'il reproche à la perle, cet ornement si recherché par les femmes romaines, de tirer son existence d'une altération morbide. Enfin quelle verve implacable contre ces pierreries étincelantes, ces cercles d'or qui entourent les bras des mondaines!

Il se plaît à écraser ces vanités sous l'exemple des femmes de je ne sais quel peuple barbare, qui abandonnaient aux esclaves ces matières viles à leurs yeux, et qui leur laissaient aussi les couleurs éclatantes, et ne traite pas avec moins de dédain la pourpre, si chère au faste des costumes. Il se moque, avec beaucoup de raison d'ailleurs, de l'étrange mode de teindre de cette couleur jusqu'aux brebis qui paissaient dans les campagnes.

Beaucoup de ces censures semblent empruntées aux moralistes païens; mais Tertullien flétrit les mêmes usages surtout comme des causes de corruption; ils ont le tort de sembler confondre les femmes chrétiennes avec les païennes. « Quand on pourrait croire qu'il y a de la charité parmi les païennes, leur vertu est nécessairement si imparfaite et si défectueuse, que, quelque chastes qu'elles soient peut-être dans l'âme, il paraît trop de dissolution dans leurs habits... Combien en trouverez-vous, parmi celles-là mêmes qui affectent de ne plaire qu'à leurs maris, qui ne prennent un soin particulier d'orner et d'embellir leurs corps pour attirer les regards des étrangers, quelque semblant qu'elles fassent de n'avoir aucune mauvaise intention ?... Pour vous, vous devez vous distinguer d'elles autant dans vos habits que vous vous en distinguez dans tout le reste, parce que vous devez être parfaites comme votre Père céleste est parfait. Or, cette perfection, je veux dire cette pureté chrétienne, doit non-seulement ne pas vous faire désirer d'être aimées, mais encore vous faire haïr et détester tout ce qui peut allumer quelque dangereux amour dans les autres. D'abord ce désir de plaire par des grâces artificielles ne peut venir que d'un cœur gâté et corrompu. On sait combien ces grâces et ces parures servent d'amorce pour attirer au plaisir défendu. Pourquoi donc travaillez-vous à allumer ces flammes dangereuses ? En second lieu, nous ne devons pas frayer le chemin aux tentations, qui deviennent souvent victorieuses à force d'attaques, ou qui du moins troublent la paix de l'âme ».

Combien de vérités qui n'ont pas perdu leur prix

Le sexe masculin n'est pas épargné par le même traité.
Dans cette vieille société, les excès de la toilette avaient
trop envahi les hommes du monde pour échapper à un
blâme mérité. Tertullien les accuse de cacher leurs rides
sous des cosmétiques, de polir leur peau, de donner à
leurs cheveux telle forme ou telle teinte, enfin de ne pas
se faire faute de consulter leur miroir.

Pourquoi donc est-il particulièrement inexorable pour
les femmes ? Ah ! c'est ici que la rigueur biblique et chrétienne perd tout point de ressemblance avec les sévérités
morales des anciens philosophes.

La femme est la grande pécheresse ; elle est l'auteur
du mal, elle doit pleurer sa faute... « La femme, s'écrie-
t-il, doit montrer en sa personne Ève pleurant de repen-
tir, et expier par l'humilité de sa tenue ce qu'elle a hérité
d'Ève à un si haut degré, la honte du premier péché et
tout l'odieux de la perte du genre humain ! »

C'est ainsi qu'au commencement du troisième siècle
on a déjà en germe toute la prédication du moyen âge
contre la femme, ses vanités, ses faiblesses.

Moines mendiants, prédicateurs ambulants, frères
prêcheurs au langage coloré, à la parole ardente, vous ne
ferez jamais que commenter Tertullien !

Eh bien ! je le demande, est-ce que l'Évangile, traite
ainsi la femme, même la pécheresse? Tertullien s'inspire
des malédictions vengeresses d'Isaïe contre les corruptions
des femmes juives ; c'est aux mêmes foudres que viendra
s'allumer pendant des siècles l'éloquence de la chaire.

Dans ce traité, où se mêlent à d'admirables vérités
morales ces excessives censures, le côté satirique s'ac-

cuse encore par une moquerie qui s'adresse, non sans quelque affectation de style, aux recherches de coquetterie des femmes.

Parfois dans le rude lutteur perce l'ingénieux effort du lettré qui ne dédaigne pas de briller, et le style devient mondain pour peindre la mondaine :

« Un désir aveugle des objets rares et recherchés l'enflamme, dit-il. De petites parties de son corps sont ornées avec tant de profusion qu'il s'y engloutit des richesses immenses. Un seul fil vaut jusqu'à dix sesterces. Une tête frêle porte la valeur de plusieurs îles et forêts. Le lobe si mince des oreilles envahit tout le livre des dépenses. La main gauche porte, comme en se jouant, un sac d'argent à chaque doigt. Voilà ce que peut faire le désir de briller, et c'est le faible corps d'une femme qui arrive à porter sans peine tous ces trésors à la fois ! »

Le *Traité de l'ornement des femmes* intéresse encore par les détails techniques qu'il renferme sur les recherches de la femme riche dans ces temps de civilisation raffinée.

Combien de traits, qui s'adressent à la mondaine du troisième siècle, ont pu être recueillis par nos sermonnaires jusque dans ces derniers temps !

D'autres, il est vrai, s'appliquent spécialement à la Romaine de cette époque ; l'allusion, pour redevenir exacte, a besoin de subir quelques modifications.

Les cheveux postiches étaient fort usités. Les ornements de tête prenaient toutes les formes qu'ils n'ont guère cessé de revêtir, comme pour montrer une fois de plus que le génie de la mode est moins varié qu'on ne pense : ce qu'on croit nouveau n'est souvent qu'une vieillerie qui commence à renaître.

Les femmes du monde se servaient de certaines mixtures pour noircir leurs sourcils ; elles blanchissaient leur peau à l'aide de compositions, et mettaient du vermillon sur leurs joues. Tertullien ne doute pas que ce ne soit le diable qui eût pris directement part à l'invention de ces drogues.

Il reproche à la parure la prétention insolente de vouloir « corriger l'œuvre de Dieu ».

A ce compte, quelle industrie, quel art ne serait condamnable ?

Dissimuler certaines laideurs, c'est, à ses yeux, faire aussi mal que lorsqu'on profère un mensonge avec la langue.

Le pieux docteur ne néglige même pas d'appuyer ces sévères prescriptions de conseils d'hygiène ; il menace les mondaines de peines temporelles : l'abus des cosmétiques brûle la peau et fait tomber les cheveux. Tel était surtout l'effet du safran employé par ces femmes follement éprises de la couleur blonde. « Elles rougissent presque de leur patrie ; elles sont fâchées de n'avoir pas pris naissance dans les Gaules ou dans la Germanie. Elles tâchent de se dédommager en transportant à leur chevelure ce que la nature a donné à ces nations. Triste présage que cette brillante chevelure ! Vaine et triste beauté qui se termine enfin en laideur ! En effet, sans parler des autres inconvénients, n'est-il pas vrai que par l'usage de ces parfums on perd insensiblement les cheveux ? N'est-il pas vrai que le cerveau même est ordinairement affaibli par ces humeurs étrangères qui le gâtent à la fin? »

La guerre faite par Tertullien aux différentes façons
dont les femmes disposent ces mêmes cheveux n'est pas
moins curieuse. Il ne leur permet ni de les laisser flotter,
ni de les friser, ni de les faire bouffer, ni de les presser,
ni de les lâcher, etc. Même absolue proscription des
cheveux d'emprunt. Tertullien croit ramener ces chrétiennes trop oublieuses de la simplicité évangélique en
leur disant que ces cheveux ont été empruntés à d'affreuses pécheresses, peut-être à de misérables damnées.

Saint Cyprien devait continuer cette guerre aux parures entreprise par son maître. Lui aussi, au milieu de
trop bonnes raisons de condamner ce genre d'abus, fait
entendre contre les chrétiennes qui se fardent une singulière menace. Dieu, dit-il, les enverra en enfer, faute
de pouvoir les reconnaître sous leur masque de peinture.

Saint Clément d'Alexandrie paraît douter de l'efficacité d'une bénédiction qui tombe sur une tête pos-
tiche.

Ces subtilités ne sauraient ôter à une telle censure ce
qui en fait la grandeur morale.

C'est l'âme opposée au corps, la souffrance à la volupté, la vanité et les sens au dévouement à une vérité
supérieure qui commande le sacrifice de soi-même.

« Je ne sais si des mains accoutumées aux bracelets
pourront sentir la pesanteur des chaînes. Je doute si des
jambes, tant de fois ornées de bandelettes de soie, pourront supporter la douleur des entraves. Je crains qu'une
tête couverte d'émeraudes et de diamants ne plie lâche-

ment sous le glaive dont nous sommes menacés à toute heure. »

Prédications d'un héroïsme sublime, qui n'auraient pu que gagner à ne point se présenter sous la forme un peu recherchée de l'antithèse... « Pour briller dans le ciel, il faut rejeter l'or ici-bas. Le temps des chrétiens est toujours un siècle de fer et non d'or ». — « Femmes, paraissez parées des ornements et des grâces des apôtres. Que la simplicité et la pudeur fassent seules vos agréments. Peignez vos yeux d'une humble modestie qui parte d'un intérieur bien réglé. Attachez la parole de Dieu à vos oreilles, et le joug de Jésus-Christ à votre cou. » — « Soumettez-vous à vos maris, et vous voilà assez parées. Occupez vos mains à filer, et retenez vos pieds dans l'enceinte de vos maisons ; vous les rendrez ainsi plus ornés que s'ils étaient couverts d'or. Choisissez pour vos plus riches atours la joie de la sagesse, la sainteté, la pureté. Ornées et embellies de la sorte, vous aurez Dieu pour votre fidèle et éternel amant. »

Tout était nouveau dans cette doctrine et dans cet accent. La leçon littéraire de l'ancien monde survivait seule. La morale la plus austère empruntait les ornements de la rhétorique et ses brillantes oppositions ; on aurait dit saint Paul écrivant dans la langue de Sénèque.

III

LE THÉÂTRE.

Le théâtre est l'objet des mêmes censures de la part des docteurs et des Pères ; là aussi, à côté des attaques les plus méritées, on trouve à signaler plus d'un trait acéré, sanglant, hyperbolique, qui relève de la satire.

En attaquant les spectacles comme les parures et tous les abus de la richesse, ces pieux organes d'une réforme qui poursuivait le mal invétéré sous toutes les formes, obéissaient aux obligations les plus impérieuses de leur apostolat moral. Nulle part les pompes de la société païenne ne s'étalaient avec plus de magnificence mêlée de plus de corruption.

Ici encore la censure chrétienne se distingue profondément de celle des philosophes, malgré un commun fond de blâme qui s'adresse à de flagrantes immoralités.

Le théâtre est critiqué avec véhémence dans ses pompes profanes, dans ses représentations impures, par presque tous les Pères, mais c'est Tertullien qui donne encore le ton à cette polémique, et qui lui imprime, avec une force singulière, ce caractère religieux.

Son célèbre *Traité contre les spectacles*, pour peu qu'on le relise avec attention, frappe par ce côté plus que par tout autre.

Le surnaturel y intervient sans cesse. C'est à un auditoire chrétien, dans toute la ferveur de la foi, qu'il s'adresse ; pourtant ceux qui fréquentent l'église avec une pieuse assiduité ne continuent pas moins très-souvent à rechercher les émotions de théâtre. C'est ce que le peu accommodant docteur ne peut souffrir. Il n'invoque pas seulement les arguments de morale qui continuent à être développés dans les sermons des prédicateurs ; tout ce faste et tout ce déploiement des théâtres, c'est comme impies qu'il les dénonce avec une véhémence inouïe.

Ce côté de la polémique chrétienne contre une des parties les plus essentielles du luxe public de la vieille société n'a pas été assez signalé dans ses traits caractéristiques.

Pour Tertullien comme pour d'autres théologiens de la même époque, les divinités païennes semblent avoir une existence réelle. Jupiter, Neptune, Vulcain, etc., sont des démons. Entrer dans un théâtre, comme ne craignent pas de persister à le faire ces chrétiens trop peu scrupuleux, c'est se placer en plein centre d'idolâtrie. — Quiconque y met les pieds renonce aux vœux du baptème ; il rend hommage aux pompes de Satan, il entre en contact avec les esprits infernaux.

Tous les jeux tirent leur nom de quelque dieu du paganisme, c'est-à-dire de quelque démon. Tertullien s'attache à l'établir. Il y déploie une érudition sur les origines qu'une critique un peu exigeante risquerait de trouver plus d'une fois en défaut. Les légendes et les étymologies hasardées fournissent également des armes à sa verve satirique.

Il prend d'abord le cirque à partie moins aussi comme immoral que comme impie. Il y montre le trône même de l'esprit immonde.

N'est-ce pas là le caractère qui éclate dans mille sym-

boles? Que signifient et cette quantité de simulacres,
et ce nombre infini de tableaux, et jusqu'à ce superbe
attirail des voitures, des chariots, des chaises, des couronnes qu'on étale?

Et sans parler des sacrifices impies qui accompagnent
et terminent ces jeux, le cirque n'est-il pas principalement consacré au Soleil? on y voit son temple bâti au
milieu, son image rayonnante sur le sommet. Circé,
à en croire certains idolâtres, la première institua des
spectacles en l'honneur de son puissant père le Soleil;
ils prétendent aussi qu'elle a donné son nom au cirque.
Parmi les figures, vous apercevez celles de Castor et
Pollux. Elles ont été consacrées par ceux qui croient
follement que Jupiter, transformé en cygne, fut père
de ces deux jumeaux, et qu'ils naquirent d'un œuf.
Voici des dauphins, ils sont consacrés à Neptune. Ces
statues, dites *sessiennes*, sont ainsi appelées de la déesse
qui préside aux semences; celles qu'on nomme *mes-
siennes* tirent leur nom de celle qui préside aux moissons; les *tutéliennes* viennent de la divinité qui préside à
la garde des fruits. Le prodigieux obélisque, consacré ou
plutôt prostitué au soleil, témoigne par ses caractères
hiéroglyphiques que c'est une superstition des Égyptiens.

Ainsi, tout ce faste est sacrilège!

Quel flot intarissable de railleries il verse sur ces malheureuses divinités, objet d'une crédulité honteuse! On a
vu qu'il attribue aussi aux chevaux et aux chars un caractère idolâtrique. Les chars à quatre chevaux sont dédiés
en effet au soleil, et ceux qui n'en ont que deux le sont à
la lune. L'inventeur Erichteion est un monstre démonia-

que. Les couleurs mêmes qui brillent dans le cirque ont
le caractère du feu infernal. Les combattants paraissent
couverts des livrées de l'idolâtrie : le rouge a été consacré
à Mars, le blanc aux zéphyrs, le vert à la terre ou au
printemps, l'azur au ciel ou à la mer, ou à l'automne.

Combien d'autres traits d'impiété dans le théâtre !
Pour s'y rendre, dans les pompes officielles, on sortait du
temple au bruit des fifres et des trompettes, pendant
que deux infâmes personnages, directeurs des funérailles et des sacrifices, le désignateur et l'aruspice,
conduisaient tout le cortège. Si le cirque est impie,
combien le théâtre l'est aussi! Il est proprement le
temple de Vénus. Ce nom a été donné par Pompée lui-
même au superbe édifice qu'il éleva. Ainsi cet homme
célèbre, pour échapper aux reproches qu'une telle
« citadelle de toutes les infamies » attirerait un jour à
sa mémoire, la métamorphosa en « maison sacrée ».
L'impitoyable censeur va poursuivant ainsi de sa verve
inépuisable tous ces sanctuaires du plaisir divinisé. Il
ne manque pas de remarquer que le théâtre n'est pas
seulement consacré à la déesse de l'amour, il l'est encore
au dieu du vin ; car ces deux démons du libertinage et
de l'ivrognerie sont étroitement unis ; ils semblent
avoir conspiré ensemble contre la vertu.

Les vers, la musique, les flûtes sont encore de l'idolâtrie. Ils rappellent Apollon, les Muses, Minerve, Mercure, c'est-à-dire l'apothéose du démon. C'est lui qui
a été l'inspirateur de ces pompes et de ces divertissements dont, ajoute Tertullien, il a tiré si bon parti.

Faut-il ajouter que les mêmes reproches s'adressent